U0822285

创业管理系列

商业模式重塑与升级

张永祥　马飞　刘春红　储云南◎著

BUSINESS MODEL REMODELING AND UPGRADING

企业管理出版社
ENTERPRISE MANAGEMENT PUBLISHING HOUSE

图书在版编目（CIP）数据

商业模式重塑与升级 / 张永祥等著. —北京：企业管理出版社，2023．9
ISBN 978-7-5164-2884-9

Ⅰ. ①商… Ⅱ. ①张… Ⅲ. ①商业模式—研究 Ⅳ.
①F71

中国版本图书馆CIP数据核字（2023）第160651号

书　　名： 商业模式重塑与升级
书　　号： ISBN 978-7-5164-2884-9
作　　者： 张永祥　马　飞　刘春红　储云南
责任编辑： 张　羿
出版发行： 企业管理出版社
经　　销： 新华书店
地　　址： 北京市海淀区紫竹院南路17号　　**邮　　编：** 100048
网　　址： http://www.emph.cn　　**电子信箱：** 504881396@qq.com
电　　话： 编辑部（010）68456991　　发行部（010）68701816
印　　刷： 三河市荣展印务有限公司
版　　次： 2023年9月第1版
印　　次： 2023年9月第1次印刷
开　　本： 710mm × 1000mm　1/16
印　　张： 20
字　　数： 260千字
定　　价： 78.00元

版权所有　翻印必究 · 印装错误　负责调换

前　　言 | PREFACE

在新时代背景下，数字技术和数字经济得到迅猛发展，数字化进程进一步加快，推动了企业的数字化转型升级。

数字经济以数字技术为基础，对企业数据进行深入挖掘，为企业进行战略布局与决策提供参考。数字经济为经济复苏和企业高质量发展提供了新的“强力引擎”，打破贸易壁垒、减少贸易摩擦，重塑全球范围内制造业的价值产业链，为未来的商业经济奠定坚实的基础，有力保障企业的可持续发展。数字经济的发展能够优化营商环境和发展环境，同时也会颠覆原有的商业模式，为企业发展创造新的机遇。因此，越来越多的企业认识到数字化转型以及数字经济下面临的机遇与挑战，对产业数字化和数字产业化的整体趋势做出反应，致力于重塑并升级企业商业模式。

企业要想提升数字化能力，适应数字经济时代的发展趋势，重塑与升级企业商业模式，需要注意以下五个要素。

一是企业定位。随着数字经济的发展，网络科学技术以及数字化应用已经进入人们生活的各个方面，不断影响着人们的生活方式，也相应地更新了企业的生产和营销手段。企业为了在激烈的市场竞争中脱颖而出，还需要进行重新定位，也就是从用户思维、产品思维、价值逻辑、战略规划以及市场定位五个方面进行重新定位，开启蓝海市场。

二是盈利模式。盈利模式是企业生存和发展的关键，在多种多样的盈利模式中，最基本的就是产品销售与渠道服务，同时企业还可以通过品牌增值、专利标准以及金融附加值盈利，进而实现企业的价值变现。

三是资源整合。伴随数字经济而来的还有越发复杂的技术手段和资源，此时资源整合就显得尤为重要。企业可以通过供应链资源整合、价值链资源整合、信息资源整合、知识资源整合以及市场资源整合等方式，实现资源的最优配置，引爆资源的聚变与裂变。

四是协同创新。数字经济助力新产业、新业态、新模式，企业通过协同生产、协同消费、技术协同、组织协同以及知识协同来提升创新协作水平，发挥整体优势，实现更进一步的发展。

五是价值共创。数字经济及大数据技术的发展，使消费者需求发生改变，消费者、企业以及其他利益相关者之间的互动作用更加凸显，价值共创越来越成为企业提高市场竞争力的重要组成部分，企业通过价值共创，能够有效地提高用户忠诚度。

总之，随着数字经济的发展和数字化转型的深入，各行业内已经发生了翻天覆地的变化，市场、用户、产品、技术的变数陡升，商业模式的重塑与升级成为各企业的必修课。只有顺应数字化发展趋势，对原有的商业模式进行重塑与升级，企业才能实现更好、更长远的发展。

在本书写作过程中，刘舟文、胡肖凡、汪珊珊、陈千雨柔、刘昀等同学参与了相关章节的资料整理工作，特此感谢。另外需要说明的是，本书学习、借鉴、吸收和参考了国内外众多专家学者的研究成果及相关文献资料，并引用了一些书籍、报刊、网站的部分数据和资料内容，已尽可能地在参考文献中列出，由于时间紧迫，未能与有关作者一一联系，敬请见谅并深表谢意。

2023 年 5 月 10 日

目　　录 | CONTENTS

第一章

认识商业模式

互联网、大数据、云计算、AI（Artificial Intelligence，即人工智能）、云计算等新兴技术发展日新月异，在这一背景下，商业模式也随之不断进化。商业模式作为企业创造、传输、获取价值的重要途径，是企业取得成功的关键。随着各行业商业模式的落地，对商业模式的认知必须做出从静态到动态的转变。深入了解数字化时代的商业模式不是仅仅靠认知表层架构就能实现，而是需要以要素观为“利剑”，洞悉其中的本质。

在这个新时代，我们就是要丢掉包袱前进。首先我认为技术不是门槛，任何技术别人都能赶上来；客户也不一定有忠诚度，因为你自己就不可能永远这么好地对待你曾经的客户，这些都是不可靠的。我认为真真实实的是商业模式。为什么我一贯主张赚小钱不赚大钱？这就是商业模式。

——华为创始人　任正非

开篇案例

泰力电池：开启价值变现之路

1. 企业简介

深圳市泰力废旧电池回收技术有限公司（以下简称泰力电池）始创于2007年，总部位于深圳市龙岗区。泰力电池专业从事废旧锂离子电池、废旧电动车电池、镍电池、一次性干电池等的回收与技术研发，主要是以低碳环保、能源循环再利用为主导，采用先进工艺提炼电池中各种有用的材料，如铜、铝、铁、锌、镍、镉、钴、锰等金属，然后把这些材料再深加工成原材料，是一家废旧电池回收全套解决方案的提供商。目前，泰力电池建有深圳市首个废旧电池、废旧电动车回收及绿色清洁能源循环利用示范基地，在江西省上饶市广丰经济开发区拥有50亩大型生产园区，年处理废旧电池5万吨以上，再生原料回收率98.88%，是我国回收处理规模和绿色清洁能源循环产能最大的企业之一。

2. 市场背景

（1）新能源汽车市场规模巨大。

新能源汽车市场规模巨大且发展迅速。中国汽车工业协会公布的数据显示，2016年中国新能源汽车销售50.7万辆，2017年销售79.4万辆，2020年销售136.7万辆，2021年销售352.1万辆，2022年销量达到688.7万辆。中国新能源汽车迎来井喷式的发展势头。

（2）动力电池回收量、报废量庞大。

新能源汽车产业保持高速增长，带动上游原材料及电池回收规模急速扩张。近年来，我国锂电池市场发展迅速，装机量由2015年的46.4亿瓦时大幅提升至2020年的143亿瓦时，年均复合增速约为25%。在产量方面，国家统计局数据显示，2015—2020年，我国锂电池产量从56亿只增长到188亿只，年均复合增长率约为27%。通常来讲，动力电池的使用寿命约为3～5年。从2013年开始我国大规模推广新能源汽车，因此动力电池退役潮的第二个时点在2023年左右，动力电池的退役与更新必将迎来第二轮爆发式增长。

与此同时，2020年动力锂电池的需求量达到了125亿瓦时，报废量将达32.2亿瓦时，约为50万吨。到2023年，报废量将达到101亿瓦时，约为116万吨。随着新能源汽车产业的快速发展，预计到2025年，我国废旧动力锂电池的容量将达到137亿瓦时。如此庞大的报废量，说明对动力电池的回收已经刻不容缓。

（3）电池回收得到政策支持。

废旧动力电池对人体和环境会造成严重的危害，其中的电解液释放到空气中可导致人体中毒和一系列疾病，泄漏出的重金属还会污染土壤和水，导致土地永久失效。2016年，国务院办公厅印发了《生产者责任延伸制度推行方案》，明确对电动汽车等四大行业实施生产者责任延伸制，明确了生产者的相关职责，使生产者承担全生命周期的资源环境责任。这就要求动力电池生产厂商从开展生态设计、使用再生原料、规范回收利用、加强信息公开等方面，对电池的绿色循环低碳发展做全生命周期的管控。并且，该方案还完善了对国内电池厂家的生产、利用及回收进行督导和监控的标准要求。2018年，工业和信息化部等七部门印发了《关于做好新能源汽车动力蓄电池回收利用试点工作的通知》，确定京津冀地区、山西省、上海市、江苏省、浙江省、安徽省、江西省、河南省、湖北省、湖南省、广东省、广西壮族自治区、四川省、甘肃省、青海省、宁波市、厦门市及中国铁塔股份有限公司为试点地区和企业，加大政策支持，加强与相关产业政策对接，引导金融机构及社会资本加大对动力蓄电池回收利用项目的支持力度。这标志着我国动力电池回收利用市场建设进入导入期。

（4）电池回收市场混乱。

目前，动力电池回收渠道不规范，90%的废旧电池没有通过正规渠道回收，也较难找到正规的回收渠道。动力电池以锂离子和铅酸电池为主，铅酸电池中的镉、铅是重金属，一些无电池回收资质的小企业或回收站仅仅是倒掉对环境有污染的酸液，私自拆卸铅板和塑料壳，毫无专业回收处理。动力电池回收问题愈加急迫。

在新能源汽车得到空前发展的背景下，泰力电池瞄准电池回收这一市场空间，准确研判当前的动力电池回收量、报废量以及动力电池回收渠道不规范等现状，在相关政策的支持下，开始进军电池回收市场。

3. 以融资与专利技术实现快速发展

经过十多年的稳定发展，泰力电池的技术及团队在电池回收行业中已处于领先地位。为不断优化、完善盈利模式及体系，泰力电池通过融资以获取更多的所需资金，同时依靠专利技术带来隐形收益。

（1）通过融资获取更多的所需资金。

目前，泰力电池已进行第一轮融资，发布了发展规划及融资计划，融资规模为 8000 万元。泰力电池希望通过对外融资建设更多的回收网点，投入更多的生产线，顺势做大做强。泰力电池此次融资的主要用途是新项目需求和项目建设场地两个方面。在新项目中，生态链项目建设用地约需 4000 万元，宿舍、厂房公共设施建设约需 5000 万元，智能设备产线平台建设约需 6000 万元，固定投资约 1.5 亿元，泰力电池将通过自有资金、股东自有资金、相关投资企业资金以及少量的银行贷款进行保证，确保 3～5 年全部建设完毕。项目建设场地 10 万平方米，包括数据中心和研发人员大楼一栋占地 2000 平方米、废旧新能源汽车智能化拆解线及智能装备实验室占地 6 万平方米、废旧动力电池柔性定制拆解线建设占地 6000 平方米、废旧锂离子电池梯次利用场景化应用项目建设占地 1.5 万平方米、废旧锂离子电池材料修复技术平台开发及生产线建设占地 1.5 万平方米、宿舍及绿化占地 2000 平方米。

（2）依靠专利技术带来隐形收益。

泰力电池成功申请了 13 项专利技术和 23 项实用新型专利，拥有自己的核心技术废旧电池拆解、回收、梯次利用及元素再生等多项发明专利，同时还自行研发了电动车电池全自动拆解线、废旧电池全封闭式自动回收设备。泰力电池所拥有的专利技术与各种设备，不仅实现了真正意义上的绿色回收与应用，而且企业自身得到了更好的发展，通过绿色循环获得了更多的收益。泰力电池的回收处理工艺能够最大限度地降低电池中重金属镉、电解液和其他有害物质对环境造成的污染，最大限度地进行无害化处理及循环再利用，实现废旧电池真正意义上的绿色再生，确保企业有效、快速地实现新技术的产业化。

同时，泰力电池以专利技术为基础，提升自身处理能力，实现更高水平的盈利。目前，建有自行研发拥有自主知识产权的电动车电池全自动拆解线，废旧电池全封闭式自动回收、检测等全套设备，同时应用远程控制、数据收集、机器识别等先进技术，车间实现了无人自动化作业，工艺运行均达到了国家标准，年处理能力逾万吨。

4. 企业回收体系的构建与完善

泰力电池的研发中心拥有电池回收技术最前沿的研发人才，建有全国产学研一体化标准的废旧电池回收工程技术研发中心和实验室，致力于以技术发展与进步推动电池回收体系的构建与完善。

（1）建立新能源动力电池回收认证体系。

泰力电池董事长称，在生产者责任制延伸政策下，企业正通过采取“市场＋环保”的驱动模式构建新能源动力电池回收认证体系。面对与日俱增的动力电池和电池报废回收需求，泰力电池打造新能源动力电池产业链闭环，构建电池梯次利用及资源循环再利用体系，为客户提供丰富多元的电池回收服务。客户可以通过拨打泰力电池的全国回收热线，实现电池的一站式回收处理。

泰力电池拥有完善的废旧电池回收认证体系，通过与电池生产厂商合作，使其生产电池标有泰力回收认证标识，一旦这些电池使用寿命到期，就能快速进入泰力电池循环回收体系，解决了废旧电池回收的难题。同时，泰力电池还具有遍布全球的电池回收网络和专业的废旧电池运输及仓储设备，配备了专业的回收团队和运输车辆，对废旧电池进行分类仓储。

（2）搭建电池回收平台。

为完善电池回收网络，泰力电池搭建了“互联网＋物联网”回收平台。在2018年的时候，该平台就已拥有32130家回收门店，日均回收量达3吨以上。

5. 发展与总结

泰力电池作为废旧电池回收企业，经过长期的发展与进步，成为行业的佼佼者。在广阔的市场前景下，泰力电池集中力量发展废旧电池回收的相关技术与设施，其核心优势集中在专利技术的发展、回收技术的进步上，建立起了新能源动力电池回收及认证体系，并搭建了电池回收平台。对技术创新的重视让泰力电池的产品及服务成为行业标杆，这无疑是最好的产品宣传，也提高了企业的盈利能力。

资料来源

1. 中国物资再生协会. 2030 年全球动力电池回收市场将超过 1 万亿瓦时 [J]. 中国资源综合利用，2023，41（2）：92.

2. 楼高翔，雷鹏，马海程，等. 不同回收补贴政策下新能源汽车动力电池闭环供应链运营决策研究 [J]. 管理学报，2023，20（2）：267−277.

3. 蒿继深. 抓住关键窗口期，加快动力电池回收布局 [J]. 汽车纵横，2023（3）：48−50.

第一节 数字经济的崛起

数字化进程持续加快，数字化技术与应用在众多领域中开花结果，于是数据就成为企业的核心资产，加速了企业的数字化转型。无论是新兴产业还是传统的实体经济，都需要与数字经济接轨以谋求新的发展机遇。数字经济的发展，能够优化调整企业对于多重环境的适应性，同时也会颠覆原有的商业模式，给新创企业带来更多的可能性，抑或是更多的挑战性。

一、数字经济：新的“强力引擎”

在全球数字化与信息化的双重加持下，数字经济逐渐成长为助力经济复苏与增长的新的“强力引擎”。

目前，传统实体经济发展的脚步正在放慢，移动互联网、大数据、云计算、AI 等新兴技术成为新的风向标，数字经济业已崭露头角。2021 年我国数字经济规模突破 45.5 亿元，同比名义增长 16.2%，占 GDP 比重达 39.8%。以上数据说明数字经济在国民经济中的地位更加稳固，发挥着不可或缺的作用。

值得注意的是，数字技术的应用推广为各国提供了跨越发展鸿沟的有利机会，回顾过去的几年，数字经济从多个方面发挥效能，作用于世界经济的复苏当中。

1. 打破贸易壁垒、减少贸易摩擦

数字经济的强势崛起能够助力打破贸易壁垒、减少贸易摩擦。传统实体经济的耗用成本在数字经济的加持下大幅降低，经济活动的触手也延伸到了世界范围内，在进行全球贸易时，贸易壁垒不复存在。数字信息的生产效率稳步提升，重要交易信息的学习成本、获取成本不再成为阻碍，新兴技术的传播也齐头并进，推动了经济全球化的发展进程。

2. 重塑全球范围内制造业的价值产业链

数字经济的强大动力将重塑全球范围内制造业的价值产业链（惠宁和杨昕，2022）。数字经济的步伐迈过了国家与地区的边界线，改善了现阶段全球的生产分工系统，对全球制造产业的价值链进行了生产组织以及产业专业化两个核心角度的重塑，使全球制造业发生了脱胎换骨般的改变。

3. 为未来的商业经济奠定坚实的基础

数字化平台将为未来的商业经济奠定坚实的基础。经历了不同寻常的内外部超预期困难阶段，人们对于交易的惯性思维逐步从线下转移到线上，所认知的实体经济世界也扩展至数字化交易空间。如今，交易和支付领域的创新科技的涌现打造了数字时代的信用体系，世界经济振兴的道路也将在数字经济的陪护下更加平坦。

4. 实现可持续发展的有力保障

数字经济是实现可持续发展的有力保障。近年来兴起的绿色经济就是以数字经济为催化剂，催生了一系列绿色产品与绿色消费平台，数字经济研究者也可以借助跨学科的架构对新能源的可持续问题进行研究。不仅如此，数字化平台也会更加无死角，尤其是对商业模式进行了数字化革新，最终将反馈给供应链以提升运作效率。

时至今日，数字经济仍在不断发展，而达成更高、更广的普惠程度需要全球业界的精诚合作，消除世界经济发展路上的荆棘，谋求更多的数字经济财富。

二、数字赋能：数字产业化

数字产业化的发展规模稳步向好。《中国数字经济发展研究报告（2023年）》显示，2022年，我国数字经济规模达50.2万亿元，同比名义增长10.3%，占GDP比重为41.5%。值得一提的是，在数字产业化中ICT（Information and Communications Technology，即信息与通信技术）服务的龙头地位更加稳固，而热门的软件及IT行业也有一定的进步。

常规意义上的数字产业化即拓宽现代化信息技术的覆盖面，积累数字化信息与相关知识，填充生产要素的缺口，加速数字产业的诞生与发展（孙占利和付蓓静，2022）。无论是在当下还是在未来相当长的一段时期内，数字产业化都是各地区产业化竞争中炙手可热的发展“代名词”。我国的大数据、物联网、软件应用等领域经过多年的培养，已具备了相当的竞争优势。对于今后数字产业化的发展而言，要突出发展重点，同时也不要忽视基础设施的维护建设，对具有示范意义的平台要大力提倡，以政策的普惠支持数字产业化加速发展。

作为经济发展的强大驱动力，数字产业化在助力经济高质、高速发展的同时，还催生出多个新的生态产业，以新带新，酝酿新动能，加速新发展。目前，我国正处于历史性窗口与战略性机遇阶段，经济发展也适逢新旧动能的转变期，数字产业化的推广将扩充新的经济发展版图，为我国的经济高质量发展乃至现代经济体系构建添砖加瓦。

1. 聚焦数字产业化发展重点

就目前移动互联网、大数据、AI三足鼎立的局面而言，数字产业化的新生态不断迸发，在新兴业态的竞争中，为了占据有利地位，业界必须聚焦发展重点，聚精会神地促进数字产业化，如图1–1所示。

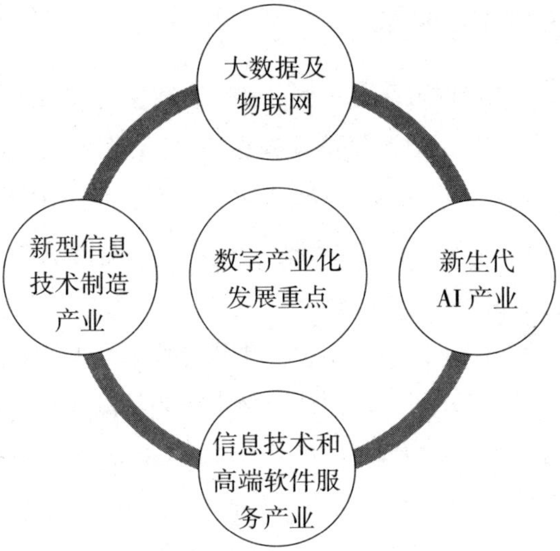

图 1-1　数字产业化发展重点

（1）大数据及物联网。

培养具有引导能力的核心产业——大数据及物联网，对大数据及物联网产业的“三年行动计划”加深认识，将可视化、边缘计算技术、海量数据存储清洗等复杂问题逐个击破，大力发展“数字 +”新产业。

（2）新生代 AI 产业。

科学布局处于科技前沿的新兴产业——新生代 AI 产业，打造属于自己的“芯时代”，将基础软件和智能硬件的效能结合起来，做到“软硬兼施”。

（3）新型信息技术制造产业。

稳步发展重要基础产业——新型信息技术制造产业，对 IPv6 和 5G 商用为基础的信息设备、信息终端、信息系统应用加大推广力度；同时，在芯片的产业化进程中，不断扩大北斗导航高精度芯片和太赫兹芯片的影响力，增加对基础软硬件产品的研发投入。

（4）信息技术和高端软件服务产业。

大力培育应用型服务产业——信息技术和高端软件服务产业，在民生保障、政务服务、社会治理及产业化转型等应用领域加大软件开发力度，利用北斗信息系统等一系列数字化系统对社会进行服务，凭借新的信息技术，打造对应的高端业务外包服务。

2. 加强数字化基础设施支撑

整合现有的网络技术，借助大数据、5G、物联网、AI 等技术搭建万物互联的数字化基础设施，支撑数字产业化的快速发展。

（1）抓紧构建新一代信息化网络基础设施布局，推动传统基础设施转型升级，形成网络化、信息化的基础设施体系。

（2）支持数字化基础应用设施建设，对原有的大数据中心和云计算基础建设进行优化布局，助力内容分发网络的融入。

（3）积极推进建设、更新传统数字化基础设施。在交通运输层面，可以在交通基础设施、交通通信网络等领域普及数字化建设；在水资源规划及旱涝预防等方面，可以凭借信息化建设进行水资源管理，打造智能调配系统、水害智能防范体系；同时，可以加速电网的智能化覆盖，给绿色能源的共享提供保障。

3. 加快数字化示范平台建设

放眼全球，各个国家和地区的数字经济基本上处于同一起跑线，然而发展水平却参差不齐。成功的实践案例不能一味照搬，加快数字产业化要做到求真务实，紧抓数字产业化的核心，对不同地区、不同类型的产业开展数字化示范平台建设，探寻各自独有的新路径，如图 1–2 所示。

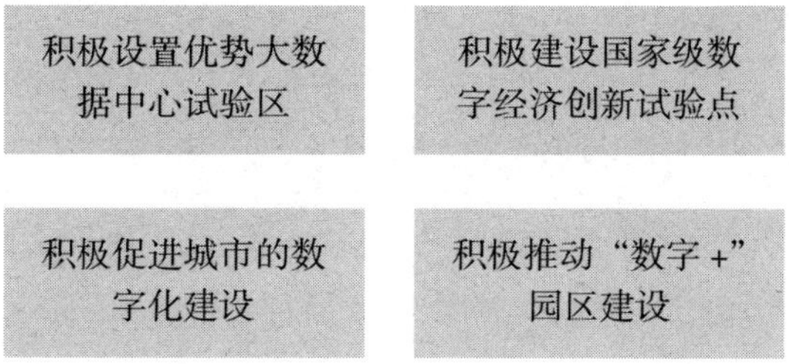

图 1–2　数字化示范平台建设新路径

（1）积极设置优势大数据中心试验区，推动各大数字化示范区的区域联合，构建一体化数字产业新格局。

（2）积极建设国家级数字经济创新试验点，开拓数字化生产关系，打造新型的数据流通机制，优化配置数据资源。

（3）积极促进城市的数字化建设，对若干城市进行开放试点，开展从城市规划到城市治理的一体化服务。

（4）积极推动“数字+”园区建设，开发新的智能化园区管理系统，建设数字化工厂、园区，提升上云覆盖率。

4. 完善数字化配套政策

为了跟进落实国家出台的基础政策，完善数字化配套政策是必不可少的措施，也是数字产业化抓住发展苗头的良好时机。

（1）要保证足够的建设用地，优先保障省重点名单中的建设项目，其次是电商、新一代信息技术服务等项目，落实其建设用地。

（2）节省电力成本的损耗，要采取电力优惠或者分级用电制度，支持数字产业化的落实。

（3）扩充人才储备，在数字企事业单位中大力提倡柔性引进方式，进而补充紧缺的高层次人才。

（4）创新平台的搭建至关重要，同时对获批国家级重点实验室、国家级产业创新基地等荣誉的数字技术企业，给予相应的财政补助和奖励。

认知商业模式专栏 1-1

华星光电：LCD 智造者

1. 企业简介

武汉华星光电技术有限公司（以下简称华星光电）于 2014 年在武汉光谷产业园诞生，是深圳华星光电与湖北省政府共同出资建设的第 6 代 LTPS（OXIDE）LCD/AMOLED 显示面板生产线。华星光电一期投资 160 亿元，是武汉市单笔投资额最大的工业项目。华星光电提供低温多晶硅、LTPS 液晶显示面板等产品，以及产品模组等产品的研制、营销和技术支持等服务。曾获多项荣誉资质，如多晶硅 TFT 关键技术湖北省工程实验室、湖北省低温多晶硅液晶显示工程技术研究中心等，同时还是国家智能制造示范点。

2. 发展优势分析

（1）核心业务数字化：着力提升软能力。

华星光电作为一家电子高科技企业，主营产品包括液晶显示模组、液晶电视模组和智能手机模组等。众所周知，显示产品的更新换代速度较快，这也决定了其产品需要与时俱进，不断进行创新研发。为此，华星光电持续加大对产品研发数字化、制造过程数字化、装配生产线自动化和智能化的革新力度。经过五年的深耕，华星光电在 PLM、ERP、MES、CIM、FDC 等系统建设方面逐步扩大范围，将系统的效能全覆盖于企业的核心业务当中，同时还实现了生产线的全自动运行，在产品的研发生产、供应链循环、质量检测方面突破自我，持续提升企业业务的核心竞争力。

华星光电推动落实“数据湖”的铺设，将该大数据系统作为承接数据流通的基建设施，加快推进企业的数字化转型进程，为企业数字产业化奠定基础。

（2）智能制造体系：提升业务效能。

华星光电在技术的自主研发上加大投入力度，开创了业内领先的柔性智能制造体系，对产品全流程运作的智能化进行普及。华星光电以本次数字化转型为契机，以产品设计为源头，不断进行模拟仿真，提高产品设计和制造工艺的流程适配性，对产品的量产进行优化，节省生产过程中的时间成本和投入成本，并且满足顾客的个性化定制需求。

华星光电通过自主研发，推出了优化判定方式的 ADC 软件，将人工判定更新为人工智能判定，依靠人工智能的自主学习和深度分析的特性，使图片的判定过程实现了自动化。该项成就在很大程度上缓解了工作人员的工作压力，在保证更高精准度的前提下，将生产间隔大幅降低。华星光电经过此次的生产流程优化，极大地提升了企业业务的透明度，并将业务效能提升至新的高度。

（3）思路清晰：迈出数字产业化新征程。

华星光电的数字产业化计划以企业的营运目标为中心，以最大的产能、最优的成本为基础，并且在订单、材料、生产、发货等环节，建立起了一条完整的产业链，这不是单纯的数据和人工作业，而是以企业的盈利目标为基础，实现预警、辅助决策等数字化能力的提升。

同时，数字化是以过程为基础的，只有通过对流程的梳理，建立起一个以流程为基础的体系，才能为企业创造更多的价值。华星光电从宏观层面对企业的数字产业化蓝图进行规划，然后在微观层面进行有效的推广，随后在宏观层面上再次进行优化，形成“宏观—微观—宏观”的螺旋式上升路线。

（4）两化融合成果丰硕：打造持续创新引擎。

华星光电始终坚定智能制造的发展理念，并且把该理念融入生产线的数字信息化、智能化建设进程当中。华星光电极力促进数字产业化的打造，巩固信息化和生产自动化的成果，并且稳扎稳打，逐步全面覆盖企业的核心业务，实现全生产线的数字化。

华星光电凭借两化融合的丰硕成果，推动企业全方位数字产业化转型，发挥其数字的宝贵价值，使其渗透于整个企业的业务当中，大力打造智能制造的核心技术优势，激发企业的经济效能，提升企业的行业竞争水平，为自身打造持续创新的“强力引擎”。

3. 发展与总结

华星光电的成功商业模式为同行业企业做出了表率，通过学习其经验，可以降低智能制造成本，如投入的风险成本及研发后的维护成本，推动降低行业门槛，使更多企业投入面板制造的研发中，推动面板制造的国产化、专业化、信息化、技术化进程，同时也为其他企业提供了数字产业化相关的宝贵经验。

资料来源

1. 付剑茹，梅国平，李飞飞 . 两化融合管理体系贯标能促进企业创新吗？[J]. 产业经济研究，2022（4）：127-142.

2.PANG Lingbo. 武汉华星光电第 6 代 LTPS/AMOLED 显示面板生产线项目，武汉，中国 [J]. 世界建筑，2020（9）：76-81.

3. 肖红梅 . 打造“绿色、高效、节能”的新型高科技工厂——华星光电与世源科技联合举办“高世代低温多晶硅（LTPS）洁净厂房共性技术研讨会”[J]. 洁净与空调技术，2015（2）：108.

三、数字化转型：产业数字化

近年来，产业数字化的发展如火如荼。数字经济的发展对于各个行业都有着举足轻重的作用，传统制造业的数字化转型依托工业互联作为核心支撑方法论，传统农业与传统服务业的数字化转型也成效颇丰。

我国数字经济发展的鲜明特征在于产业数字化，数字经济的规模在世界范围内也名列前茅。产业数字化的常规意义是有效发挥新一代的数字化科技效能，向传统行业释放动能，以数据赋能产业，全方位地对传统产业链条进行改造。我国相关产业迈向中高端的目标，迫切需要通过传统产业与数字技术紧密结合来实现，因此促进产业数字化的任务非常艰巨，同时也意义重大。

1. 产业数字化的合理性

产业数字化处在新兴科技革命与产业革新的前沿位置。21 世纪以来，全球科技创新日新月异，新兴科技革命与产业革新正在对世界经济结构进行重组。通信、AI 等新一代信息技术正不断地赋能传统产业，形成了新一轮的跨界融合与创新趋势，也为工业信息化的融合发展提供了有效例证。

（1）产业数字化为传统制造业开辟了高质量发展道路。

受限于人口数量、土地面积、节能减排等环境因素，传统制造业必须利用数据进行决策，以数据带动运营、以数据引导创新，同时还要重视产业体系中的信息与知识要素的深度利用，将产业链的各个环节相联合，做到环环相扣，以此推动工作之间的细化处理，也为区域间的交易效率托底，从根本上解决传统制造业成本持续升高问题。

（2）产业数字化能够为经济发展注入新的数字生产动能。

数据的诞生意味着新型生产要素的出现，而产业数字化作为运行理念的又一个全方位重大突破，将裹挟着数据要素占据行业竞争的制高点，对国际化竞争格局产生持续而深远的影响。不断盘活数据的价值是商业模式推陈出新的先决条件，也是传统实体经济与数字经济相融合强劲的推动力。

（3）产业数字化彰显了高品质生活的内在条件。

随着民众生活水平的提升，大家对高品质产品、服务的需求更加迫切，这就给产业供应链带来了优化空间，民生领域中的物流、供应等方面与数字技术相融合已是大势所趋。另外，民众对个性化、多元化的追求从未停止，催生了新的市场业态，产业数字化的发展正当其时。

2. 产业数字化的转型路径

数字化转型升级面临重要关口，而能否抓住数字经济带来的机遇是推动数字资源打造传统产业新业态的关键。在这一数字化转型的风口之上，产业升级的倍增效应迫切需要数字经济来激活，发挥优势产业引导作用，培育新兴产业，同时促进技术创新，为产业数字化提供良好的营商环境。

（1）高水平打造数字化基建设施。

众所周知，数字基建是产业数字化的根本，为了加快万物互联的进程，开辟产业链与全价值链的直连数据通道，就必须发挥数字基建的头雁效应，引领数字经济向阳发展。

（2）加强工业互联网的平台赋能效应。

工业互联网平台定位于产业云及“互联网 +”双重融合背景下制造业生产链的核心地位，此时借助数字化管理体系能够发挥数据的优势，充分激活物资、资金与技术的活力，构建反应迅速、直观透明的产业供应链。

（3）利用头部企业的头雁效应带动行业发展。

对于集群产业、重点产业来说，要鼓励头部企业打造标杆示范项目，为产业数字化的普及提供借鉴。支持头部企业发挥“领头羊”作用，开创产业数据库，积极促进产品创新、商业模式转型和平台升级，对统一战线的上下游企业起到示范带动作用，打开一定规模的数字化转型需求“闸门”，为供给端企业提供更多的研发支持，营造互惠共赢的健康循环。

（4）着力推动中小微企业开展数字化转型。

众多的小微企业开展数字化转型，能发挥其中流砥柱作用，将断点的制造与服务环节重新熔接在一起。同时要选取条件成熟的集群化产业开展数字化试点，以点带面促进数字化网络全面覆盖。

（5）积极完善数字化配套生态体系。

产业数字化需构建创新应用、业界乃至跨界融合的生态体系，才能取得数字技术、生产经销模式的产业集群创新性突破。

四、数据资产化：价值共创的基础

数字经济热潮来袭，为数据资产化带来了足够的曝光度，在此背景下，数据将作为一项新型生产要素，以贡献度、创收能力作为标准参与分配活动，发挥了数据作用在生产效率上的乘数效应。而数据资产化在提升数据资源价值的同时，还将向数据注入更多元的元素，使数据逐步演变为狭义的无形资产（徐涛等，2022）。

数据资产化的本质在于放大数据的价值，在此趋势之下，数据的价值逐步赶超数据的变现价值，数据的自由化交易应运而生，此时数据要素的潜力被彻底激活。

在发达的国家地区，数据已成为企业的重要资产之一，这是被社会所广泛认同的。同时，在欧美国家的认知中，数据自从诞生以来就被视为企业或个人的资产，并且有相关的立法体系为支撑，保障了数据资产化的合理性。

那么，为什么直到近年来数据资产化才为国内所熟知?

究其原因，问题可能在于国内不同产业的数据利用情况有所差异，产业存在多种发展阶段，因此对其重视程度也有所不同。通过整合资料，可以将国内的数据资产化概括为四个阶段，即起步阶段、发展阶段、变革阶段和融合阶段。经过这些阶段，我国数据资产化的相关技术得到了发展，也催生了数据资产化的诞生。

1. 起步阶段：在企业内部发挥辅助作用

20 世纪 90 年代，企业间使用数据的意识就已经出现，同时也有相关立法保护。当时企业可以利用数据绘制报表、指导运营，数据的价值开始得到体现。例如，某国际连锁超市通过整理数据发现，大部分年轻父亲的消费行为很有特点，他们喜欢将尿片和啤酒进行搭配购买，因此超市针对这一现象推出消费组合，打造了一种个性化营销模式。这就是早期数据资产的萌芽，而这一阶段的数据价值重点体现在企业或组织内部的辅助功能上。

从技术的层面出发可以发现，起步阶段开始流行数据资产化的工具方法论，其最主要的作用是帮助企业解决数据记账、数据预测等问题。就像 20 世纪 90 年代之前的 Oracle、Teradata 等产品体系，无一不透露出数据资产化的气息。总的来说，在数据资产化的起步阶段，数据资产更像一种数据库工具，为企业提供储存和检索的功能。

2. 发展阶段：数据辅助功能得到强化

20 世纪 90 年代末，我国的互联网行业呈井喷式发展，同时也带来了数据量的飞跃。由于数据量猛增，数据搜索和数据分析功能的需求缺口需要尽快填补，因此数据的价值进一步增强，曾经的辅助功能也不再适用于企业的发展，数据进而转化为企业的核心要素。

这一时期的新技术体系——NoSQL 的出现，预示着数据资产化的进一步发展。NoSQL 作为一种便捷高效、结构清晰的分布式新型数据库，它的出现就是为了取代旧数据库解决数据的场景变化问题。

从技术层面来看，以上变化引发的问题并不复杂，尽管数据量涨幅巨大，但是数据操作的便捷性还是能够得到最大的保障。

NoSQL 不断完善发展，与海量数据持续磨合，为更丰富、更复杂的应用场景打好铺垫，随即推出了 Hadoop 工具，拉开了大规模机器学习的序幕。Hadoop 工具拥有的强大储存能力以及高计算能力，能够有效助力企业的数据分析能力达成迭代性创新。而 Hadoop 通过对原有模型进行重新排列，催生了 PageRank 数据架构，这类核心算法的出现，满足了搜索引擎对海量非结构化数据的快速排列需求。

因此，在数据转化为要素之前，数据资产化管理工具所发挥的作用集中在存储以及数据分析层面。

无论是推陈出新的 NewSQL，还是现阶段逐步壮大的云计算、并行计算引擎及其开发语言等技术，都是新生态的崛起信号，预示着数据技术正处于快速发展阶段，仍需不断地进步而变得更加成熟。

3. 变革阶段：数据逐步转化为核心资产

数据是从何时开始转变为核心要素或核心资产的？答案是：当数据的价值逐步贴近市场价值，即贴近数据的变现价值时。这一特征最早出现在互联网金融体系中，并在该体系的建立与运营中颇具成效。

我们需要了解的一个规律是，当数据有了辅助决策的价值，往往还需要一个周期才能对数据的价值迭代做出总结。而此时，数据资产化开始发力，催生了企业的业务创新以及全方位数字化转型的萌芽，强有力地驱动市场发展，数据价值逐渐贴近变现价值，也就是说，掌握了数据就掌握了价值。

从技术层面来看，数据资产化的前两个阶段主要体现在低层次的数据架构体系上，而这里说到的第三阶段——变革阶段，数据技术就集中体现在数据法治标准的任务当中。

从使用层面来看，行业对数据资产的使用程度远远不够，一是数据没有有效流通的合理途径，数据相关的立法尚未完备；二是市场对技术的需求还未完全激活，使技术的落地存在障碍。

综上所述，在数据资产化的变革阶段，数据从辅助的“配角”逐渐成长为被多方看好的“主角”，广泛的数据认知基础搭建完毕后，接下来企业的精力就应聚焦在数据资产的管理方面了。

4. 融合阶段：数据要素的应用

数据资产化发展到今天，数据的价值应用得到了很好的体现，从辅助预测到直接参与生产活动，数据应用已经活跃在各个领域当中。

数据要素的应用场景越来越广泛，而数据要素在企业的使用也普及到了企业的内部运行当中。与传统行业的数据管理和应用相比，新能源制造、金融行业、政府部门都奋力走在数据应用的前沿。

数据资产化贯穿于数据资产的收集、分析、整理、应用以及淘汰更替的一系列生命周期中。既然此时的数据含义已经不同于往昔，数据即是财富，那如何使数据财富能充分流动?

真正意义上的数据资产应当受到法律条文的严格限制与规范，才能在市场上流通起来。并且只有当相关的市场使用场景出现，以及相应的合理性规定落地后，数据交易才能在供需的应用场景中展开，加速数据要素的流动。

综上所述，第四阶段——融合阶段的首要任务就是打造一个具有支撑作用的数据交易体系。

目前，一连串的数字问题成为企业关注的焦点，比如如何生成数据要素、如何对生命周期进行管理、如何体现数据前所未有的价值。那么，数据就摆在面前，它的价值该如何激发？

截至 2022 年，行业对数据储存的需求已经饱和，因此数据要素生命周期的全程管理成为主战场。目前，约 70% 的企业正在向数据管理和应用的方向努力，然而还难以触及数据的市场化供给门槛，行业对这方面的摸索仍未停下脚步。

行业的数据资产化道阻且长，数据资产化及数据流通无论是在理论还是实践中都是切实可行的，数据资源也必将真正成为有价值的资产。

第二节　企业商业模式进化论

进入 21 世纪后，“商业模式”这一概念成为大家熟知的商用术语，并始终是企业及学术界的热门话题，同时在市场竞争中的作用也越发重要。随着数字经济的发展壮大，如何考评一家企业的未来前景、发展价值，就取决于这家企业是否拥有业内领先的商业模式。那么，企业商业模式是什么？

一、演化史：百年发展历程

企业对于商业模式的核心理解是通过产品或服务的增值进行盈利，并且把顾客作为企业价值共创的成员。总的来说，商业模式不是一种价值主张，也不是一种简单的盈利模式或关系脉络，而是以上要素的结合体（曾锵，2019）。

历经了互联网经济、数字经济时代，典型的商业模式不胜枚举，其中 O2O（Online to Offline，即线上到线下）模式、平台模式、长尾模式、网红直播模式都堪称经典，而数字经济赋能加速了产业数字化、数字产业化，给传统制造产业带来了转型升级的契机。

结合对商业模式发展的研究能够发现，商业模式并不是一个新兴概念，其最早在 1947 年就已萌芽。从时间节点分析，商业模式的发展大致分为三个阶段（见图 1–3），即萌芽阶段、概念描述阶段和逻辑分析阶段。

图 1–3　商业模式发展历程

（1）萌芽阶段。

自1947年开始到20世纪90年代，是商业模式的萌芽期。

（2）概念描述阶段。

20世纪90年代中叶，商业模式发展到了概念描述期。从1996年开始，受益于计算机及电子商务的繁荣，商业模式成为一个耳熟能详的商业术语，对网络企业的运营方式、盈利模式起到归纳总结的作用。此时，商业模式的名声开始打响。

（3）逻辑分析阶段。

步入21世纪，商业模式的发展愈发成熟，其描述定义在学术界也有了统一的标准，通过总结概括企业不同特色的经营模式，商业模式进入多元化发展的道路。2005年以后，商业模式的发展进入了逻辑分析阶段，针对商业模式的研究不再只是注重商业模式基础元素的归纳总结，研究重点集中在了商业模式的内在逻辑，分析逐步深入商业模式背后隐藏的特征及内涵。

经过几十年的演化，商业模式的体系已经枝繁叶茂，然而在数字经济的背景下，又给商业模式营造了无限的遐想空间，商业模式在商业实践指导下仍留有较大的发展空间。

二、理论层：各家观点回顾

作为学术领域的“常青树”，商业模式不仅是企业界的关注重点，还是理论层面重要的研究对象。随着商业模式理论研究的不断深入，其中蕴含的精华更是有待发掘。基于此，本节将从商业模式的概念、类型、形成与创新以及作用多个方面展开理论回顾，并做出总结，旨在全面厘清商业模式研究脉络，深入分析各家对国内商业模式研究的看法。

1. 商业模式的概念

目前，国内学术界对商业模式概念范畴的定义比较广泛，而商业模式中的“过程”“工具”“机制”和“模式”等类概念出现的频率也越来越高。在概念上，有些理论强调了逻辑体系，从前提、内容、目的三个层面来划分，即战略意图、结构体系和体制结构（罗珉等，2005）；有些理论强调了融合的基本原理，包括经济、经营和战略，并且把它界定为概念上的集成工具（原磊，2007）；还有些理论强调了从内部过程、外部交易和系统整合三个角度来突出理论观点的整合，并将其界定为一个联系的体系结构（魏江等，2012）。在构成上，我国与外国学者的观点基本相同，但我国学术界更为重视结构表达的系统性和要素选取的整体性。

2. 商业模式的类型

早期的国内科研侧重于理论整体式的建构。原磊（2007）认为，目前，已存在的商业模式分为一般性产品、知识性产品和经验性产品等 12 类。其他研究者从产品的内涵特征出发，从市场定位、经营过程和盈利方式三个层面对商业模式进行了分类，认为在各个层面上都有明确的内涵，并且所进行的价值行为可以为企业带来收益，就能证明商业模式的类型存在合理性（王迎军和韩炜，2011）。近几年，新的商业模式层出不穷，对这些新兴商业模式进行归纳总结，成为新的研究热点。

3. 商业模式的形成与创新

目前，我国学术界对企业的商业模式进行了较为深入的探讨。在确定构建因素时，国内的学者大多基于国外对于企业商业模式的研究进行分析。例如，以商业模式结构为基础，发掘新创企业的市场定位、经营过程和盈利方式等构成因素。在对新创企业的构建过程进行分析的同时，也有一些观点认为，新创企业的商业模式经历了起步、重组和建立三个阶段（王迎军和韩炜，2011）。在构建方法上，也有一些学者归纳出四种方法，即商业蓝图法、商业模式原型法、本体法和部件商业模式法（任锦鸾和吴姝，2009）。

我国对商业模型创新理论的研究主要集中于前因、路径、机制等方面。首先，在前因方面，企业商业模式创新存在以下几个内在原因：对管理方式的认知、资源的丰富程度、开办的业务活动、优势技术的研发、市场中存在的机遇、价值创造的网络等。其次，在路径方面，研究者依据行业及企业特性提出了新的发展道路，并从多个角度出发，对商业模式的创新路径提出了四条创新道路，即拓展型、复制型、整合型和模仿型。最后，在机制方面，学术界从商业模式创新本身的特点出发，研究了企业商业模式创新的内在机理，从企业的动态能力、创新方式和产业政策三个方面进行了探讨（武光等，2017）。

4. 商业模式的作用

现阶段，我国对商业模式作用的研究主要集中在企业经营绩效、市场绩效等因素上，而对于如何发挥商业模式的作用则有两个不同的理解：一是发挥商业模式的间接效应，通过商业模式来间接地影响企业的绩效，而创新的双重效应则在其中起到了媒介作用（胡保亮，2015）；二是商业模式具有较强的直接效果，即商业模式的变革对企业的经营业绩有正面的影响，环境动态性对变革型领导与商业模式创新的关系不具有调节作用，但在商业模式创新与企业绩效之间起正向调节作用（阎婧等，2016）。也有的研究者从总体上对商业模式进行了研究，并将其与技术的创新有机地融合在一起，从而探索出了能够使企业迅速赶超同行业的方法和途径。

通过以上分析可以看出，近年来，我国学术界对商业模式的基本原理进行了深入的探讨，即从显性和隐性两个知识层面建立了商业模式中著名的“冰山理论”。同时，我国学者也聚焦于中国商业模式和商业模式创新，对我国的O2O模式、全渠道模式、自媒体渠道的商业模式创新、商业模式的二次创新等方面进行了深层次的研究。

在今后的理论发展中，国内在进行相关的实证分析时应注意以下两个问题：一是在研究的思维方式上，要重视各种理论之间的相互结合。在构建商业模式理论基础的过程中，必须通过相关理论提出的方法论来打破已有的认识上的枷锁。二是在研究角度上，要侧重于从动态和静态两个方面进行整合。在静态理论的基础上，剖析经营方式的秘密，展示企业独到的经营思维，阐明执行的指导方针与准则，这是目前静态研究领域的主要思想。

认知商业模式专栏 1-2

瀚晖制药：医药健康“独角兽”企业

1. 企业简介

瀚晖制药有限公司（以下简称瀚晖制药），2012 年 9 月由海正药业、海正杭州和辉瑞制药三家企业联合创办，经营范围涵盖了研发推广创新药、品牌原研药以及符合国家认证的高端仿制药。在科技发明领域，瀚晖制药多次获得国际殊荣，其产品在国家政策支持下屡次创新，销售网络也遍布全球。

2. 发展优势分析

（1）全场景医疗模式。

瀚晖制药在心血管、呼吸及肿瘤治疗等方面极具优势，同时积极与医疗所开展更深、更广的合作，共促发展。合作之“深”体现在专精单一病种服务上，瀚晖制药底蕴深厚，具有与疾病相关的丰富知识和宝贵的实践经验，并且致力于打造医疗生态平台的支撑，使线下线上无障碍互通，培养任何场景都能履行业务的能力，打造了全生命周期健康管理——“药品 + 医疗 + 健康管理”模式；合作之“广”体现在疾病治疗领域的全方位延伸，使业务框架涵盖更多、更复杂的疾病领域，造福深受疾病之苦的患者。

（2）产品优质优价。

瀚晖制药研发制药创新品牌药、高端仿制药的能力在业内得到了认可，其产品文号超过 80 种，其中不乏获得国际科技奖项的产品。瀚晖制药依托浙江海正药业股份有限公司的平台优势，在制剂的原创研发技术上实现突破，并且对产品进行量化生产。为了保证产品符合国际标准，瀚晖制药在生产基地国际化的进程中，斥资 15 亿元建设自动化生产基地，力求在生产环节达成无菌化、在进出料环节达成自动化。企业也经过了新版 GMP 认证，2015—2018 年，均通过了美国食品药品监督管理局的现场审计。

（3）多元化营销体系。

瀚晖制药积极拓宽视野，采取了业内先进的CSO营销体系，广开销路，实现了营销途径多元化，依托高效的营销体系，瀚晖制药能够加快抢占核心市场的进程。与此同时，瀚晖制药还拥有不逊色于业内巨头的销售管理和支持系统，无论是在自身发展还是在合作共赢的模式下，都能多方位助力其取得成功。

（4）精准数字化平台。

瀚晖制药的数据信息来源科学可靠，在RWE（Real World Evidence，即真实世界证据）、RCT（Randomized Controlled Trial，即随机对照试验）研究和Meta分析方法的支持下，保证了临床数据的精确性和药物信息的合理性。并且瀚晖制药的医药数据库和信息管理系统实现了数字化支持下的大量数据覆盖，为有关机构提供了临床医学的优化方案，帮助政府优化了科学合理的医保服务，在此优势下，患者能够得到更加精准的医疗方案。

（5）强大医学赋能。

近年来，医药行业改革持续深化，创新产品的生产和医学赋能逐步成为行业导向，仅仅依靠药物销售和消费市场的主导模式已经不能满足制药业发展的需要，以学术和医学实力为发展方向的创新型行业模式已成潮流。瀚晖制药在研发过程中与时俱进、开拓创新，探索创新型产品，目标在于体现临床价值，以医学和学术能力为支点，激发其产品的生命力。

（6）严格治理体系。

更重要的是，瀚晖制药高度重视治理体系建设，为了维护企业框架的稳定，瀚晖制药借鉴了国外医药企业先进的治理体系，并且将其融入企业原有的体系当中，以此打造了国内医药企业中最严格的治理体系。在反贪反腐层面，瀚晖制药严格遵守我国的法律法规，同时也符合《反海外腐败法》。以上先进、完善的治理监督体系发挥了积极作用，为瀚晖制药的良性发展打下了坚实的基础。

3. 发展与总结

随着数字化进程的加快和相关政策的放开，在医患关系中，双方的需求越来越多样化、个性化，如何加强医患一体化，使医疗服务受到患者信任、医生压力得到缓解，让医疗服务触手可及是医疗行业广泛讨论的问题。瀚晖制药正在不断地进行产品创新，并且结合数字化平台进行医学赋能，竭尽所能地满足患者的健康需求，同时也为医药业提供了商业模式创新典范，保障了数字化医疗的稳步推进。

资料来源

1. 杨红燕 . 数字化时代的数字医保：内涵、价值、挑战与治理思路 [J]. 华中科技大学学报（社会科学版），2021，35（2）：7–24.

2. 星泰 . 三年爆赚 24 亿 高瓴被动入股海正药业 [J]. 英才，2020（Z4）：76–77.

三、实践层：典型企业商业模式剖析

1. 新零售商业模式

近年来，新零售的概念开始兴起，这是一种以消费者为中心，合理运用新一代信息技术，对企业的产业价值链进行优化完善，并且持续满足顾客线上线下体验的新的零售业态。新零售商业模式具备以下三个特征。

（1）以顾客为中心。

新零售行业巧妙运用数字化技术，对顾客的基础信息以及消费习惯进行了数据采集和分析，随后将相关信息反馈给生产厂商，以制定不断满足顾客个性化需求的商业模式，新零售商业模式的内在逻辑就是从用户到生产商的智联（陈曦等，2021）。

（2）以科技为基础。

科技成果正在不断地助推传统零售业转型升级，已有的无人车、无人送货、无人驾驶等应用场景都是 AI 在新零售中的应用，顾客可以利用虚拟现实的在线试用优化自己的购物体验。此外，大数据、互联网金融不仅可以对消费者实现精准推送，还能依据消费者的线上消费水平评定信用等级，并向其提供互联网贷款服务。

（3）线上线下有机结合。

随着数字化技术的普及，消费者的线上消费习惯已经培养完成，新零售能避免线下门店的巨大冲击，做到优势整合。例如，新零售能够进行公众号运营，以及举办线上抢购活动。同时，新零售可以实现会员制的灵活沟通，在传统零售的捆绑销售和口碑营销的基础上，提供增值服务，利用社交媒体展开病毒式营销。

总的来说，在数字化时代，传统零售业已难以满足所有顾客的消费需求，因此新零售转型是零售业的大势所趋。

2. 无人经济商业模式

无人经济商业模式同样能够作为典范，它指的是企业在进行生产经营的时候，将其中独立的环节细分出来，利用大数据、物联网等新一代信息技术解放人工，更大程度地替代了人力，依靠消费者独立完成交易的一种商业模式。

无人经济商业模式背后的逻辑如下：首先，电商的快速发展使消费者习惯了按需购买、线上场景购买的消费行为，在整个过程中，消费者能够自主完成且不需要人工引导；其次，线上支付体系日渐完善，支付宝、微信支付已经渗透到我们的生活中；再次，新技术的应用落地，使无人经济的普及速度更快，无论是服务体验还是成本都是优质的；最后，因为无人经济商业模式的整个流程都有非常清晰的框架，其中的关键因素如成本、收益、时间等都能做到精准化预估，因此很受资本追捧。通过解析这些内在逻辑，用户的隐性需求都会得到满足。

未来，无人经济商业模式会呈现多元化分裂发展，全面覆盖企业的服务端和生产端，同时能够应用的行业也不再固定，或许会出现多行业复制现象。在消费升级的社会背景下，无人经济商业模式会有更多的发展空间。

3. 共享经济商业模式

同样是借助信息化技术的商业模式，共享经济商业模式在过去打造了很多“独角兽”企业。共享经济商业模式指的是将闲置资源的使用权有偿转让给他人，出让方取得收益、受让方取得闲置资源的价值创造模式。共享经济所蕴含的特点值得我们深入研究。

（1）共享经济能够满足高效的供需匹配。

资源虽然是私有的，但是使用权可以是公共的。供需的不对称可以通过供应网络的延伸来解决，也就是经济学中的稠密市场理论，能赋予闲置资源活力，供有需求的用户使用。

（2）共享经济具备挖掘充裕而相对稀缺的资源的能力。

共享经济保证了闲置资源的有效利用。充裕的资源才存在较高的闲置率，而共享经济能解决流动的稀缺性和信息不对称的稀缺性问题，并且能够匹配绝对充裕但相对稀缺的资源。

（3）共享经济拥有稳定的信任秩序。

参与共享经济的企业能够在营运环节做到事前严格把关、事中包括问题和争议解决的机制以及全覆盖监测分析、事后建立相关的评估及处理机制。支付、保险等是共享经济的重点关注领域，配套的措施也可以为共享经济的可行性保驾护航。

现在，共享经济商业模式遍地开花，随着数字化时代注入动能，将会有更多的共享经济商业模式出现，这也说明未来会有更多的资源得到有效配置。

第三节　企业商业模式概述

“数字中国”成为国家“十四五”规划的重点方向，数字经济已经席卷各个领域，以一种无形的变革改变着整个行业的格局，同时也为企业的可持续发展和成长提供了机遇。以云计算、大数据、物联网、AI 等先进技术作为鲜明的标志，预示着数智化新时代即将来临。

一、数智化场景的概念

我国企业的数字化转型已持续了相当长的一段时期，尤其是大中型企业在数字化覆盖过程中都积累了海量的数据，但是一直没有得到充分的应用。

数据是与资本、土地等要素的重要程度相当的新型生产方式，而大多数数据只是在储存阶段，其价值并未完全发挥出来。众所周知，生产要素的价值产生于流通当中，在静止状态下，生产要素的效用并不高。所以，该怎么利用海量的数据并赋予其商业价值，就成为一个必须要解决的问题。经历过数字化转型，企业也将步入数智化场景的应用时代。

数智化是一个新兴的观念，由此外延的数智化场景是我们理解数智化发展的关键。数智化场景就是企业在数字化的基础上，将数据和智能技术有机结合，打造企业管理及业务的核心场景，其中数字化是基础、人工智能和业务结合是关键，如图 1–4 所示。

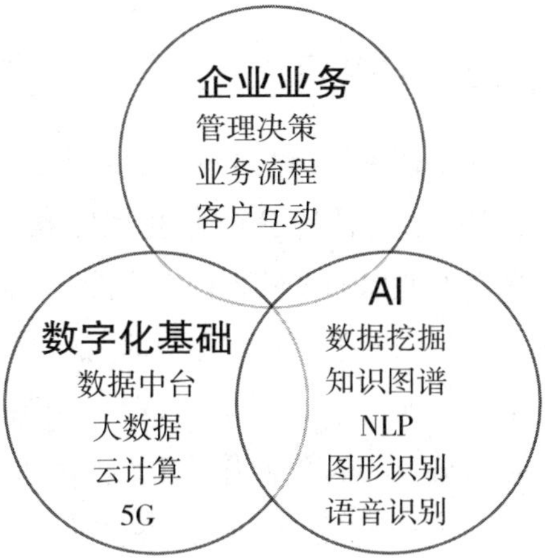

图 1–4　数智化场景

数智化并非单纯的资讯、办公自动化，而是会涉及企业的核心产业，促进企业商业模式的革新，真正做到以客户为中心，从客户端到供应端诠释全要素、全场景、全生命周期，同时对企业的智能运营及大数据决策加强建设，并为企业的产品和业务注入创新动能，保证核心竞争力。

如今，数智化已成为必然，作为企业的决策者，仍需思考为何要进行数智化转型。

就企业的策略定位来说，处在这个不稳定的环境内，必须要有明确的发展方向，就是要顺应技术的发展，以迎合顾客的需要，提高服务的效能与使用者的体验度。

根据阿里巴巴做出的分析，将来商业的趋势是以用户为中心、以大数据推动、以智能品牌引领，同时企业具备高效率的柔性供应链，将业务范围覆盖线上线下双领域，达成精准的渠道融合，方能打造新的商业态势。

数智化转型是运用数字化技术实现商业模式的革新。数据作为新时代价值不菲的新型能源，是企业抓住行业变革以期实现自我突破的关键。无论采用何种数智转变方式，企业高管必须达成策略上的一致，即要深刻意识到未来的企业都会处于数智化的浪潮之中，因此必须把数智化转型视为长远的根本目的，根据需要采取必要的策略，并辅以充足的资金和资源。

二、科学管理与数据思维的内涵

我们所熟知的商业模式也许仅仅是九牛一毛，其中更大的价值点往往还未被发掘，也正因为潜在价值的存在，使科学管理与数据思维更具竞争优势。

虽然我们难以看穿随着互联网而来的各种商业模式，面对形形色色的经营环境，既熟悉又陌生，但在这种情况下，我们能隐约地感受到，企业的商业模式早已超越了单纯的货币与商品交换，它更像是一张没有缝隙的大网，将使用者牢牢地系在其中。企业要如何发展自己的商业模式，才能立足于残酷的竞争环境中而不被淘汰，从而打造持续不断的价值链呢？或许科学管理与数据思维能够给出答案。

通过科学管理，企业能够最大限度地挖掘自身潜在的价值，缺乏管理的企业是走不长远的。对于企业来说，科学完善的组织结构、业务模式得益于科学管理的实施，整好企业的“里子”，才能有更光鲜的“面子”。通过商业模式的科学管理，能够为客户提供更多的增值服务，实现盈利。所以，商业模式作为科学管理的手段，是企业用来和用户实现共赢、共同成长的重要途径。

不必多说，在数智化的趋势下，大数据技术正在帮助企业重塑商业模式。在这个过程中，企业需要具备数据思维能力和数据技能，才能利用大数据工具对市场、用户和业务进行更精准的洞察和预测。企业要顺应潮流，利用数据思维创造更大的价值空间，同时以数据的动态思维为辅助，孵化出更多元化、更持续的衍生模式。

拥有科学管理和数据思维的企业，相较于其他竞争者会有更多维度的竞争优势。而企业的数智化转型是需要长期坚持的，这不仅需要企业内部的变革，更需要政策、技术、人才等外部环境的支撑。因此，对于中小型企业来说，数智化转型更多的应该是“内外兼修”，一方面要加强内部的变革，从管理上不断提升效率；另一方面要加强对外沟通合作，利用更多的外部资源来提升自身业务。而企业商业模式的发展与创新需要融入数据思维，同时顺应市场的变革，将数据思维更好地结合到企业的产品和服务当中，最大限度地迎合顾客的切实需求（Fabian Futterer 等，2018）。在数智化背景下，科学管理与数据思维的作用在商业模式的综合发展效应中得到了深刻体现，对于价值的打造与选取，企业应最大限度地增强商业发展效应，用来支撑企业的创新发展。

三、协同化商业模式

实质上，商业模式中的协同化是以传统工业时代的封闭式线性管理体制为出发点，同时利用社会层面具有一定规模和实效性的协作的一种发展效应。在数字化浪潮中，企业的商业模式协同化带来了更多的价值激发点，我们所提到的价值创造，实际上就是协同化。

协同化商业模式是以“生态圈”为起点，并将产品和顾客有机地结合起来，形成了一种新型的、迎合市场发展的平台逻辑和生态逻辑，即协同化赋能效应。协同化互联网、大数据、云计算、加速软件等，以及在协同发展网络中不断涌现出来的各种新型公用设备和数据平台，都将在全网进行战略布局，并以此作为新的协同化赋能激活点，把传统供应链培育成集协同化逻辑、协同化网路、协同化数字平台乃至协同化赋能商业模式于一身的协同化服务型供应链。借助重组云供应端口的势头，不断对智能硬件的场景化覆盖做出升级，同时和客户达成共识，不断深挖需求，做到精准化匹配。同时持续建立数据闭环及其反馈机制，对智能引擎提高优化水平，从动态的视角使整体布局切入优化方面的协同化效率大大提升，从而实现对各个环节的个性化要求。

协同化是未来商业发展最具竞争色彩的标志之一，因为协同化突破了传统企业管理当中的规模不经济的限制。在更广泛的层面上进行更深入、更及时和更有效的协作，这是数字化时代商业模式下半场竞争中的风向标。

与传统意义上的规模效应对比，协同化是一种实实在在的降维。协同化价值的显著特征有三个。

（1）信息共享方式由串联转变为并联。传统信息链是一对多的串联式路径，数字化技术的关键效能在于能够同时进行大量数据即时交互。

（2）协同化下供应链体系更加开放完善。协同化打造了全局的即时调整以及动态优化，而个性定制、低成本损耗、高效便捷等都将作为这一维度的全新价值集合。

（3）从自我控制到反应更迅速的社会协同化模式的转变。在社会协同化模式下，会有更多的人参与到协同化进程，商业模式协同化有了更大的参考意义，价值创造领域实现最大化发展。

认知商业模式专栏 1-3

蒙牛集团：大数据造奶

说到中国的乳业龙头企业，大家应该都会想到集农牧业、制造业、服务业全产业链于一身的内蒙古蒙牛乳业（集团）股份有限公司（以下简称蒙牛集团），凭借这些优势，蒙牛集团更加确定了数智化的战略目标。

1. 企业简介

2020 年，蒙牛集团提出“再创一个新蒙牛”战略，明确指出蒙牛集团此后发展的五个方向。处在五个方向核心位置的，就是“数智化的蒙牛”，这一战略旨在推动全链路数字化、智能化转型，连接产业链与消费者，促进商业模式转型，使蒙牛集团成为赋能“个性化营养健康”的营养健康科技产业平台企业。在明确这一方向之后，蒙牛集团迅速成立了数字化战略相关项目组，全面协调各事业部推进落实“数智化的蒙牛”。

2. 数智化的蒙牛

（1）战略引导转型。

2022 年上半年，国内乳业受到国际局势的影响，蒙牛集团的业绩实现了逆势增长，并在全球乳业排行榜中连升两名，位列第七。蒙牛集团业绩高增长的重要原因，是制定了针对性极强的转型战略，进而得以在新品研发、智能制造、智慧供应链、数智牧场和消费者沟通等领域有效地推进了数字化转型。

蒙牛集团推出了“以消费者为天、以数字为地”的数字化转型战略蓝图，并形成了“做一年、变三年、谋五年”的数字化转型战略和打造“数智化新蒙牛”的愿景。2022年5月20日，蒙牛集团又提出“2025价值共享”战略。“2025价值共享”战略是一种多赢的合作方式，体现了蒙牛集团与上下游的养殖、生产、渠道、物流等各方合作伙伴紧密联合，向合作方输出先进技术、生产设备、规范化管理经验，以数字化能力赋能合作方，助其成长，团结产业链上下游，开创共赢局面的经营理念。

（2）带动行业升级。

蒙牛集团凭借全产业链上实施“智慧质量”数字化管理，获得了“2022年全国质量标杆”奖。“智慧质量”给蒙牛带来了信息化、数字化技术与全业务质量管理相结合这一巨大转变，使之成为全产业链数字化实践中名副其实的标杆，引领了中国奶业价值链的整体升级。

事实上，蒙牛集团一直致力于推动中国奶业的数字化转型，并身体力行地从两个方面加以引领。

一是改造自身供应链体系。蒙牛集团身体力行地进行数字化转型，用数字化技术全方位改造自身的供应链体系，以实在的成绩向业界同仁展示了数字化优势，为行业树立了标杆。

二是培养数字化转型人才。蒙牛集团主动输出经验和技术，在行业的数字化转型领域培养了大量人才。例如，蒙牛集团强化了与国家奶牛产业技术体系的沟通合作，并且构建了便捷的技术交流平台，积极开展各项分析评估和专业培训等活动，培养了一批一流的专业化人才铁军。

（3）持续数字化。

随着5G、物联网、大数据等新兴技术以及各类新兴电商模式的兴起，传统企业的生存发展遇到了前所未有的挑战。为使自身能更快、更好地从这场数字化转型战役中突围，蒙牛集团多年来一直在思考和探索。

传统企业大多是以产品为核心、以市场份额为目标，其关注点更多地落在了销售额上。至于品牌的推广方式，也主要是以传统媒体为主，手段相对保守。在当下的数字化变革时代，这样保守的形式显然不能支撑蒙牛集团的发展。

未来，蒙牛将继续坚持数字化转型升级，从顶层设计入手，通过融合“看不见的技术”与“看得见的产业链”，打造高效、可靠的乳业产业链，激发奶业这个传统行业释放新的活力。

3. 发展与总结

蒙牛集团今后的商业模式将以客户和消费者需求为核心，更多地关注数据，并通过数据进行业务洞察。品牌推广也要采用新的方式，在新的媒体上触达消费者，全方位地与客户、消费者建立长期关系。未来，蒙牛集团研发的所有新产品，肯定都是基于消费者的反馈与大数据的支撑，甚至是依靠硬核科技的创新。

资料来源

1. 打造数智化新蒙牛 [J]. 农产品市场，2022（18）：24–25.

2. 汤玲婕 . 数字化转型对企业成本管理的影响分析——以蒙牛乳业为例 [J]. 北方经贸，2022（8）：120–122.

第四节　企业商业模式理论模型

商业模式理论日益完善，而在实践中，如何辨析和打造商业模式是一个关键性问题。为了解决诸多实践问题，发掘商业模式理论模型是重中之重。因此，以下将分别介绍企业定位、盈利模式、资源整合、协同创新、价值共创五个企业商业模式理论模型要素，为商业模式的发展提供新思路。

一、企业定位

企业策略的中心思想就是选择合适的位置作为自己的立足点，并将其划定为战略的中心，这也是建立一个良好的商业模式的出发点。

为了制定一个杰出的市场定位，一开始就要对企业的业务进行定义，一旦对业务进行了定义，就能起到“滤网”的作用，将有用的信息筛选出来，再把信息反馈给企业决策层。通过业务的界定，能够对客户、竞争对手、合作伙伴有更加清晰的评判，同时明确自身的能力和市场地位。

企业定位需要解决三个问题，即区分业务类型、锁定目标用户和明确产品特征。

1. 区分业务类型

企业进行定位时需要区分业务类型，即“企业在做什么”。具体而言，以下四种方式有助于企业界定自己的业务方式。

第一，根据其卖出的商品和服务为界限划分业务范围；

第二，为特定顾客群体的一些或者全部的需要来确定企业的业务定义；

第三，根据企业主要资源的来源来确定业务范围；

第四，根据企业所在产业的价值链条进行判断。

2. 锁定目标用户

企业进行定位时需要锁定目标客户，即“企业为谁服务”。通过锁定目标客户，企业就会细分地理区域和客户群体。对于客户特征而言，存在很多种不同的方式来进行细分，而之所以要进行这种区分，就是为了创新性地挖掘新的目标群体。锁定用户群需要有创造性，对此可以从对顾客的理念提出根本性疑问、换个角度考虑问题和基于企业的资源和能力来筛选客户三个方面来考虑，如图 1–5 所示。

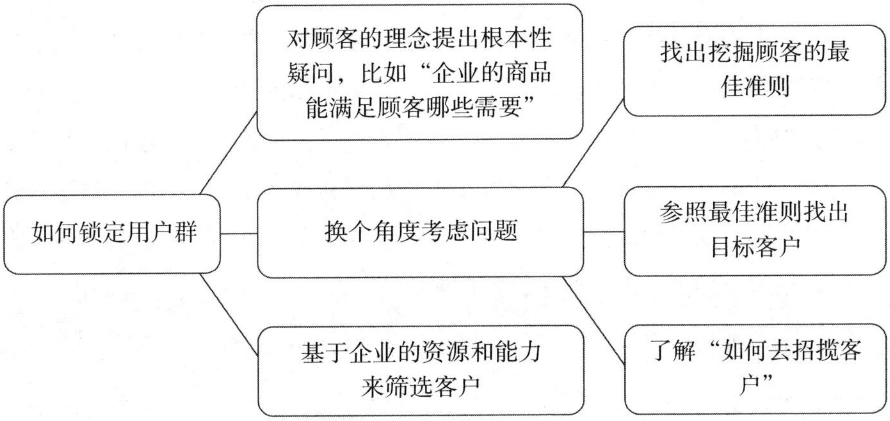

图 1–5　如何锁定用户群

3. 明确产品特征

企业进行定位时需要明确产品特征，即“企业能为顾客提供具有什么特性的产品或服务”。没有哪个企业能够将任何群体的顾客都视为自己的目标，也没有能力将全部的商品和服务都提供给单一顾客，因此企业要优先考虑究竟选择哪一种作为重点对象。

二、盈利模式

商业模式中的盈利模式理论包含了客户细分、价值主张、渠道通路、客户关系等九大板块。

1. 客户细分

客户细分是指企业希望为不同的群体或机构提供服务。这里的客户就是盈利模式的核心，没有客户，任何企业都无法长期生存。在此基础上，企业可以将客户划分成若干特定的领域，同一领域的客户都存在共同点，最终为客户提供更好的服务。这时企业需要做出一个理性的决定，即应该为哪个部分的客户提供服务，又应该忽视哪个部分。企业做出决定后，就能通过深入了解顾客的需求来制定相应的盈利模式。

2. 价值主张

价值主张是指为某一特定顾客群体细分具有一定价值创造空间的产品或服务。顾客之所以会选择某一家企业，而不是其他企业，是因为价值主张在发挥效用，顾客的特定需求得到了解决。每一项价值主张都包括针对不同顾客的不同需要而细分的不同产品与服务。因此，在这种情况下，企业向顾客提供的收益集合就是价值主张的直观体现。一些价值主张甚至能够富含创造性，以一种崭新的或是有破坏力的产品及服务呈现出来。其他的可能像现有市场上提供的产品或者服务一样，仅仅添加了一个新的功能和特性。

3. 渠道通路

渠道通路是指企业怎样沟通、接触客户细分群体，从而传递自身的价值主张。沟通、分销和销售，是企业与客户之间的一个互动界面。渠道通路作为客户的主要接触途径，对客户的体验具有很大的影响。渠道通路的作用主要包含五个方面，如图 1–6 所示。

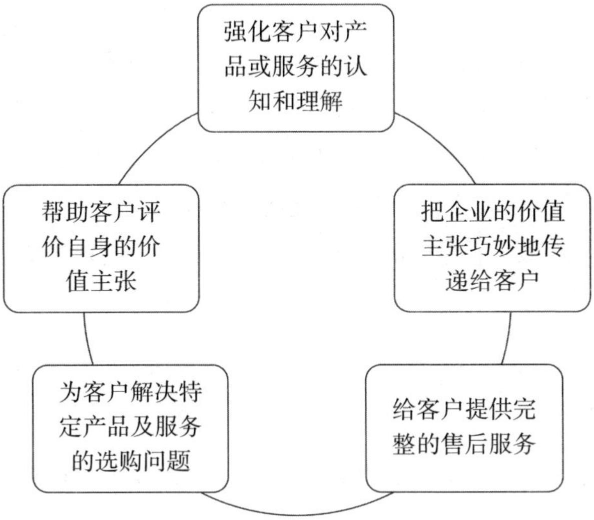

图 1–6　渠道通路的作用

4. 客户关系

客户关系是指企业和某个顾客细分群体之间形成的一种关系，具体可以分成个人助理、专业个人助理、自助服务、自动化服务、社区服务和共同开发六个方面。

作为一家合格的企业，应首先明确一个理念，即希望与不同的客户细分群体建立何种关系。当然，从个体化到自动化，都能作为与客户沟通交易的关系网络。其中，企业的商业模式中只要牵涉客户关系，就能最大限度地对客户的体验感产生深远的影响。

5. 收入来源

收入来源模块指的是企业从客户群体中获得的（必须从盈利中扣减费用）的现金收益。

怎样的价值才能让客户细分群体心动，从而真心地买单呢？只要解决了这一问题，企业就可以从不同的客户细分群体中挖掘出有潜力的收入来源。收入来源中包含的定价机制，主要包括固定价格、议价、拍卖价格、市场定价、管理定价和数量定价六个方面。

6. 核心资源

核心资源是指保障商业模式高效运转的最关键的因素。

任何一种盈利模式都有一个共同要求，就是企业的核心资源应当帮助企业创建并提供适当的价值主张，从而进一步接触市场，与客户建立联系，并为企业增收。企业的商业模式因其核心资源的不同而有所差异。

核心资源可以是企业拥有的，也可以是企业租用或者是从主要合作伙伴处获取的。具体的企业核心资源分为实物资产、金融资产、知识资产和人才资产四类。

7. 关键业务

关键业务是指企业在保证盈利模式的可行性时所要完成的最主要的工作。

每一种盈利模式都要求具备多种重要的关键业务，这些关键业务是一个企业想顺利运作就需要执行的最关键的活动。企业的核心资源、企业的关键业务都是建立并提供价值主张，与市场保持接触，与客户细分群体建立联系并赚取利润的坚实基础。同时，企业关键业务也会根据盈利模式的差异而变化，就好比不同的软件和电脑制造商，其关键业务侧重点均有所差异。

8. 关键合作

关键合作指的是供方和合伙人组成的同盟，以使盈利模式能够高效地运行。企业的伙伴关系是以各种理由建立的，而这种关系正在逐渐转化为诸多盈利模式的基础。许多企业都选择建立同盟以达到最优质的盈利模式，降低风险或者获得更多的资金。而合作关系包括与非竞争对手建立的战略同盟关系、与竞争对手建立的战略合作关系、为保障新业务开发而建立的合资关系，以及为确保充足供应而建立的供应关系四类。

9. 成本结构

成本结构是指商业模式在经营过程中产生的全部成本。

这一理论模型用于描述在一个特定盈利模式中产生的最为重大的成本。创造价值、提供价值、维系客户、创造收益，这些环节都会导致成本的产生。在确定核心资源、关键业务与关键合作之后，能够较为便捷地估算出这些成本。但是，一些盈利模式的运转，却更多地受到了成本要素的驱动（宋立丰等，2020）。

以成本为导向的盈利模式能够集中精力尽量减少各个环节的成本。其目标在于创建并保持最具经济性的成本架构，同时采取最合适的价值主张，达成大规模的自动化和外包。

以价值为导向的盈利模式适用于一些更多地集中于盈利模式的价值创造，而非注重于成本影响的企业。同时，具有增值特点的价值主张和高水平的个性化服务往往带有以价值为导向的盈利模式的鲜明特征。

盈利模式的核心价值是为企业提供一系列可重复利用的方式，使企业快速有效地扩张，而且这种方式很少有企业能够模仿。

三、资源整合

目前，越来越多的企业都在谈论资源整合，那么资源整合究竟整合的是哪些资源，资源又是如何定义的？

用一句话来概括，资源就是人脉圈、资金链，客户量、智慧、技术和设备等要素的集合。而资源整合是一种系统的思考方法，它是一种对企业进行战略性调节的手段，也是企业进行的日常运营。

作为企业的领头人，必须从外观思维和内观思维两个截然相反的视角进行资源整合。所谓外观思维，一是观察走势，对市场的走势进行剖析；二是看准机遇，对商机进行精准判别；三是考察资源，巧妙地运用杠杆资源。所谓内观思维，一是要看自己的责任心，自己负责的程度有多高；二是要看自己的道德标准，自己的底线在哪里，自己是否有一些不该触碰的东西；三是观察远见，以及你为实现远见所做的努力。

每个企业都想要成为整合资源的行家，那么，为何要去整合？

我们要利用资源整合的杠杆效应，此时资源整合就是一个杠杆，整合资源能够摒弃按部就班的步伐，通过升降机式的方式促成发展。

资源整合的当务之急就是要把核心资源集中起来，而人才、客户和合作关系是目前最重要的三个因素。

1. 人才

人才是企业最主要的财富。任正非指出，要使人力资本增值大于财务资本增值。要想把人才资源有效地整合起来，必须要有发展的空间、工作的环境、学习的机会，才能创造人才的价值，从而实现资源的有效整合。

2. 客户

对于客户资源的整合，有三个关键点需要明确：是否有明确的定位、是否存在重点发展的客户、是否存在固定客户。这三点都很重要，而为核心客户提供更多的利益是客户层面资源整合的重中之重。

进一步提高资源整合的竞争力并且高效整合优质客户，还需要关注企业所提供产品及服务的性价比、服务质量、持续革新能力这三个方面。

3. 合作关系

最后一个重要的核心资源，就是合作关系。合作关系主要包括合作方、供应方、协作方。

要想为主要的合伙人带来持续的价值，还需关注平等互利、互利共赢和协同发展这三个要点。不仅要为企业的核心人才、核心客户以及核心合作关系提供更多的增值服务，还必须为自身创造持续的价值涌流，提升企业的核心能力，从而达成优势互补，共促企业发展。

四、协同创新

协同创新是企业、政府、知识生产机构、中介机构和使用者共同参与的一种以知识增值为核心、以大跨度整合为手段、旨在达成重大科技突破的创新组织形式。协同创新的本质是企业、高校、科研机构在政府的主导下，发挥自身优势，促进优势的相互补充，加速技术的推广与产业化，为产业化技术的革新以及科技成果的转化活动提供有力辅助，是当前科技领域创新的新范式。

在科技与经济全球化背景下，实现开放、合作和共享的创新方式已得到了充分的验证。推动企业、高校、科研机构等主体跨越学科及行业门槛开展深入的合作与创新，对加快各行各业和创新链各环节之间的技术交互与传播起着举足轻重的作用。协同创新能促进企业内部各种创新要素的集成和创新资源的无障碍流通。以协同为基础的高校科技创新机制是我国科技体制改革的一项重大突破。企业间的协同经营业绩主要依赖于企业内部的知识附加值及其运作方式。处在知识经济主导的今天，土地、劳动力、资本等资源的收益越来越低，而资讯与智慧则是最大的财富来源。在知识的价值创造中，与之相关联的是知识的探索与发现，在发展、使用和均衡的过程中获取、共享和传播知识。在企业合作中，协同创新的知识价值创造是一个循环往复的过程，知识库中越来越多的知识元素被充分地发掘、利用，从而创造更大的企业价值和社会价值。

现代科技的复杂性及其加速度和全球一体化的发展，使现代的技术革新方式已经超越了以往的线性、链条模式，演化出非线性、多角色、网络化、开放性的特点，并逐渐转变为基于多个主体开展协同交互的协作方式。纵观世界各国的创新发展历程，打破版图的界限，形成区域和全球范围的协同创新，建立一个巨大的创新体系，使各种创新资源得到最充分的涌流，是值得借鉴的实践经验。

协同创新能够在不同的创新主体之间，通过知识的分享、资源的最优分配、行为的同步和高层次进化达成系统的适配。而实施协同创新的核心是建立一个能够从不同层面来实现其整体规划的“双尺度”平台，如图 1–7 所示。

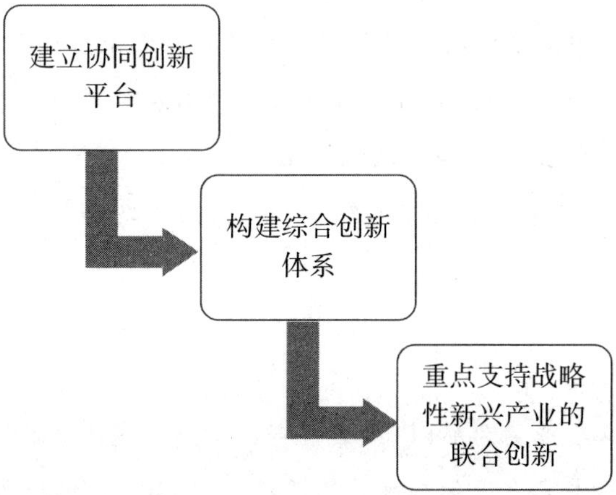

图 1–7 “双尺度”平台的搭建要点

1. 建立协同创新平台

建立协同创新平台，围绕重点项目及其部署，整合各类技术资源，强化产学研用，推动各类承担主体的结合。

2. 构建综合创新体系

以科技成果为导向，以科技成果转化和产业化为重点，构建综合创新体系，

3. 重点支持战略性新兴产业的联合创新

重点支持战略性新兴产业的联合创新，形成新的主导产业，加大投资力度，加快产业的形成，打造具有国际竞争优势的产业链。

认知商业模式专栏 1-4

摩尔线程：中国“芯势力”

芯片的本质是半导体集成电路，该电路能够串联物质与数字世界，物质世界中的力、热、声、光、电等物理现象，均能够以芯片为媒介，反映到数字世界中。如今芯片这个话题被热议，正是因为在芯片技术方面我国受制于人，还没有拥有能与国外相媲美的高端芯片，所以在高端芯片需求上还要“看人脸色”。擅长 GPU（Graphics Processing Unit，即图形处理器）自主研发的摩尔线程智能科技（北京）有限责任公司（以下简称摩尔线程）于 2020 年横空出世，在 AI 时代，GPU 已经不再只是传统的图形处理器，其拥有更强大的计算功能，填补了我国在这一领域的空白。

1. 企业简介

摩尔线程的主要业务为 GPU 的自主研发设计，它将 GPU 的研发方向定位于元计算领域，开发具有国际影响力的国产自研 GPU，通过各种现代计算手段构建综合计算平台，持续推动我国数字经济的发展。企业核心成员拥有芯片及智能计算等领域的深厚经验，研发团队实力强劲。此外，摩尔线程与众多企业展开

合作，并在协作中实现技术交互和资源的合理配置，为各行各业提供了协同创新式的数字化前景。摩尔线程凭借卓越的技术，获得了国家高新技术企业的认定。

2. 协同创新发展带来高效益

（1）高新技术企业：国家高度认可。

摩尔线程作为一家初创企业，在政府的支持下完成了技术的重大突破，一方面体现了国家对摩尔线程创新精神和研发水平的充分肯定，另一方面展现了摩尔线程科研技术转化为核心产权的强硬实力。摩尔线程将精力聚焦于全功能 GPU 和关联产品的研发上，专注于开发视觉计算和 AI 计算分析平台，将其自研 GPU 打造成全球范围内具备领先性、创新性的产品，以自身的发展推动我国构建本土化的计算生态平台。

（2）专业的团队和领头人：促进协同创新。

摩尔线程拥有一支成熟的研发团队，专业领域涵盖设计开发、批量制造、产品营销、服务支持等一系列完整流程，拥有众多创新资源，打造了巨大的协同创新体系。摩尔线程的研发团队汇聚了国内外 GPU 行业的顶级人才，吸收了来自英伟达的核心人才，同时还将微软、英特尔等众多科技巨头的研发团队收入旗下。企业 CEO 拥有超过 15 年的从业经验，在国内 GPU 市场深耕多年，对 GPU 研发有生力量具有一定的号召力，同时在 GPU 软件开发商和行业核心合作资源上拥有得天独厚的优势。

（3）自研国产 GPU：加速覆盖国内市场。

GPU 创新体现在“软硬结合”的模式之下。摩尔线程在打造国产 GPU 的过程中，兼顾软件和硬件的支持，同时也重视软件工程师的培养，对于摩尔线程来说，软件工程师是 GPU 研发道路上不可或缺的中坚力量，而依托协同创新平台的搭建，摩尔线程的科技成果转化速度显著提升。

2022 年 3 月，摩尔线程推出了初代 GPU——苏堤，其主要定位是一款中低端的系统处理器，面向企业扩大市场。2022 年 11 月，为了迎合市场的主流需求，摩尔线程推出了第二代 GPU 产品——春晓，其出自摩尔线程自主研发的 MUSA 系统架构。此次创新国产 GPU 的发行目的是深入消费市场，满足消费者对图形和计算的更高需求，使自主研发的 GPU 加速覆盖中低端市场。

（4）元计算解决方案：助力数字经济。

得益于摩尔线程强大的 GPU 核心算力，在处理错综复杂的多样场景时，摩尔线程联合伙伴，共同打造专属的元计算解决方案。将元计算解决方案应用于乡村振兴、数字农业、数字化城市、数字能源、数字生命、政企转型等众多领域当中，并推动这些领域蓬勃发展。摩尔线程提供的有针对性的元计算解决方案，将 GPU 算力作为强大支撑，使数字经济蒸蒸日上。

（5）AI 平台内外兼收：打造国际化生态。

GPU 是将来 AI 领域和数据中心的核心算力依靠，无论是 GPU 的本土化道路还是国际化道路，都需要强硬的企业核心竞争力。尽管在 GPU 的生态和研发上与国际头部企业存在较大的差距，但是摩尔线程仍在以自己的发展模式奋起直追。

摩尔线程吸纳业界先进 API 的生态标准，在打造其独有的 MUSA 平台同时，还兼顾使用 CUDA 等国际化 AI 开发平台，将自研的 MUSA 软件栈的系统构架给用户使用，充分发挥了摩尔线程 GPU 的硬件性能，并且不断反馈信息，完善升级自己的 MUSA 平台。摩尔线程众多创新链环节的技术与资源交互，强化了技术的协同性，以其自主创新能力创造更大的价值，为同行业的协同创新提供了有效的借鉴。

3. 发展与总结

摩尔线程作为一个年轻的企业，在对长期发展进行规划时，需要不断打磨软硬件、研发力量以及系统框架。国内 GPU 产业刚刚起步，无论是技术还是资源的协同创新都需要企业间的共同鞭策，道阻且长，行则将至，我国的 GPU 市场定会呈现扶摇直上的盛态。

资料来源

1. 裴威，李战怀，潘巍 .GPU 数据库核心技术综述 [J]. 软件学报，2021，32（3）：859−885.

2. 刘端阳，郑江帆，刘志 . 基于 CUDA 的 KNN 算法并行化研究 [J]. 小型微型计算机系统，2019，40（6）：1197−1202.

五、价值共创

1. 如何理解价值共创

价值共创是企业的重要策略。在早期，价值共创是指客户共同创造的价值，即在与客户进行交互时，企业可以根据客户的需要不断提高对产品和服务的认识，从而提高产品和服务的品质（Fredrik Hacklin 等，2017）。通过企业不断深入的理解与分析，实现价值共创成为企业的战略重点。在企业发展的过程中，必须充分利用各种不同的利益主体，包括顾客、供应商、竞争者、社会各方，才能使企业价值最大化。

价值共创的含义也在不断地发生着改变，当今的价值共创是建立在社交网络之上的一种协同式创造方式，这也是布局未来的共创。从企业的视角来看，价值的创造不局限于企业的范畴，而是依靠社交关系的支撑；从社会视角来考虑，必须通过社交网络和各单位在网络中的合作，才能实现自身的价值。

2. 价值共创在企业经营管理中的应用

价值共创的本质是获取幸福感。在互联网时代，价值共创的身影在企业的运营中经常出现，例如在进行人力资源的外包和劳务派遣时，通过价值共创既能减少企业的运营费用，又能提高企业的灵活性。因此，提倡在企业社会责任以及环境、社会和公司治理中发挥价值共创的作用，是达到社会价值最大化的根本保障。

同时，还可以充分利用各合作方的专业特长和优势。社会价值的创造实质上是一种追求幸福的方式，它不仅包括经济层面上的利益，还包括社会精神层面上的益处，不管是以公益还是以保护环境为目标的企业，对社会都有积极的促进作用。从本质上来说，这是一种以获得社会和精神层面的利益为主要目标的非经济性行为。

3. 价值共创反哺自身价值

在企业发展的大背景下，企业需要将社会利益作为战略目标，即环境、社会和公司治理所倡导的理念，未能解决社会问题的企业战略很有可能存在缺陷。在创造价值的过程中，企业既可以帮助解决社会问题，又可以反哺自身经营的业务，从而凭借对口专业的合作优势达到共创价值的最大化。

企业策略的变化，本质上是企业在面对未知时适应性增强的过程（见图1-8）。在此发展过程中，企业既可以获取直接效益，又可以得到各个利益关联方的大力扶持，从而提高企业的整体实力。因此，要将社会价值的共同创造内化为企业战略的一个重要环节。

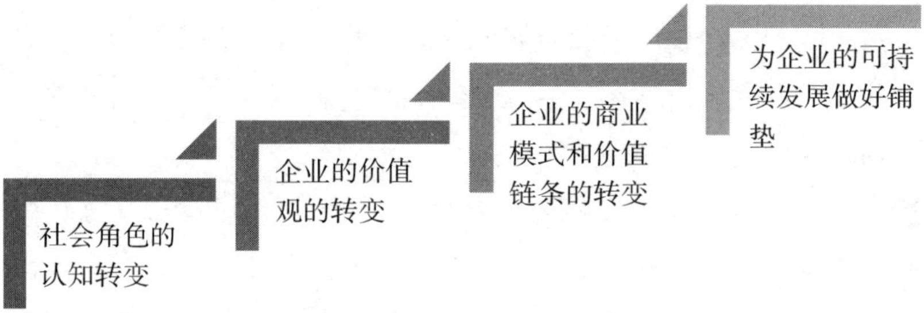

图 1-8　企业策略的变化

4. 共创架构未来

在将来的价值共创中，协作可以让合作伙伴之间的联系更加牢固，同时也更加强大。企业接下来的发展在很大程度上将依靠网络化生存，共创的程度越深则合作网络越高效，因此形成一种螺旋式的循环，随着企业协同与互动速度的加快，彼此的联系将进一步得到强化。网络化是一种交互的联系，也就是在共创过程中建立起更加强有力的网络，而企业的前景在于其在社会网络中的表现，此时企业的网络效率则依赖于价值共创的效率。

在早期，企业之间的技术开发和分享都得益于企业联盟的建立。这种共创方式造就了越来越多的网络化企业的诞生，并且为网络化的未来铺平了道路。简单地说，价值共创实际上就是在与各利益相关者的合作中构建的一个日益强大的关系网络，这对于企业来说是一个极具价值的选择。

目前，国际间不断发生的各种矛盾和更多不稳定的社会因素，使企业面临的处境更加严峻。在这种不稳定的环境中，网络数字化的作用日益突出，而智慧化网络的诞生，就是旨在解决外界的不确定因素。随着企业间交互与协作的加深，价值共创网络也将变得更加强大。

章末案例

怡亚通：一站式供应链管理服务

1. 企业简介

深圳市怡亚通供应链股份有限公司（以下简称怡亚通）创办于1997年，并在10年后于深圳证券交易所上市。截至目前，怡亚通已是我国一站式供应链管理服务行业的龙头企业，同时也成为我国规模最大的快消品O2O分销平台。在业务领域，怡亚通主要有品牌运营以及"分销＋运营"两大业务板块，而"供应链＋分销＋运营"是其业务基础，利润增长点则依靠品牌运营来激发。在市场渠道的拓宽领域，怡亚通旗下共有570余家分支机构，其中包含了超过150万家零售终端，业务触角遍及中国大大小小380个城市以及欧美、东南亚等国家和地区。

2. 怡亚通的供应链发展历程

1997—2007年，怡亚通迎来供应链1.0时代，其供应链相关服务尚处于基础业务外包阶段，目的在于满足市场需求；2007—2020年，怡亚通的供应链2.0时代带来，怡亚通在供应链基础服务的经验积累下，为供应链服务叠加了品牌运营、"深度分销＋营销"以及产品服务创新等多重创新业务，培养了在基本的市场需求中创造新需求的能力；2020年至今，怡亚通的供应链3.0时代的序幕正在缓缓拉开，怡亚通充分利用数字化技术驱动品牌效应，直击终端的消费者，并以此为企业的商业新生态谋划布局。怡亚通的企业定位也逐步转型为快消品行业龙头企业，在此基础上，升级转型为快消品IP打造领头人。

作为一站式供应链管理服务行业的标杆，怡亚通大力发挥全球业务网络、团队核心力量、强大信息系统、充足资金支持等众多优势，赋予基础集成化服务资源整合和智慧化的特点。客户可在这样一个全球化供应链服务"大商超"内选购合适的供应链相关服务，并且还能选购除非核心业务外的各种数据外包、商务外包等一站式供应链管理服务。怡亚通连通了供应商—用户端口的材料采购、信息传递、资金支持等多个链条，提供了业内优质的平台服务，在很大程度上节省了经营成本，满足了客户整个生产、交易全流程的需求，此时怡亚通更像是相关联客户的增值链缔造者，将利益相关者串联起来达成价值共创。

在目前的大消费环境下，各路玩家的延伸能力明显存在缺陷，此时怡亚通从全球化供应链布局出发，着力打造具备数字思维的科学管理和品牌孵化平台，在全链路的角度提升了企业的一体化综合服务能力，在前期的传统供应链的支撑下，逐步结合深度“分销＋营销”业务，构造自身业务的基本盘。

3. 行业蜕变中的“怡亚通模式”

纵观怡亚通的发展历程可以发现，在其转型升级的道路中，先后采用了三种商业模式，分别聚焦于服务型、平台型、生态型企业的打造。

怡亚通从 IT 行业起家，在其首个十年中，推出了广度供应链相关服务，在 2007 年成为我国供应链行业中第一家上市的企业。然而，结合当时市场行情能够发现，广度供应链服务行业门槛较低，这也说明了该业务的可复制性较高，同时行业内供应链企业呈井喷式出现，同质化竞争十分严峻。

顺应消费渠道的改革，怡亚通再次力求创新发展，在 2009 年，怡亚通就首次推出了“380 计划”，截至 2017 年，在全国 380 余个主要城市搭建深度分销平台，业务网络覆盖 1～6 线城市，对传统渠道的代理模式进行改革，代之以平台运营，此举加速了品牌企业的高效率分销，帮助企业直达供应端口，在商品流通环节加快了资源整合速度，减少了大量的成本损耗。众所周知，传统供应链企业在进行分销业务时，大多依靠的是资金生意，但这里的资金生意对于资本而言估价并不高，因此在和客户进行交易时话语权也并不强。怡亚通的“380 计划”恰到好处地解决了这一问题，促使其业务渠道完成了“从大动脉到毛细血管”的下沉，怡亚通的产业数字化水平得到显著提高。

但是，瓶颈的打破往往需要对商业模式进行大洗牌。2018—2020 年，怡亚通通过不断的自我否定和自我突破式的重整，整合了供应链上下游的优势产业资源，积极顺应平台式发展，同时打造了自由度较高的共享经济主体裂变型发展态势，为企业的供应链打造了稳定的结构，为企业的盈利模式带来了核心竞争力。

在消费品领域，怡亚通的纵深一体化服务能力出众，业务覆盖行业中的全渠道、全类型、全链条。怡亚通搭建的数字化、协同化平台，融合了大消费行业内多种具有落地实践能力的业务，反映了行业的鲜明特性，同时也迎合了多类业务发展的需要。

先前怡亚通经常被市场解读为一家供应链物流企业，显著特点是薄利多销，并且大多认为怡亚通涉猎产品范围太广，需要专精于某一领域做大做强才是王道，也方便市场对其有清晰的认识。而现在的供应链企业评估标准在于一家企业能否实现品种的横向拓展，并且能否在此基础上打造资源整合型交易平台，能否培养对增量市场的价值创造能力，这些都是一家供应链企业成熟度和价值主张的深刻体现。

4. 发展优势分析

（1）供应链生态布局未来，数智化平台业内领先。

怡亚通的业务基本盘是“基础供应链 + 分销营销”，家电、母婴服务、IT 通信的业务占比较大。从 2020 年起，怡亚通就已经开始了传统广度供应链和深度供应链服务的整合，并且融入租赁信贷、O2O 金融等业务元素，将其统一归类于“分销 + 营销”业务范围。

怡亚通凭借其一体化供应链的强大实力，将渠道通路拓展至线上线下的全链路，在全国的 1～6 线城市中均有怡亚通的业务。怡亚通用了 20 多年，利用一体化服务能力打造了供应链及“380 体系”的强大业务壁垒。

此时怡亚通的全渠道、全链路的一体化服务能力效果显著，线下实体销售额普遍抬升，线上也开始发力。怡亚通借助 380 平台在大中城市搭建了强大的分销网络，并通过与众多品牌方合作，在下沉市场的分销服务体系中取得又一明显进展，在未来怡亚通线上线下业务的比例有望出现两级反转，线上与线下业务规模之比或将由 1∶3 转变为 2∶3。

（2）协助客户聚焦主业，供应链服务稳中向好。

传统供应链服务的内涵为：凭借服务的输出来获得稳定的收益，并且通过一站式管理服务节省成本。供应链服务的业务领域涵盖了企业初期运营的各类基础业务，其中最主要的就是以协助目标客户专注主业为指引，将目标客户从采购到销售等程序纳入供应链当中相应的板块。怡亚通深耕 20 余年，借助采购、销售平台的构建获取了稳定的收益来源，现阶段怡亚通积极扩大供应链体系，把利益相关的商流、现金流和信息流都归入这个体系当中，逐步成长为我国首屈一指的一站式供应链服务管理商。

怡亚通为了摆脱供应链服务行业门槛低、易复制等弱点，开始调转航向谋求发展。2018 年底，由政府牵头的综合商业平台成立，并且有全球化的采购平台入驻，怡亚通在运营后期开始对供应链服务业务的结构进行调整，对纯代理项目进行评估，收益率偏低的项目将停止运行，2015—2018 年，怡亚通的广度供应链服务营收规模开始收缩至不到 1/4，但在 2018—2019 年，广度供应链服务营业收入规模已大幅提升至营业总收入的 1/2。

（3）以 380 平台为核心，“深度分销 + 营销”促进产业数字化。

怡亚通的“深度分销 + 营销”业务发展得益于运营前期传统业务积累的大量客户资源，在 380 平台以及“供应链 + 数智化”商业模式的护航下，怡亚通为其供应链体系中的品牌商、零售商及消费者提供了链接支持，并持续赋能供应链中的利益相关者，培养持续深化的协同创新能力。

对于传统的供应链服务商来说，运营压力开始激增，但是怡亚通早已预见了这一态势，并发挥其科学管理优势，对各行业的优质品牌资源进行了整合利用，在此基础上，怡亚通的上下游客户资源发挥助力作用，怡亚通的销售渠道和网络终端有效地整合在一起，支撑 380 平台的运行，完成对企业业务的数字化转型工作，极大地提升了客户黏性。20 年磨一剑，怡亚通打造了一体化供应链服务基础，构建了强大的 380 平台，使自身渠道通路的竞争力得到了明显的提升。

（4）业务模式重整升级，“一体两翼”战略打通市场。

经过三年的业务重整重构，怡亚通的业务结构趋于稳定，企业定位与目标也开始清晰，自 2018 年自我挑战式的结构重整后，于 2021 年实施了“一体两翼”战略。

自我挑战式重整重构，具有以下四个突出特点。

一是业务结构专精化。怡亚通在 2019 年将供应链广度平台和全球平台整合为广度综合商业服务平台，一年后将关联业务梳理得更加清晰，明确了两大业务板块，发展目标逐渐明朗。

二是业务的发展模式创新升级。怡亚通将原有的“传统供应链 + 分销”模式升级为更加合理的模式，以“分销 + 营销”为业务基础，积极发展品牌运营能力，拓宽业务的收入来源，此时企业的发展模式不再是简单的资金驱动，而是有长久发展能力的驱动模式。

三是品牌运营取得成效。怡亚通于 2019 年提出的品牌运营模式仅用一年时间就实现了 20 亿元的总收入，其中白酒业务贡献较大，并有望将这一模式复制到医疗美容等热门领域。

四是纵向业务走向专业化。怡亚通拟在旗下分公司按类别新设供应链子公司，其中涉及母婴、酒业、生物科技等，将原有的相关业务并入新设子公司中，分品类地实现纵向业务的专业化管理，为进一步深化产业数字化打下了基础。

怡亚通的“一体两翼”战略旨在对新的业务增长极进行激发，搭建怡亚通专属的供应链生态体系。而怡亚通坚实的渠道通路也为此提供了强大助力。

“一体”指的是促进供应链的基础服务稳步发展。“两翼”中的第一“翼”是指专注大消费领域的相关数字平台的搭建和维护，包含一些品牌附加值较高的业务；第二“翼”则是重视投资平台的组建，开创消费类的产业扶持基金，其中包括对业务进行优势资源整合。

5. 发展与总结

在过去的 20 多年里，怡亚通发挥了作为全球性供应链行业实践者的作用，并且一直在尝试寻找全球产业内的中国元素。怡亚通不仅要面对席卷而来的发展浪潮，勇于突破，还要从全球视角出发，争做全球供应链服务行业标杆。在不久的将来，怡亚通定会打造一个全球范围内的供应链生态共荣圈，领航全球供应链行业的大发展，并且让所有的平台都享受到产业数字化带来的机遇和益处，助力各行各业的协同创新。

资料来源

1. 周雷，王倩，李梦瑶 . 区块链赋能小微企业供应链融资研究——基于双链通与怡亚通的案例比较分析 [J]. 无锡商业职业技术学院学报，2021，21（5）：41−47+93.

2. 邱普，蔡盛洁 . 供应链嫁接数据智慧 [J]. 企业管理，2021(10)：110−112.

3. 姚伟峰，鲁桐 . 基于资源整合的企业商业模式创新路径研究——以怡亚通供应链股份有限公司为例 [J]. 研究与发展管理，2011，23（3）：97−101.

本章小结

通过本章的学习，能够对商业模式具有一个基本的认知。一是了解目前数字经济崛起的基本现状，数字经济是目前行业及企业发展全新的强力引擎，并赋能各产业，实现产业的数字化转型和数据的数字化转型；二是了解企业商业模式的演化历史，以及在理论层面和实践层面的体现，滤清商业模式的概念、内涵和特征；三是从企业定位、盈利模式、资源整合、协同创新和价值共创五个层面，了解企业商业模式的理论模型。

第二章

企业定位：走向正确轨道

选择大于努力。只要企业方向定位准确，对症下药，即便走一些弯路，也不会有较大的损失；若企业方向定位错了，再努力也会离终点越来越远，最后导致财力和物力损失惨重。对于一个企业来说，最害怕的就是偏离轨道，越走越远。因此，企业必须要对自身精准定位，才能更准确地找到自己的方向和目标，找到属于自己的核心竞争力，构建“大厦”的根基。

未来不会有很多小型快递公司关门，快递行业会进入一个细分市场时期，市场划分将越来越清楚，不是所有的快递公司都一定要在全网铺设网点的，找准定位最重要。

——顺丰创始人 王卫

开篇案例

泰力电池：精准定位开辟市场

1. 共生共享，参与企业合作

泰力电池专注于电池回收这一领域，在发展的过程中积极寻求合作企业及伙伴，实现共生共享。泰力电池采用商业合作的模式不仅能够积累经验，借鉴其他企业的长处、弥补自身的不足，还能拓宽市场，在国内市场领域处于遥遥领先的地位。

（1）完善的回收认证体系。

泰力电池共有八大业务，即电池生产环境专业顾问、电池火灾残值处置方案、家用干电池回收综合利用、镍镉镍氢电池回收、锂电池回收、新能源电池梯级利用、电动汽车回收拆解、再生电池材料，这八大业务也是泰力电池的主要优势。面对越来越庞大的业务范畴和可用资源，泰力电池在 2009 年就推出了回收认证体系，已经获得了众多企业的认可。

泰力电池的回收认证体系具备完整的步骤流程。在最初生产时，动力电池生产企业会将泰力回收认证二维码标识贴上；在电池使用寿命完结后，客户可通过标识扫码下单；泰力接单后，会通过专业的回收管理团队及“互联网 + 物联网”回收平台，进行专业的废电池分类贮存，最后通过先进的废电池处理设备及工艺进行再利用。泰力电池通过泰力回收认证二维码标识，实现了消费者、企事业单位行政机关和社区三条路径的回收运行渠道。

基于成本、技术等多方面的考量，汽车企业单独进行电池回收并不现实，因此未来汽车企业与电池回收企业联手合作将成为主流趋势。泰力电池正是通过这一完整的回收认证体系早早地打入汽车企业内部，与其建立了高度合作关系。

（2）技术加持。

泰力电池奉行“低碳环保、能源循环再利用”的电池回收理念，开发废旧锂离子电池资源综合利用一体化技术，通过相关工艺从各种废旧动力电池中提炼出有用的材料，然后把这些材料再深加工成铜、铝、铁、锌、镍、镉、钴、锰等金属原材料。

废旧锂离子电池资源综合利用一体化技术是泰力电池极具市场竞争力的“武器”，它全面系统地解决了废旧锂离子电池回收的难题，实现了废旧锂离子电池到电池材料的循环。同时，一体化技术极大地降低了产品生产成本，生产出的三元材料镍钴锰酸锂的成本是直接由原矿产生产的2/3，与市场的主流回收技术相比拥有巨大的优势。此外，利用该技术生产出的镍钴锰酸锂具有高能量密度、循环性能好、电压平台高、热稳定性好、循环寿命长、晶体结构理想、自放电小、无积极效应等突出优点。

通过技术加持，泰力电池得到了比亚迪、松下、三星、创明、力神、德朗能等众多国内外知名动力电池企业的青睐，有望实现进一步的合作与共享。

2. 充分挖掘，聚焦需求实现

泰力电池充分挖掘当前需求，以废旧电池回收业务及体系为主导，实现了一定的战略价值、经济价值，满足了环保诉求。

（1）战略价值。

我国的钴、镍资源供需严重失衡，已探明储备量极少，对外的依存度极高。对动力电池的回收及循环利用，能够有效地缓解我国资源的供给问题，保障了产业链的安全与稳定，具有一定的战略价值及意义。

（2）经济价值。

废旧动力电池具有较高的经济价值，其资源性强，再生利用价值高。退役后的锂离子电池的正极、负极、隔膜、电解质等电池材料中含有大量的有价金属（锂、镍、钴、锰、铝、铜等）和其他可再生利用成分（石墨等），蕴藏的资源品类丰富，具备极高的再生利用价值。并且，受下游需求旺盛与电池金属产能受限的双向促进，电池材料价格连续上涨，出现了供不应求的情况。

（3）环保诉求。

动力电池的各部分材料都会与环境中的物质发生化学反应，进而产生污染物，进入土壤、水体和大气后会造成严重污染。并且动力电池中富含的钴、镍、铜、铝、锰等金属还具有富集效应，会通过食物链累积并进入人体，危害人体健康。所以，废旧动力电池对环境和人体都会造成极大的危害，废旧动力电池回收至关重要，是确保人类健康和环境可持续发展的重要举措。

3. 精准定位，开辟市场

（1）市场定位精确。

“双碳”目标下的动力电池回收利用是块大“蛋糕”，是新能源行业的下一个收益风口。“双碳”行动已深入社会生产和生活的各个领域，新能源汽车必将为“碳中和”愿景的达成做出重要贡献，而作为整车产品的关键和核心部件，动力电池的回收利用尤为重要。动力电池回收不仅能够解决资源与环境面临的困境，而且是实现绿色发展转型、获得经济效益与社会效益的关键路径。工业和信息化部等七部门联合印发的《新能源汽车动力蓄电池回收利用管理暂行办法》明确指出，汽车企业应建立动力蓄电池回收渠道，负责回收新能源汽车使用及报废后产生的废旧动力蓄电池。

对此，泰力电池积极建设废旧动力电池回收网络体系，践行减碳理念，在长三角和珠三角的主要城市已经建起 3 万多个回收网点，且市场推广效果良好。

（2）产业链发展。

动力电池回收产业链包括电池应用端、回收渠道、网络、梯次利用、预处理、材料再利用等多个环节。上游为电池制造及使用环节，中游为电池回收环节，下游为电池再利用环节。目前，泰力电池可采取的废旧电池回收渠道有三种，一是与汽车、电池厂建立电池回收体系，二是直接去电池厂上门回收，三是通过互联网和 App 建立全国回收网络进行回收，争取通过多渠道建立覆盖全国的完整的回收体系。

4. 发展与总结

泰力电池在废旧电池行业大放异彩，凭借自身实力，精准定位，开辟市场。泰力电池通过建立完善的回收认证体系和技术进步，实现与汽车企业的密切合作，实现共生共享。并且充分挖掘当前需求，以废旧电池回收业务及体系为主导，实现了一定的战略价值、经济价值，满足了环保诉求。泰力电池凭借自身的优势，势必会在未来的发展中健步如飞，更进一步。

资料来源

1. 艾克．前景可观的动力电池回收市场 [J]. 汽车与配件，2023（2）：54–57.

2. 魏岚．两会建言：聚焦动力电池碳足迹 [J]. 智能网联汽车，2023（2）：8–11.

第一节　成功定位打造佼佼者

随着网络科技的迅猛发展，人工智能正在促进人类社会发生转变，不断影响着人们的生活方式、新产品的生产和营销手段。但是，面对激烈的市场竞争、饱和的行业状态，企业应该重新审视自身的使命，找准自己的定位，制定相应的企业发展战略来应对激烈的市场竞争。定位能够让企业在充分饱和的市场中争得竞争优势，有清晰充分的定位做支撑，有助于企业超越同行业，朝着正确的方向发展。定位是企业认清发展前景的“气象图”，是企业品牌的基石。只有给予正确的市场定位，企业才能打造属于自己的品牌，成为市场中的佼佼者。

一、企业定位理论的形成与发展

杰克·特劳特（Jack Trouk）与艾·里斯（Al Ries）是全球顶尖的营销战略家，他们创立了定位理论，距今已有 50 多年。定位理论不是静态理论，而是一个不断升级更新的市场营销体系，随着市场情况不断地发展、及时调整。定位理论描绘了成千上万的经典成功案例，这些成功案例有一个共同之处：不断创造成功的企业，往往都能够把握住一切可能提升企业竞争优势的机会，及时改进企业定位。

随着第三次科技革命的兴起，美国资本主义经济发展进入辉煌时代，生产力水平快速发展，商业市场迎来了前所未有的激烈竞争。20 世纪 70 年代后，随着科技水平的进步，产品之间的差别早已越来越小。在拥有琳琅满目的产品、信息传播飞快的时代，消费者越来越难挑选出自己满意的产品。这个时期，由杰克·特劳特和艾·里斯一起发表的一系列定位理论的相关文章，成为正式进入定位时代的标志。1980 年，杰克·特劳特和艾·里斯出版的《定位》一书，被翻译成多种国家和地区的语言广泛传播，这也意味着定位理论已经被应用到世界范围。这本书的核心理念是顾客的心智才是推动市场营销竞争的真正竞技场，企业应当从顾客的心智入手，寻找顾客心智中的缺口，并利用品牌手段将其占领。

在经历了 20 世纪 80 年代初的经济下滑后，随着里根经济学的实行，美国经济发展再度进入繁荣期。随着社会经济的发展，市场的竞争也日趋激烈。随后，杰克·特劳特与艾·里斯又出版了《营销战》一书，将军事思想引进市场营销理念中，表明企业在谋求发展制定战略的过程中，不仅要考虑用户的心智，还应当考虑竞争对手，根据两者的情况来制定战略。

20 世纪 80 年代中后期，受到来自华尔街股市增长的影响，许多美国大企业开始着手经营多元化的发展战略，但是国际商业机器公司（IBM）、通用汽车（GM）等知名大企业纷纷遭遇了亏损的困境。1994 年，艾·里斯和他的女儿劳拉·里斯（Laura Ries）一起出版了《聚焦：决定你企业的未来》一书，其主要内容是企业应该在顾客心里找一个焦点并进行切入，通过聚焦战略，缩短企业的产业线。

进入 21 世纪以来，以电子计算机革命为代表的科技信息革命的兴起和互联网的迅速发展，掀起了一股互联网的热潮。2002 年，特劳特中国公司成立。接着，里斯伙伴中国公司成立，其在我国权威营销杂志开辟专栏，持续发布系列文章，很好地推动了精准定位理论在我国的传播。2011 年，鲁建华在《管理学家》杂志发表的《定位理论的大厦：定位屋》一文，把定位理论系统化，让我国众多中小企业也能够享受到先前只有国际跨国公司、国内大企业才能享受到的战略定位咨询服务。

二、企业定位概述

所谓企业定位，是以顾客为基础，企业根据自己的商品以及品牌，向顾客呈现企业与众不同的个性化、良好的品牌形象，使其在顾客的心里占有一定的位置，使品牌成为某个类别或某种特性的典范品牌。当顾客产生相关的购买需求时，便会将该品牌作为第一选择。

企业定位决定企业地位。企业定位不仅要考虑企业所在行业的市场环境和发展前景，还要考虑企业自身的特点和竞争优势、产品的性价比、品牌带来的效应等。企业定位影响着一个企业能否持续、稳定地发展，是否能够做大做强，并且和企业的生存有紧密的联系。

定位是一种战略，不仅包括不断进化的营销策略，还包括企业的其他活动。企业定位包括顾客定位、产品定位、市场定位、服务定位、活动定位等。也就是说，企业在发展的过程中，要明确企业所面向的顾客群体、顾客群体的价值，以特定的活动将信息迅速传递给顾客，让顾客接受企业的产品或服务，从而达到企业定位的目的。

发展潜力是定位要达到的结果，即企业生产的产品品牌在所定位的消费者心中占据某一层次的位置。企业间竞争的实质并不是竞争市场，也不是竞争资源，而是竞争消费者内心的思维活动。也就是说，顾客心智是企业之间精准定位竞争的终极目标。所谓心智便是顾客的小心思，是顾客掩藏在心间对各类企业产品明智的观点认知，企业要想做大做强，就要了解顾客的心智规律、顾客的思考模式，借助顾客的心智将其转化为购买动机，从而达到营销目的。

一家企业、一种产品甚至一个品牌不可能满足市场的所有需求，只能满足某一部分的市场需要。因此，企业必须对自身展开定位，找到适宜企业持续发展的这部分需要，并用行之有效的营销策略去满足，以此来实现企业资产价值的效果。企业定位可以分为以下四个方面，如图 2–1 所示。

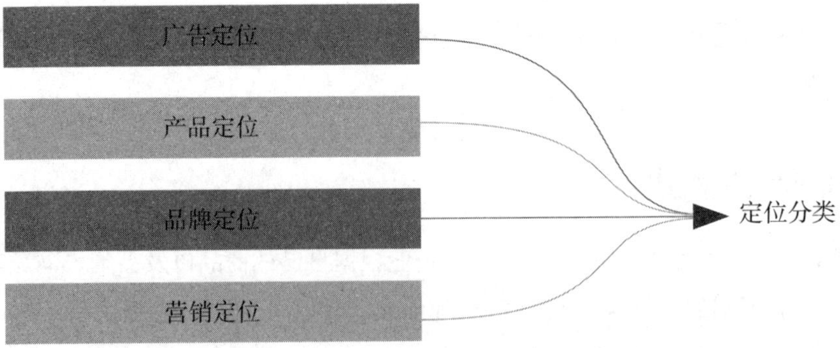

图 2–1　定位分类

1. 广告定位

广告定位不仅能从产品自身角度考虑定位，也可以从消费者角度考虑定位，注重广告产品的特殊性，向顾客展现产品的不同之处，展现同类商品所不具备的优点，并且这些优点刚好能够满足顾客的需求。广告定位能够确定新产品的市场地位，使广告需求符合目标市场消费者的心理需要，通常具有一定的诱导作用，广告效果明显。

"现代营销学之父"菲利普·科特勒（Philip Kotler）认为，消费者个人行为转变可以分为以下三个阶段，如图 2-2 所示。

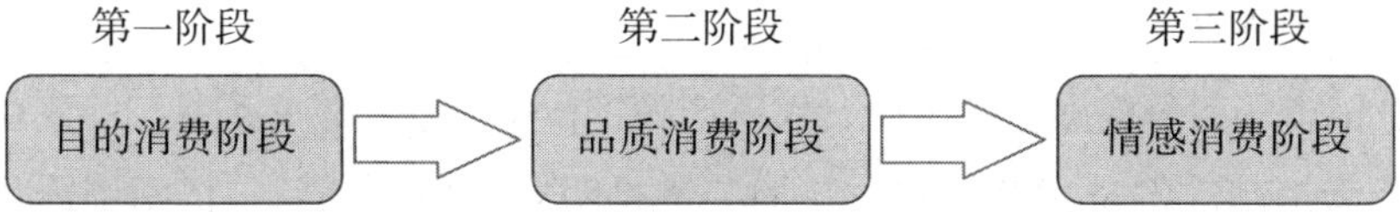

图 2-2 消费者行为变化三阶段

在相关的宣传定位上，当消费个人行为处于第一、第二阶段时，广告宣传可以借助价格定位、预期效果定位、质量定位等对策去正确引导消费者，但当消费者处于第三阶段时，广告宣传定位应契合消费者的心理转变，以适度的心理定位引起消费者心灵深处的共鸣。可见，广告定位的正确应用有利于了解其作用以及实际意义，了解影响定位的有关因素，并选择适合的定位对策。

2. 产品定位

产品定位适用于新产品的发售，且没有强大竞争对手的情况。在这样一个产品同质化现象非常明显的时期，一旦有其他企业的类似产品发售，就会发生市场竞争，企业的产品定位策略也会摇摆不定。

产品定位可从以下三种定位方式来剖析：一是正向定位法。从企业的角度考虑，依据产品的特性、主要用途、性质、级别对产品展开定位，目的是凸显自己产品的特征，营造可信赖的市场品牌形象，塑造忠诚的消费人群。二是逆向定位法。从竞争对手的角度考虑，先调研掌握市场上竞争对手的产品定位，然后根据对方定位明确自己的产品市场。三是心理定位法。从顾客的需求心理状态考虑，积极打造属于自己产品的特色，凭借自己显著的优点定位自身。

3. 品牌定位

品牌定位是品牌身份和目标群体的一部分。这类解释将被积极地传播给目标对象，同时展现其优于别的市场竞争品牌。品牌定位并不是专注于产品本身，而是顾客的心理状态。

品牌定位的成功常常会带来同一品牌下所有产品的成功。例如，华为旗下的手机已经被很多人使用，获得了顾客的认可和青睐，华为手机的成功使华为旗下的一些平板、笔记本等产品的销量也不断增加。因此，企业一般会通过扩大产品线来充分运用成功品牌定位所产生的品牌知名度，提升品牌价值。

4. 营销定位

营销市场竞争实践活动表明，仅靠产品定位是不够的，必须从产品定位延伸到企业营销精准定位。营销定位法的关键是明确目标市场后，依据细分化的总体目标市场，寻找到产品个性化的选择点，同时通过市场营销组合来凸显这一定位。

营销精准定位是针对顾客的需要。每个市场都存在一定的空缺，应该从不同方向去探寻，不仅可以从消费者、竞争者视角来把握竞争市场，也可以从企业的微观角度去寻找新产品的市场空隙，例如价格、产品包装、色调、品牌、服务、主要用途、生活方式等方面的市场空隙。

企业定位专栏 2-1

海康威视：安防行业领导者

随着第四次科技浪潮的风靡以及国家经济形势的推动，安防行业的市场得到迅速发展。杭州海康威视数字技术股份有限公司（以下简称海康威视）紧跟安防行业趋势的变化，不断优化企业业务，更新升级产品技术，成为中国甚至全球名副其实的智能安防行业的龙头企业。

1. 企业简介

海康威视成立于2001年，是一家专注于技术革新的科技企业，通过20多年的高速发展，成为全球最大的智能安防视频监控提供商和物联网解决方法提供商。海康威视一直聚焦于物联网认知和应用、人工智能技术、云计算技术服务等多个行业，打造全球最具有安全性、可靠性、高水平的安防产品。海康威视的业务覆盖150多个国家和地区，持续9年在视频监控领域全球排名第一。海康威视丰富的智能产品，让智能融入日常生活，并以其创新智能App，搭建了方便快捷、高效率、安全的智能世界，助力企业实现“协助每一个人享有美好明天”的战略目标。

2. 制定合适的定位发展战略

20多年来，海康威视长期处于安防领域的领先地位，这一成功离不开其制定的合适的企业战略定位。

（1）商业定位模式的转变。

第一，创新业务模式。传统安防行业在产品研发层面已进入成熟期，市场呈现“红海化”趋势，竞争压力大，国内外市场对安防产品提出了更高的要求。因此，海康威视积极地延伸拓展以视频为核心的相关业务，继续发展新产业，目前企业已形成萤石网络、海康威视智能机器人、汽车电子等8个自主创新业务，为企业带来了许多发展机会，市场前景非常广阔。

第二，完备的营销渠道和保障体系。海康威视不仅在我国很多地区和重点城市设立了子公司，还在海外拥有50多家子公司。利用自身创建的销售渠道，不但可以减少流通环节、降低成本，还能够使企业更接近顾客，更好地了解消费者和市场的建议与需求，不断创新技术、更新产品，为用户提供贴心、优质的服务。

（2）实力雄厚，有助于企业准确定位。

海康威视聚集了一批非常优秀的技术及管理人员，积累了大量的客户资源，所以在创立之初就具备一定的优势。之后，海康威视凭借背景优势日益发展壮大，基本上占据了安防监控设备的销售市场。国内各地所使用的安防监控设备，有将近一半是海康威视的产品。

（3）品牌定位优势。

较好的企业形象有益于品牌影响力的提升和市场开拓。海康威视的名字似乎牢牢地刻印在了客户的脑海里，只要一提到安防设备，他们首先想到的企业就是海康威视，可见海康威视的产品品质是深受消费者认可的。安防设备最重要的就是安全可靠，一旦得到大众消费者的认可，企业的产品品牌价值就会大幅度提高。

（4）技术产品定位优势。

海康威视从创立之初就非常注重对技术的研发投入，经过 20 多年的不断发展和经验积累，丰富的产业线和强大的科研队伍，使其技术性远高于同行业。安防产业的制造过程是非常复杂的，需要前后端各种软硬件配合使用才能发挥最大的价值，这并不是在短时间内就能实现的，所形成的品牌市场和品牌价值也是其他企业无法超越的。

（5）多元化市场领域，拓宽营销范围。

随着安全问题越来越受到人们的重视，对安全产品的需求也不断加大，对安全产品技术性能的要求也越来越高。作为国际安防行业的龙头企业，无疑是消费者的最佳选择。并且，海康威视的产品种类繁多，涉及的业务范围也很广，消费者对于海康威视也比较了解，因此加大了海康威视的销量，拓宽了营销范围，为海康威视在安防行业的发展营造了良好的环境。

3. 发展与总结

不管是在国内还是在国外，海康威视的视频监控系统市场占有率都排名第一，先发优势稳如泰山。海康威视在未来应该不断更新升级技术，利用自身的资源和优势不断寻找新的创新点，成为推动中国安防行业发展的方向标。

资料来源

1. 王新明，唐艳 . 刚柔并济 海康威视供应链数字化转型 [J]. 企业管理，2021(12)：63–68.

2. 林心怡，吴东 . 区块链技术与企业绩效：公司治理结构的调节作用 [J]. 管理评论，2021，33（11）：341–352.

三、构成要素与结构模型

一般而言，产品定位的构成要素主要包括五个方面，如图 2-3 所示。

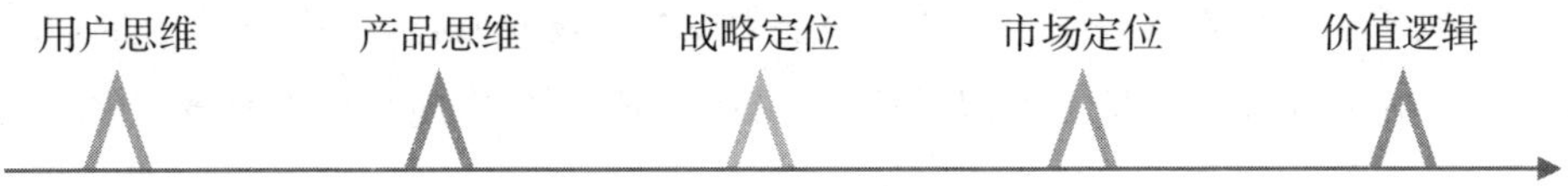

图 2-3　产品定位构成要素

1. 用户思维

所谓用户思维，是指以用户为核心，站在用户的角度，将用户作为企业思考的首位，一心一意地为用户考虑，为用户提供满意的产品和服务。用户是企业产品的消费者，企业无论是在生产创新还是在市场营销等环节，都应该把用户放在首位，把“以顾客为中心”的思想理念根植于生产销售的全过程。

在烦琐的生产销售环节中，企业应当分辨用户的思维逻辑，及时熟悉掌握用户的需求，为用户提供其他企业无法效仿却又必须购买的产品和服务，使其具有其他企业所没有的个性化、创新性的产品特点。将用户思维作为企业的一个定位方向，从而为用户打造出独一无二的满意产品。

除此之外，企业还要结合用户自身的需求变化，不断完善产品，优化产品品牌，提升品牌知名度，让用户看到自己所拥有的产品在不断根据自己的需求与时俱进。这样一来，不仅可以不断提高用户的满意度，赢得用户的信任，还能提高整体产品的价值，保证企业自身产品的品牌知名度，让企业品牌的种子在用户心中扎根发芽，从而达到企业定位的目的。

企业在发展的过程中，只有树立用户思维的发展定位理念，执行以用户为导向的产销模式，才能获得用户和市场，提升打造出可持续成功的产品和服务的机会。

2. 产品思维

随着科技的进步，市场需求不断变化，企业的经营模式与运营模式也在不断发生变化。各企业也正展开从流量思维向产品思维的转型。有人认为产品思维是为了实现用户价值，帮助用户解决问题，所以产品思维就是用户思维；也有人说产品思维是为了实现企业的战略目标，实现用户增长，所以产品思维就是数据思维；还有人说产品人的工作就是发现问题和解决问题，所以产品思维就是本质思维。每个人的经历不同，所以对产品思维的定义也不同。简单来说，产品思维相当于一个产品经理的思维模型，它不是单一的思维，而是一系列思维的组合，是以用户需求为出发点，并结合企业自身能力以及市场发展趋向，制定适合的产品计划，不断从中发现问题，并以最优的方案解决问题，实现产品价值最大化的思维体系。

产品是企业战略的承载者，也是企业与用户之间的直接载体，关系到企业竞争力的实现。产品思维贯穿产品的整个生命周期，对于提高企业的竞争优势有非常重要的作用。所以，企业应当构建起产品思维逻辑，化被动为主动，积极思考，提升产品效益评估。

总而言之，产品思维基本可以由用户需求和迭代创新两个关键词组成：从用户需求角度分析，对于不同用户的需求，企业可以将有相同产品需求的用户划分在一起，将他们所需的产品特征提炼出来，打造出那个满足用户需求的产品；从迭代创新的角度出发，当用户需求发生变化后，企业应该迅速做出反应，加速迭代创新，优先满足用户的需求，尽可能地成为用户的首选产品。

3. 战略定位

企业的战略定位主要是指企业通过什么具体方法，为客户提供哪类产品与服务的管理决策。战略定位的确立有利于企业获得并维持长期性运营的优点，完成企业的战略目标。

市场经济体制逐渐成熟，市场竞争越发激烈，市场营销在企业价值中的地位也越来越重要。企业发展战略的本质就是策划企业生存和发展的目标，企业的发展战略影响着企业整体的发展要求，正确的企业战略策划有利于确立企业的经营方向和未来前景，实现企业持续发展的理想，对于企业的发展有着至关重要的作用。一般来讲，战略定位规划包括产品、服务平台、顾客解决方案和系统四个方面。

（1）产品。一般来说，比较好的产品要在深入分析行业动向后，使用价值研究方法对企业产品进行剖析、更新产品版本，进行精准定位。

（2）服务平台。服务平台指的是企业产品与目标消费者的高效营销路径，不同的企业应当有不同的平台途径。

（3）顾客解决方案。企业在精准定位时应深入分析掌握目标顾客人群数据信息，在各种信息中寻找出问题，并设计出一个解决这些问题的相对完善的解决方案。

（4）系统。企业要处理好企业生态系统中的每个子系统的瓶颈问题，努力推动企业集群式前进。

4. 市场定位

市场定位也被称为销售推广定位，是指为了保证商品在目标消费群体心目中对比销售市场的许多竞争商品而言占有清楚、理想的层级部位而进行的精准定位。市场定位是企业和产品确立在市场中所处的位置，并非基于企业自身角度定位，而是通过消费者角度定位。

企业之所以会进行市场定位，就是让企业产品和企业品牌形象在目标客户的心目中营造与众不同的、具有差异化的品牌形象，在总体目标消费者心里占有一定层次的市场地位。因此，企业的不断发展离不开企业产品的市场定位。市场定位的重要性具体可以归纳为以下三点。

（1）市场定位能创造产品差异化。

企业通过消费者对产品的不同需求，设计生产出对应的产品，针对不同的需求对产品开展包装和设计方案，获得不同消费者的支持和青睐。此外，通过向消费者传达定位的信息内容，也能在同类型的产品竞争中获得好的发展机会。

（2）市场定位是制定营销战略的前提。

影响营销战略的关键在于市场定位，市场定位是制定营销战略的前提。只有精准地做好产品的市场定位，才能更好地制定营销战略。

（3）市场定位有助于形成竞争优势。

一个适合企业发展的正确的市场定位方向，有助于企业快速抓住企业自身的优势，掌握消费者对产品需求的变化，不断更新升级。

5. 价值逻辑

企业商业模式的本质就是价值逻辑，随着科技的发展和外部市场竞争的日益激烈，使客户的价值创造和企业的价值完成出现分离，企业的价值逻辑出现了突破性的转变。因此，应从价值链、价值网以及价值生态体系三个方面剖析其对价值逻辑产生的影响。

（1）价值链观念下的价值逻辑。

价值链体现了企业内部结构各类活动对价值创造产生的功效，企业的价值完成是价值链上中下游中间市场竞争的结果。但是，在价值链观念下，企业的价值逻辑完成存在很多局限，这种局限主要来自三个方面：第一，企业价值链是以企业内部价值活动为核心所形成的价值链体系，企业的收益主要来自商品交换过程中的价值升值；第二，外部环境中替代品及其竞争对手的存在有可能降低企业价值的升值空间；第三，代理商、顾客与企业之间的议价能力可能对价值链中的价值分配产生较大的影响。

（2）价值网观念下的逻辑价值。

价值网是指由顾客需求和高效率的生产制造相互连接的一种新运营模式，企业通过数字化的形式派送商品，降低了传统式分销商环节的成本费用，可以将经销商结合起来，时时刻刻达到顾客的动态化要求。

（3）价值生态系统意识中的价值逻辑性。

价值生态体系是一个不断重新排序职责权限的动态系统。价值生态系统意识中的价值逻辑性充分肯定信息和知识等虚拟因素的作用，认为企业的价值实现并不仅仅取决于对产品的转化投入，更取决于企业所处的复杂的生态系统，以此来实现企业个体与整体价值生态系统的有机结合，创造更高的价值增值，实现个体和系统的共赢。

企业定位专栏 2-2

小米：为发烧而生

1. 企业简介

小米科技有限责任公司（以下简称小米）于 2010 年 4 月成立，是专注于智能硬件和电子产品研发的全球化移动互联网企业，同时也是专注于智能手机、智能电动汽车、互联网电视及智能家居生态链建设的创新型科技企业。小米的品牌宣言是“为发烧而生”，可见小米的狂热之心。另外，小米不断地进行创新与优化，用心与粉丝互动，积累了无数忠实的粉丝。小米的“高配低价”降低了用户的消费成本，而且让用户收获了不一样的体验。

2. 产品营销逻辑的转变

为了满足用户以及市场的需求，小米不仅进行了产品的创新升级，还改变了原来的营销模式，充分了解用户需求，紧跟市场变化，高效率地生产和制造，时时刻刻满足用户的需求。

（1）线上与线下相结合。

目前，小米的销售方式是线上与线下相结合，线上有小米官网、小米商场等平台向消费者提供产品，更加方便快捷，节省消费者的时间。同时，线下开设有门店，给消费者提供产品体验。无论是线上还是线下，小米都设有分期付款方式，满足“先用后付”的消费观念，极好地满足了市场的需求，提高了市场占有率。

（2）多元化促销策略，寻找市场定位。

小米的每一款新产品上市，都会召开发布会，华丽的舞台，十几家媒体，超清的大屏幕上介绍着新产品的优点，进而在微博直播、上微博头条，足以引起广大消费者的关注。邀请明星代言，从亲民的红米系列到 Note2，小米产品的不同特点被不同的代言人加以形象的诠释，在使广大消费者接受新产品的同时，进一步宣传了小米产品。

（3）制造与用户近距离接触的营销活动。

小米并未使用传统的硬性营销手段，而是采用柔性体验的方式进行品牌营销。小米鼓励消费者参与企业的营销活动，通过微博、微信等社交平台与消费者互动，以提升消费者的参与感。

信任感与参与感是一种非常好的用户维持方式。小米第一次在线下举行“爆米花”活动时，知名度非常有限，效果却非常好，粉丝的热情超出了其意料之外，原因就是用户的全程参与，让粉丝得到了最大限度的满足。

（4）以用户为中心，开展顾客数据库营销。

购买小米产品，结账时需要提供顾客的姓名和电话，一方面是作为维修凭证，另一方面是建立顾客数据库，了解顾客的购买史、人口统计信息、心理特征、消费习惯等，从而帮助企业选定目标顾客、明确顾客的实际需求和价格的接受水平，使企业更精准地展开营销策略。

（5）消费市场定位明确。

小米手机现在有两种系列：一是小米系列，主要满足热爱科技、热衷于玩机的年轻人；二是红米系列，主要满足对手机没有太高要求的中老年人。这样的消费人群分类能够帮助小米提高市场占有率，也为企业带来发展机会。如今的小米为追随消费者的变化需求，不仅生产手机和手机配件，还有小米笔记本、电视、智能家居等产品，多元化的发展能够为企业带来期望收益，并在高速发展的时代不被淘汰。

3. 发展与总结

小米的高速增长可以说是中国商界的一个“奇迹”。小米的运营工作很到位，作为一个品牌，不能自顾自发展，而是要懂得自己的客户，根据自身特性，选择各个渠道的投放比例，精准投放，这样才能实现品牌知名度的提升。

资料来源

1. 董常亮 . 社群经济背景下社会学习对消费者购买行为的影响及对策研究 [J]. 沿海企业与科技，2022（1）：56-60.

2. 张晓慧，胡雪瑞 . 互联网 3.0 时代下粉丝经济的运营模式探究——以小米的社群运营为例 [J]. 新闻研究导刊，2021，12（11）：252-254.

3. 高雪鹏，张帆 . 小米企业发展战略研究 [J]. 商场现代化，2019（10）：26-27.

第二节　精准化用户思维：适应多变环境

如今，企业的营销环境与消费者的消费习惯发生了很大的变化。企业急缺技术创新的营销战略，以充分发挥新媒体优势，攻占用户思维，完成大数据营销。

当代企业应持续引入新的逻辑思维，依托庞大的用户数据信息、优秀的文案广告和多样化的线上 App，将产品或服务精准地推送给不同需求的用户人群，以实现企业经济效益和社会效益双赢的发展目标。

一、用户需求开发

用户需求是所有产品升级的出发点。随着科技的迅速发展，企业的竞争态势也在发生转变，越来越多的企业为保持行业领先地位、把握市场发展方向，不会执着于内部结构的自我完善，而是紧紧围绕创建可持续的核心竞争力，从源头上探索企业生存和发展的基本，即满足用户需求。

对于企业来说，用户需求是企业产品的最先驱动，而产品是用户需求的实现媒介，每个消费者的需求都是通过产品与服务来实现的。

1. 用户需求开发过程

如果将满足用户需求看作一个过程（见图 2–4），那么这个过程就起源于需求的识别。企业应该选择合适的需求获得方式与方法，并且对获得信息展开分析和总结，产生条理分明的需求表述，通过一定的专用工具和方式对需求开展转换并给予完成。对用户需求满足过程而言，需求的实现并不等于该过程的结束，对顾客需求的符合水平必须从顾客的角度进行评价，从而帮助企业进行有效的管理与改进。

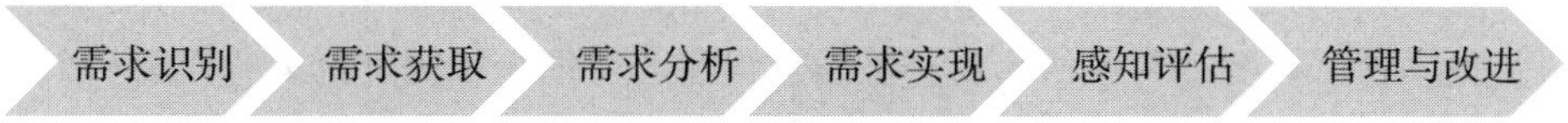

图 2–4　用户需求满足过程

（1）需求识别。

因为用户需求具备多元性、动态等优点，企业不可以就现象自身单独识别用户需求，在进行用户需求识别前，企业要了解哪位是企业的用户，这些用户中哪些是企业的目标用户，并且对目标用户进行筛选，识别出最重要的用户群体。

（2）需求获取。

企业获取用户需求的方式主要包括以下三种。

第一，岗位倾听。通过与用户直接接触的企业内部人员以岗位倾听的方式来收集用户需求信息，包括投诉咨询、用户回访、营销洽谈等渠道。

第二，调研。企业可以通过调研主动收集用户需求信息，包括面访、焦点小组、调查问卷等方式。

第三，整合内外部信息。整合内外部信息也是获取用户需求的重要方式之一，包括梳理企业的现有信息、进行二手资料研究、从行业专家维度获取信息，还可以从竞争对手方面了解信息等。

（3）需求分析。

企业必须对获得的用户需求信息开展高效管理和分析，点评用户需求的必要性，充分挖掘重要用户需求与期待，将其与产品和服务的卖点方案策划、品牌知名度发掘等方面进行紧密结合，为用户需求完成提供有效支撑点。

（4）需求实现。

用户需求实现的前提是将用户需求转化为产品需求，在产品开发过程中最大限度地满足用户需求，将关键用户需求分解传递到产品与服务实现的全过程，在持续达到用户需求的前提下，推动客户满意度和忠诚度的提升。

（5）感知评估。

企业从用户感知维度对其用户需求的达到程度做出评价。企业在挑选评价方法时，通常会结合自身的实际情况，大部分企业在评定用户需求满意度时，一般会从整体满意程度、与预估相提并论满意程度、与理想相提并论满意程度三个维度进行。

（6）管理与改进。

用户需求鉴定的职责就是对用户需求进行合理的管理与改进。合理开展客户满意度的监测和精确测量，能提高企业达到用户需求的能力，提高客户满意度与忠诚度，进而提高企业运营绩效和品牌知名度，促进企业管理持续改善。

2. 潜在性用户需求的开发

潜在性需求是用户并未意识到的、迷离的、没有明确抽象或具体满足物的潜在消费要求。对用户潜在性需求的认知，主要包含两个方面：一方面，用户对功能性产品具备感性认识，促使企业对顾客信息进行发掘剖析，鉴别顾客的潜在专业知识需求；另一方面，用户对层次性产品具有感性认识，促使企业根据顾客生活方式和思想鉴别顾客的潜在性需求。

用户潜在性需求开发力是企业未来竞争中的关键因素，在市场导向型环境中，各企业早已将用户需求列入新产品的开发体系。但是，由于用户深层次的潜在性需求少有企业真正能够触碰到，因此将用户潜在性需求信息列入商品开发体系无疑是企业蓝海战略的重要环节。企业应当积极主动地创立更专业的用户信息搜集与分析单位，并灵活运用前沿的信息数据分析技术对用户更深层次的潜在性需求信息进行挖掘和鉴别，并将用户的需求进行清晰的表述。除此之外，企业还应当将顾客的潜在需求信息清晰地表述在新品研发中，提升新品的市场绩效。

总的来说，企业不断更新经营理念是不断满足并超过用户需求，从外部角度掌握用户真正想要哪些、从内在角度思考企业可以提供哪些的过程。用户需求并不是一成不变的，多元化的需求不但需要被企业发现与创新，而且能够被吸引与造就。这促使企业变成用户指导型机构，持续从用户世界创造企业使用价值，在竞争白热化的市场里维持核心竞争力。

二、用户体验质量

唐纳德·诺曼（Donald Norman）是当代著名用户体验设计师，20 世纪 90 年代末他首次提出并推广了“用户体验”一词，将其界定为用户使用产品过程的体验意见反馈与个人感受，这类体验不仅仅是用户在产品应用中产生的身体认知，也包括用户在体验过程中的共情力和生理需要。用户体验并非指某一产品、设备和操作系统是如何运行的，它更重视用户在和产品接触和使用中的共通性和互动性，而这一过程自始至终伴随着产品的创新和设计方案。

随着时代的不断发展，在当今以用户为主的环境中，一种产品或者服务一定是先满足用户的需要，然后才追求用户的价值体验，但这并不代表只需要考虑用户的需要，而忽视使用价值的提高。使用价值的提高能直接影响企业产品的市场竞争能力，从而确定企业所能取得的经济效益。

对于企业而言，重视用户体验不仅可以提高产品的级别与价值，还能提升用户的忠诚度，甚至在用户中产生良好的口碑传播，与其他市场竞争品开展差异化营销，提升核心竞争力，使企业在激烈的市场竞争中脱颖而出。

三、用户精准匹配

互联网平台代表一种崭新的生活，从源头上会影响用户的需求结构与需求方法。一方面，用户需求能够通过互联网将实时动态、意见与建议反馈给卖家；另一方面，云技术为用户数据库分离和利用提供了新闻媒体，用户个人行为能被收集、整理和重新聚合，将隐蔽、复杂、易失的用户需求转化成极大地接近用户的信息。

不同的产品业务需要关注的数据指标有所差异，涉及从首次使用产品到不再使用产品的整个过程，如图 2–5 所示。

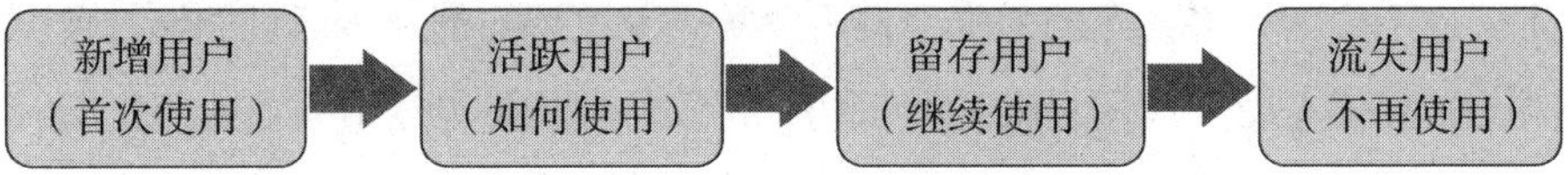

图 2–5　用户指标变化过程

1. 新增用户（首次使用）

首次使用产品的用户称为新增用户，可以按照属性进行群体划分，如按照性别、年龄段、地区等划分为不同的用户群体。常用的新增用户为新增实名用户和新增匿名用户，新增实名用户指的是新注册并在数据库中生成账号的用户，新增匿名用户指的是比照数据库系统没有出现过 cookie（数据信息）的游客。

新用户数量的快速增长，是产品业务增长的基础。通常一个运营活动上线或者进行渠道投放后，会产生比较多的新增用户，业务会关注后续的日增、周增、月增。

2. 活跃用户（如何使用）

活跃用户的定义取决于业务本身，登录、消费、浏览指定模块的内容、使用时长达到一定的时间等，都能成为判断用户活跃度的标准。只有活跃用户才有可能为产品带来流量或者营业收入，因此它是投资人关注的重要指标。

3. 留存用户（继续使用）

留存指的是某种类型的用户在经过一段时间后仍然能够满足某种条件或者保持某个状态。常见的留存为新增用户留存和活跃用户留存。新增用户留存是指某一段时间里的新增用户经过一段时间后依然正常使用该商品，这一部分用户占那段时间新增用户的比例为新增留存率。活跃用户留存是指某一段时间里的活跃用户经过一段时间后依然活跃，这一部分活跃留存用户占那段时间活跃用户的比例为活跃留存率。用户留存率必须用较长的时间来观察，才能更多地反映使用体验、用户要求达到水平、竞争能力等诸多问题。新产品的留存率足够高，新增用户的资金投入才有价值，才可以推动业务流程更好地稳定发展。

4. 流失用户（不再使用）

用户流失是指在某一段时间里，有多少人不再使用该产品。根据产品和服务的不同，用户做出放弃决定的时段也是不一样的。理论上只要用户没有注销，就可以认为用户没有流失，但是，实际上一般会根据业务情况给定一个主观的判断标准，通过用户多久没有活跃来判定用户是否已流失。对于已流失的用户，应定制用户的召回策略，如发优惠券、电话访问沟通、赠送会员等。当然有些用户流失与用户的生命周期相关，这是无法避免的。

用户流失指数反映了该产品留住用户的水平。精准的用户数据分析有助于企业深入了解用户流失的真正原因，减小行业用户的流动率。

第三节　精致化产品思维：极致细节处理

精致，是指产品的小细节和特点。在消费品紧缺时，大家不关心产品是不是精致，有了就行。随着消费理念升级，消费者对企业的产品提出了更高的质量要求与精致体验需求。因此，每一家企业都要让自己的产品看起来更加精致，对于没有开发经验的产品决策和参加者而言，更应该通过一些细节将精致的感觉落到实处。

一、认清客户价值，聚焦客户需求

所谓客户价值就是站在客户的角度，在确保企业利益的前提下，给客户提供满意的产品和服务，造就超过客户期待的使用价值。企业所要做的就是要提前判断客户需求的变化规律，给予客户满意的产品和服务，那样企业就能更好地完成企业的战略目标。因此，企业首先要认清客户价值，其次要把握客户需要什么、客户的价值是什么，最后融合企业的网络资源并且把顾客需要的价值传递给他。

企业的一切行动都必须聚焦于客户的需求。如果客户没有明确的需求，企业就要挖掘客户的潜在需求；如果客户没有需求方向，企业就要引领客户的需求方向。作为商业组织，企业必须去研究客户的需求以及需求变化的规律，不断创新企业的产品和服务，以满足、引领和超越顾客的期望。企业的各个部门、各个岗位都应聚焦于企业的战略和顾客的需求，形成强大的团队统一意志和非常清晰的执行方向。

二、基于客户认知价值进行品牌定位

客户认知价值是认知利得和认知利失之间的一种平衡。认知利得包括产品的质量和服务水平以及在购买过程中的满意感；认知利失是指购买价值以及购买过程中的消耗。顾客的认知价值高，说明该客户很满意该品牌而且忠诚该品牌。相反，则客户转换品牌的可能性比较大。

将客户认知价值理论融入品牌管理中，对于加强品牌战略、增强竞争优势都是非常重要的。

1. 打造精确的品牌定位

基于客户认知价值的品牌管理，能够帮助企业有一个精确的品牌定位。品牌定位是直接与客户相关联的，客户对品牌定位的认知直接关系到品牌的生存问题。

2. 引导客户消费方向

基于客户认知价值的品牌管理，可以引导客户消费方向。企业只有充分调查客户购买过程中的认知过程，了解到客户的潜在需求，才能生产出适合客户的产品。并且，企业通过建立客户数据库，对客户的资料进行挖掘分析，找到客户的潜在需求，就能据此给客户提供所需要的产品，提升客户的品牌忠诚度。

3. 提升企业的竞争能力

基于客户认知价值的品牌管理，可以提升企业的竞争能力。目前，企业竞争的重点已经转向品牌的竞争。以客户认知价值为基础的品牌管理是以客户为基点，关心客户价值中的关键因素，提高客户的满意率。品牌管理的目标是增加客户的价值，在满足客户认知价值的同时，实现企业的盈利。

三、产品追求极致

随着科技的发展和客户需求的日益多元化，为争取市场占有率、提升营业额和营运利润，企业会不断推出更新的产品。不过，企业不应该只是对商品进行改良或优化后就投入市场，这样的产品并不容易与同类产品做出区隔，生产者主观上会认为自己做了很多的微创新，但是在消费者看来是一样的。企业想要实现更持久的发展，或者让用户受益更多，最重要的是用户体验。如果没有用户体验，那么企业的产品从商业上而言就没有多大的价值。

在激烈竞争的市场环境中，生产者和销售者都必须找到自己的比较优势，而不是随波逐流。在细分市场上把自己的产品做到极致，把市场做深做透，这样才能在市场中占得一席之地。

做极致的产品，并且通过激励机制让客户主动地分享和传播，才是最好的模式。

四、与用户沟通零距离

沟通是“人类社会的基本生活方式，是人们通过共同的符号系统进行意见或思想交流的过程”。在各行各业，一切行为都不能离开沟通。

商务接待沟通是指通过企业内部、企业和合作商、企业和顾客的信息的传递（包含输入和输出），以此来实现对顾客市场需求的获得乃至创造，最后改进产品质量和顾客感受的全过程。无论是对商品和服务项目运营、人员招聘、在职人员学习培训，还是对潜在性顾客的塑造和劝服，沟通都发挥了关键作用。为实现与用户之间的零距离沟通，企业可以采取以下几种措施。

1. 建立通畅的沟通渠道

要想实现与用户的零距离沟通，需要有一个能够与用户建立连接的沟通渠道，通过这个渠道，让用户了解企业或品牌。企业与用户之间的沟通渠道应当覆盖到精准目标用户，向用户传递信息，并通过这个渠道与用户实现长期的接触与沟通。

2. 明确沟通目的和内容

在与用户进行沟通前，企业还需要明确沟通的目的和内容，沟通目的要明确，沟通内容要具体、有重点，并且按照一定的逻辑来进行。在确定沟通内容及设计提纲等的时候要注意，不能有广告或者是让用户反感的内容，并且要围绕用户的需求及喜好来设计，在不破坏效果的前提下，可以适当地植入企业的信息。

3. 掌握沟通技巧

与用户沟通时还需要掌握适当的沟通技巧，减小企业与用户之间的陌生感和距离感。企业对待用户应当“想其所想、感其所感、帮其所需”，深入了解用户需求，进行科学提问，如开放式提问、情景式提问等。

企业定位专栏 2-3

比亚迪：智能制造技术领军企业

2010 年 10 月，国务院出台了《关于加快培育和发展战略性新兴产业的决定》，新能源汽车行业得到快速发展。比亚迪股份有限公司（以下简称比亚迪）

抓住机遇，注重创新发展，成为行业中的佼佼者。但是，近年来，诸多企业宣布加入新能源汽车行业，加上传统汽车制造业的不断追逐，行业竞争空前激烈。

1. 企业简介

比亚迪成立于1995年2月，2003年进军汽车制造领域。比亚迪拥有IT、汽车、新能源技术三大产业群。经过多年的技术研发和创新，比亚迪在动力电池领域拥有全球领先技术，强大的技术优势支撑着比亚迪新能源汽车的快速发展，使之迅速成长为我国新能源汽车行业的领军企业。

2. 客户价值驱动企业前进

（1）经营多元化，满足客户需求。

新能源汽车市场前景广阔，电动车正在逐步提高其市场渗透率。多家汽车企业把新能源汽车的发展作为重点项目，竞争激烈。比亚迪要想脱颖而出，不仅要重点扶持新能源汽车这一核心业务，还要进行结构转型，进一步发展新能源汽车后市场，采取多元化经营策略以提高企业的经营业绩。比亚迪拥有多家子公司，因此经营业务多种多样，营业收入份额较大的业务有汽车、手机部件与组装、二次充电电池及光伏。总体而言，比亚迪多元化经营的方式比较合理，有市场优势的业务占集团业务收入的比重较大，而没有市场优势的业务占集团业务收入的比重较低。

随着传统汽车企业不断转型，新势力不断涌现，国内新能源汽车市场的竞争日益激烈，比亚迪也把视线放到了国际市场。基于挪威政府及民众对新能源汽车的支持，比亚迪选择了把挪威作为进入欧洲乘用车市场的首站，目前其市场销量非常可观，也获得了客户的青睐。

（2）政策支持，产品日趋精细化。

深圳市政府通过提供物质激励和优惠政策吸引了高素质人才，为企业的创新和发展提供了源源不断的动力。2017年，深圳市龙岗区发布“深龙英才”计划：经上级认定为深圳市国家级、地方级、后备级领军人才的深圳高技能英才按级别最高奖励150万元。该项措施的出台大大提高了比亚迪对外部高技能人才的吸引力，增强了内部高技能人才的凝聚力，营造出了良好的人才环境，为企业的创新发展提供了强大引擎。

（3）自主创新，产品不断细化。

比亚迪坚持自主创新，历时数十年，牢牢掌握了发动机、变速器、控制软件等新能源汽车命脉的先进技术。美国《财富》杂志发布的2019年度“改变世界的企业”榜单，共计52家，比亚迪作为汽车工业的代表入榜，并高居第三位。无论是电池业务还是其他业务，比亚迪都精益求精，始终坚持新能源汽车发展战略，坚持在国内自主发展。即使在世界新能源汽车领域也取得了历史性的突破，但比亚迪仍有条不紊地对新技术、新理念进行研发、营销、创新、合作。

（4）加强企业合作，互利共赢。

企业的高速发展与转型离不开和其他企业的协作和沟通。在进行转型发展的过程中，比亚迪虽然面临着一系列的挑战，但是其仍然依靠自己在核心技术方面的丰富积累、在技术成本方面的资源优势以及与多家企业的“强强联手，互利共赢”，得到了巨大的发展。2018年7月，比亚迪与长安汽车正式达成战略合作伙伴关系，双方整合各自在传统汽车行业和新能源汽车行业的成果，融入“互联网+”、智慧化、共享经济等新生的富有活力的发展资源，加强企业合作，实现互利共赢，聚焦聚力新能源汽车产业发展，合力推动产业发展提质增效，让消费者体验更加全面、智能的出行体验和服务。2019年11月，日本丰田汽车公司和比亚迪就成立纯电动车技术研发有限公司签署了战略合作协议，在汽车的生产平台、零部件设计和技术开发服务等方面进行合作。此次合作将比亚迪在纯电动汽车研发领域的成果与日本丰田汽车公司多年来在混合动力汽车电子技术和可靠性方面的研究相结合，为消费者提供了满足实用性和经济性方面需求的新能源汽车产品，加快了纯电动汽车在全球范围内的普及和研发生产。

2023年1月2日，比亚迪发布产销快报：2022年销量为186.85万辆，同比增长152.46%，其中新能源乘用车销量为185.74万辆，同比增长212.82%。新能源汽车行业持续爆发式增长，作为新能源汽车行业的领军企业，比亚迪克服复杂、严峻的外部环境及诸多超预期因素的冲击，新能源汽车销量同比实现强劲增长。

3. 发展与总结

比亚迪产品的日趋精致化，使比亚迪集团在汽车制造领域从当初低端的国产品牌逐渐进化成代表行业龙头的高新技术企业。比亚迪的成功有多方面的原因，既有市场营销方面的独树一帜，又有生产制造方面的不断优化，更有核心技术方面的创新和突破。作为全球新能源汽车产业的领跑者之一，比亚迪拥有庞大的技术研发团队和强大的科技创新能力，已研发出一系列全球领先的前瞻性技术，在新能源汽车领域具有全球领先优势。

资料来源

1. 黄骏，陈丽珍．中国汽车制造企业国际化对自主创新能力的影响研究 [J]. 经济研究导刊，2021（1）：140–142.

2. 吕青．新能源汽车的市场营销的有效策略分析——以比亚迪为例 [J]. 汽车实用技术，2020（3）：252–254.

第四节 精巧化价值逻辑：巧用用户价值

一、用户价值创造

在共享经济环境下，价值创造的参与者已经不再是企业和顾客，而是用户和平台，从而为“消费者独创使用价值”这一基本知识赋予了一个新的内涵，即用户使用价值独创。随着共享经济的迅猛发展，用户更加积极地加入共享经济的价值创造活动中，展现出高主体性、强人性化、高自觉性等优点。用户使用价值独创的情况在共享经济场景下更加广泛。

共享经济作为借助综合服务平台，以共享为主体、以用户的闲置资源为中心的经济结构，体现在用户物理学、用户心态等多个日常活动方面。共享经济促使价值创造的参与者游戏角色变得多元化、动态性。研究发现，用户扮演的游戏角色不一样，其价值独创动因也不相同。企业可以通过为用户提供人性化服务、不一样的感受活动、交易规则以及交流与沟通、共享等形式，去进行使用价值独创的应用。

二、价值共享机制

随着社会经济的发展，企业的资源基础逐步从物质资源向以数据信息、知识智力等为代表的无形资产转变，这些变化促使资源的获取和应用都展现出非连续性特征。价值共享方式能够很好地清除这类资源的获取和应用的非连续性，提高资源的使用效率。因此，追求价值共享成为当前十分普遍的社会现象。

随着时代的发展，价值共享机制不断在全球拓展其影响力，共享社会经济发展取得了极大的成就，价值共享机制不断扩大。

1. 信息技术的影响

以互联网、大数据等为代表的新一代信息技术兴起，降低了共享成本费用，共享服务平台极大地提高了供需双方的配对高效率，将共享物件的边际效益降低至几乎为零，进而增加了共享经营规模。

2. 共享价值的资源基础

由于物质、文化等资源的不断丰富，共享价值拥有了坚实的资源基础。一方面，人们不再以取得所有权为终极目标，愿意与他人共享自己的物品，为共享价值的创造提供了资源基础；另一方面，不同阶层的消费能力差异为资源的上下流动提供了环境，社会整体的环保意识在不断觉醒和深化，人们愿意通过共享重新配置闲置资源，从而提高资源的使用效率，减少商品的生产以及资源过度使用，降低外部依赖性，实现共享价值。

3. 价值共享的形成

从价值共享的创造机理来看，价值共享的形成至少包含以下五个方面。

（1）活跃的共享行为。只有共享行为才能创造共享价值，这是价值共享机制产生的源泉。

（2）构建价值共享平台。价值共享行为必须借助共享平台来实现，这是创造价值共享机制的基础。

（3）资源的价值使用权共享。资源的价值使用权共享是创造价值共享的核心动力。价值共享务必要把资源的拥有权与使用权分离开来，形成价值使用权的共享。

（4）完善信任机制。完善信任机制是创造价值共享的纽带。此种行为主要发生在陌生人之间，因此必须要建立完善、可信的信任体系，处理陌生人之间的信任难题，这是构建价值共享机制的重要保障。

（5）开放价值共享系统。开放的价值共享系统是创造价值共享的活力保证。开放的价值共享系统要降低共享准入门槛，不限制人员的进入，实现更多的资源价值共享，创造更多的价值共享。

三、价值实现渠道

推动企业价值提升应当拾级而上，先抓牢下一层价值，然后扩张至上一层价值，不断地提升企业价值等级。对此，企业可以从产品或服务的应用价值、体验价值、情感价值以及心态价值几方面着力，从而实现企业价值。

1. 产品或服务的应用价值

产品或服务的应用价值是实现企业价值的前提条件，没有产品或服务的应用价值就没有企业的诸多价值。

2. 体验价值

体验价值是产品或服务的应用价值的升阶。优良的体验价值是实现情感价值的前提，可以增加消费者或客户对企业的认可，提高企业价值。

3. 情感价值

情感价值是前两种价值的提升，反映了客户对企业的内心想法和情感认可。情感价值常常会对企业价值产生意想不到的促进效果，甚至会左右消费者的购买意愿。

4. 心态价值

心态价值应是企业价值的理性认知和认同，是顶层的企业价值。心态价值越丰厚，企业的价值实现就越充分、越彻底。

第五节 精确化战略规划：实现持续发展

随着网络经济的全球化发展，很多企业在外部新环境的压力之下难以满足最基本的生存需要，转型成为企业提质增效的有效途径。企业必须做好战略规划，以长久的眼光对待现阶段的企业发展难题，塑造高风险观念，提升核心竞争力，从而实现可持续发展。

一、共生逻辑

1. 共生逻辑的本质

企业逻辑定义了企业崛起的重任、经营范畴、愿景总体目标、发展前景、经营方法等，确定了企业的经营方针和指导方针，是企业实现目标的重要战略方针与计划，是企业迈向成功的基础。

企业共生逻辑的本质特征是一同激活、一同融入、共同进步，但企业共生并不排除企业间的竞争。企业共生关系发展过程的实质，就是企业与共生体之间产生的物质、信息和能量能够实现有效的交换和配置，其共生进化过程可能产生新的企业形态，以及新的企业共生形态。

2. 企业共生模式

企业共同进化的路径是企业共生系统发展的总趋势，其共生模式包括互惠共生、资源共享整合、协同竞争、产业关联四个方面。

（1）互惠共生。

企业与科研院所合作实践中，科研院所为企业提供研究成果、信息内容、创新设备和人才的培养，企业为科研院所提供研究资金的投入市场动向，合作进行产品销售市场开发，使彼此间产生互利共赢、融合发展的布局，也为各方发展及未来的合作空间开辟了广阔的天地。

（2）资源共享整合。

企业为了能分享服务体系和公共基础设施等公共资源而聚集在一起，从而降低了有关成本等。企业共生体如工业园区、专业市场、各类开发区等，为企业提供公共资源、公共服务等产品。企业共生体之间能共同分享信息资源，共同利用专业人才市场。

（3）协同竞争。

如果一个企业认为自身没有占据竞争优势所需要的相应资源，最好的发展方式就是共生合作，达到共同发展，实现共赢。产业内各大企业签署合作框架协议，就是企业共生进化的路径。协同竞争模式的最终目的是促使企业间建立协作竞争关系，在实现优势互补的同时又能避免过度竞争。合作不仅表现在新产品的共同研发上，还表现在贸易流通、产品质量安全标准及信息网络建设上。

（4）产业关联。

产业关联企业以产业关联为要求，以生产地接近为目标，以配套设施完善为基础条件，以产业链为纽带而聚集在一起。

二、共享模式

1. 什么是共享模式

共享模式是指以获得一定报酬为目的，基于陌生人且存在物品使用权暂时转移的一种经济模式。共享模式下，有很多成熟的商业应用，比如共享单车、共享充电宝、共享汽车等。

从诞生伊始，共享模式就受到了大众的追捧，越来越多的共享项目涌现出来，有的共享产物出现不到一年就消失了，有的共享产物则在不断地发展壮大。共享模式是基于自助空间的场景化进行打造的，未来所涉及的可发展项目会越来越多，科技在不断发展，共享系统也在不断升级。

2. 共享模式的应用

共享模式的应用可以分为移动模式下的移动共享、固定场景下的移动共享以及固定场景下的固定共享三类，并且各有利弊。

（1）移动模式下的移动共享。

移动共享模式是较为常见的一种共享模式，其灵活性强，基本能覆盖单个成本，并且具有风险相对较小的优势，但同时也存在着监管不足的问题，进而导致资源利用效率较低。

（2）固定场景下的移动共享。

移动共享在固定场景中的应用投入资金相对较少、风险较低，其运营成本也更低，但这也导致了广告收入的下降。

（3）固定场景下的固定共享。

固定场景下的固定共享应用具有成本低、铺设速度快的优点，降低了产品的折旧率和风险，但同时也存在盈利单一、只有租金收入的劣势。

三、数据决策

决策是为了实现总体目标，依据客观规律，在具有一定信息积累的前提下，借助一定的信息手段、技巧或方法，对妨碍目标完成的诸多因素展开分析、测算、判断、甄选后，再对未来的行为做出部署。伴随着大数据技术的发展，数据决策逐步成为人们深层次理解某些事件和困惑的网络资源，尤其是人工智能应用与大数据的紧密结合，为繁杂决策的建模与分析提供了强有力的专用工具。数据决策的特性可以概括为动态性、全局性、不确定性三个方面。

1. 动态性

数据对事物的客观现象和规律进行抽象化的表达，事物状态的持续动态性也使数据具有持续性和增量性。决策过程的每一步都会对事物的发展进程产生影响，并由数据所反映。此时决策及测量都需要随着数据的变动及时给予调整，通过面向数据的增量式学习方法实现知识的动态演化与有效积累，进而反馈到决策执行的过程中。

2. 全局性

数据决策分析更加注重数据的全方位性、生产流程的系统性、业务各环节的交互性、多目标问题的协同性等，通过对多样化来源渠道的信息进行融合分析，实现数据决策的有效协同，为决策者提供全局性的决策支持。

3. 不确定性

一般而言，决策的不确定性主要来源于决策信息不完整、决策信息分析能力不足以及决策问题过于复杂难以建模三个方面，数据决策的不确定性也大多来源于这三个方面。由于数据来源广泛、关联复杂，并且具有动态性特征，使得企业的数据信息难以保证全面性和完整性，也会随着时间的变化而变化，让企业的数据决策具有较强的不确定性。

企业定位专栏 2-4

宁德时代：动力电池龙头进军换电时代

随着新能源汽车市场的稳步发展，我国新能源动力电池行业即将迎来新的机遇。宁德时代新能源科技股份有限公司（以下简称宁德时代）作为全球领先的动力电池系统供应商，专注于新能源汽车动力电池系统、储能系统的研发、生产和销售，自然更了解新能源市场的发展前景，它抓住这一发展机遇，开始全方位涉足动力电池销售市场，推动充电电池行业的持续发展。

1. 企业简介

宁德时代于 2011 年 12 月 16 日在福建省宁德市成立，2018 年在深圳证券交易所上市，是世界领先的新能源汽车新技术研发企业。作为国内率先进入国际顶尖车企供应链的锂离子动力电池制造厂商，宁德时代不断更新技术，为全球带来了性能卓越的电池储能系统。宁德时代坚持技术的不断升级和创新，已拥有多种新能源动力电池的关键技术，渗透国际市场，是国际动力电池领域的佼佼者。

2. 精确的战略发展模式

随着时代的发展，低碳环保意识已逐渐深入人心，人们的消费观念从购买燃油汽车转而越来越倾向于购买新能源汽车。新兴企业的发展前景，引来许多投资者的加入，在竞争激烈的市场中，宁德时代仍能成为领军企业，离不开企业的精准战略，以及正确的企业发展规划。

（1）采用上下游全产业链的业务模式。

宁德时代率先采用垂直布局全产业链的业务模式，从上游的矿业资源开发商到中游的正负极电解液研发生产商，再到下游的整车制造商、动力电池储备设备供应商，宁德时代与这些高壁垒企业建立起长久的战略合作关系，一方面能够保护客户资源，分散业务流程成本风险，减少经济压力，另一方面还能减少将来新能源汽车动力电池行业产生的不确定性和风险性。除此之外，2020 年，宁德时代继续增加储能业务的产品开发和市场营销，目前来看，宁德时代的海外布局还是十分有效的，吸引了国外部分龙头企业的加入。

（2）采用合作共生的企业发展战略。

宁德时代利用与企业之间的战略合作来保证供应链的稳定运营，相互协作，发挥各自的优势，实现合作共赢。虽然宁德时代成立比较晚，但是凭借自身的实力以及先进的技术水平，已经成为全球新能源汽车行业的主要动力电池供应商，因此吸引了大量的国内合作商，如吉利、宇通、长安、上汽等知名企业，与它们建立了长期稳定的战略合作关系。此外，宁德时代作为我国少数进入国际车企供应商体系的动力电池企业，还与宝马、大众等国外企业建立了深度合作关系。与各类汽车企业建立合作关系，不仅可以稳固宁德时代的市场地位，还可以拓宽营销渠道，提升品牌价值。

面对激烈的市场竞争，宁德时代并没有止步于新能源汽车的动力电池领域，而是进行多元发展，拓宽企业的发展渠道，不仅在物流、无人重卡等一些细分领域布局，还向材料设备、出行等领域进军。2022 年 1 月，宁德时代发布了换电服务的解决方案。对于新能源汽车来说，主要就是换电和充电两种能源补给。宁德时代换电业务的拓展，一方面能够提高销售效率，获得更高的收入，另一方面可以提升企业的品牌价值知名度，稳固龙头企业的地位。

（3）加强人才技术资源积累。

在动力电池研发领域，宁德时代是行业的领先者，先进的技术水平和超强实力的团队是宁德时代成功的关键。宁德时代的前身——宁德新能源科技有限公司（ATL）是一家非常有实力的公司，在电池领域具有丰富的经验和先进的技术水平，对宁德时代有很大的帮助，促进了宁德时代的技术水平发展。不仅如此，宁德时代还拥有大量的顶尖技术人才和创新人才，研发团队的规模和实力在行业内也处于领先地位。其团队所涉及的领域包括动力电池的研发、设计、制造等过程。凭借强大的研发体系和雄厚的技术资源，不断提升企业的研发技术水平，使宁德时代一直处于行业的领先地位。

（4）充分发挥协同竞争优势。

新兴动力电池领域行业壁垒高、技术难度大，竞争者很难进入，而宁德时代在全球已拥有 10 个生产基地，投资了 60 多条产业链，渗透行业的各个层面。庞大的市场规模，使动力电池市场长年位居第一，在国内市场中占据稳定的份额。作为配套车型最多的动力电池供应商，也是全球动力电池行业的“领头羊”，吸引了大量客户流入，几乎垄断了国内汽车企业的动力电池供应。庞大的规模给予宁德时代足够的信心，继续扩宽市场，扩大市场规模，从而继续保持自己在锂离子动力电池领域的领先地位。

3. 发展与总结

未来的市场发展趋势对于宁德时代是非常有利的。从目前来看，宁德时代仍是动力电池行业的管理者，具有重要的话语权，有着巨大的市场价值潜力。动力电池作为高新技术产业，更新速度快，宁德时代想要在未来的发展中一直处于国际市场的前端，就要不断地进行技术更新和升级，全面发展，拓宽市场，为实现全球化的战略布局提供保障。

资料来源

1. 魏超，焦晓峰，刘永江，等 . 能源市场背景下含储能的光伏和热电联产评估 [J]. 电气传动，2021（18）：76-80.

2. 张岭，张田莉，梁杰 . 独角兽企业成长规律及培育路径研究 [J]. 经济体制改革，2021（5）：173-179.

第六节 精细化市场定位：冲破市场竞争

一、用户体验导向

如今，消费品极为丰富，且市场竞争非常激烈，因此用户体验导向成为产品和服务创新的重要动力源泉。用户体验导向是建立用户和企业双向关系的基础，其重要性体现在以下四个方面。

1. 经营

用户体验导向观念使企业明确了“将顾客放在第一位”的经营策略。企业要把“将顾客放在第一位”的理念融入日常的经营活动中，并在经营实践中不断地深化。

2. 创新

不断变化和提高的用户需求，迫使企业不断进步。企业要想以用户体验为导向，还需要深入落实创新发展的理念，满足不断变化和更新的用户需求，对产品与服务进行升级和改造。

3. 竞争

面对日益激烈的市场竞争环境，企业必须以用户体验为导向，提供用户满意的产品或服务，进而积累大量的忠诚用户，以保证其核心竞争力。

4. 企业定位

以用户体验为导向，能够使企业在各细分市场中精确找出与其产品服务定位相适配的市场，精准锁定目标用户群体。

总之，用户体验导向可以使企业以满足用户需求为核心进行商业活动，并从用户身上持续不断地获得商业价值，实现企业与客户双赢的企业战略。

二、数字化 4P 策略

杰罗姆·麦卡锡（Jerome McCarthy）是 20 世纪美国著名的营销学大师，他在 1960 年将各种营销要素概括为四个类别，即商品（Product）、价格（Price）、方式（Place）、营销（Promotion），故称为 4P（见图 2-6）。所谓销售市场营销组成，也就是 4P 的合理搭配与组合，它彰显了当代销售市场营销意识的四项总体营销战略。

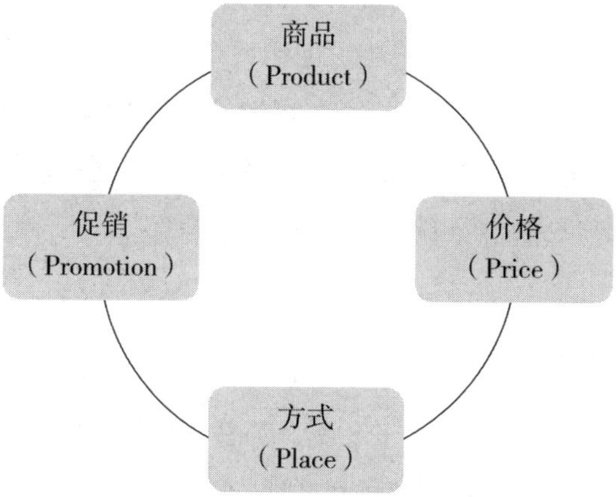

图 2-6　4P 营销策略

1. 商品

商品是企业针对顾客需求的响应，是满足客户需求交付的实体性概念。如今的产品营销，不仅有丰富的内涵，还有更多的外延，不仅包括基本的功能、相应的服务，还能从客户的角度出发，为核心顾客提供核心权益。与竞争对手的与众不同、企业的品牌形象以及领先的认知是一种顾客视角的商品问题解决方案。

2. 价格

价格反映产品的内在价值，产品的内在价值包含产品基本功能、解决问题的功能及情感和认知功能。一件差不多的产品，可以卖出相差数倍的价格，即使是同一档次的品牌、同样功能的产品，因为客户的认知不同也能卖出差别很大的价格。

3. 方式

方式管理的核心是采用什么样的方式、什么样的政策及何种方式所带来的收益最大等。随着各类平台电商、社交电商的出现，传统的渠道受到了很大的冲击，很多二三级代理商失去了生存的空间。同时，出现了线上线下的融合，微商、社区团购进入大家的生活，把消费者和经销商合二为一。更重要的变化是，顾客不仅是消费者，同时也是一种渠道，并使渠道的密度更大。

4. 促销

促销包括广告、公关及各类推广。促销的本质是将企业产品的信息传达给消费者，同时获取顾客和塑造品牌。以前，促销的主要方式是电视广告、报刊广告、室外广告等。如今，数字媒体高度发达，互联网广告、多媒体广告、社交媒体广告等方式层出不穷，促销手段也越来越多样化。

三、O2O 竞争模式

在短短几十年里，互联网飞速发展，消费者的消费模式正在发生深刻的改变，公众的日常生活开始越来越依赖互联网。而传统的竞争情报服务项目都是线下咨询，并且在店面给予情报研究，显然传统的竞争模式已与持续发展的社会脱节。在互联网的影响下，销售市场竞争情报科学研究 O2O 方式得到应用，依靠销售市场竞争情报科学研究综合性服务平台，全线贯通网络上的消费者与线下消费者，它的研究和发展具有重大的意义，主要体现在以下四个方面。

1. 创造了健康的竞争环境

在“互联网 +”背景下，竞争的情报信息基本上外露在互联网上，互联网造就了产业链创业商机，并且也促使企业间的市场竞争更加激烈。竞争情报服务平台 O2O 服务方式促使线上线下的用户更顺畅、便捷、公平地得到情报信息，从而使竞争对手和竞争者有一个健康向上的竞争态势。

2. 对线上线下碎片化信息的整合

在“互联网 +”条件下，弥漫着很多线上线下的泛娱乐化信息和突发性信息，这种信息是零碎的，在日常生活中无法捕获，却有着极高的竞争情报使用价值。竞争情报服务平台 O2O 服务方式能够融合线上线下的泛娱乐化信息，统筹规划，根据需求剖析，产出竞争性情报商品。

3. 竞争情报产品交易透明化

竞争情报服务平台对线上线下拥有统一的产品报价规范，交易信息有效配对，一站式交易多屏显示可以使用户消费过程更便捷、更愉快，以达到竞争情报服务项目产业发展和用户的高效连接。不仅方便了用户，也便捷了情报搜集精英团队，让用户在了解、掌握竞争情报的情形下，更随意、合理地进行消费。既可避免消费服务乏力情况的发生，也避免了情报信息商品无法流通和难以发送的困境，提升了竞争情报商品的使用效率。

4. 以用户体验为中心

竞争情报服务平台 O2O 服务方式促使情报信息和需求相符合，在 O2O 服务方式下，用户不仅拓展到线上账号体系用户与线下会员制度用户的范畴，并且能够在平台上的电商渠道和线下门店对情报信息商品明确提出特殊需求，服务平台能够根据数据分析系统用户的要求，积极、准确地推送商品信息，从而使用户在动态变化的竞争态势中保持核心竞争力，有效降低其面临风险的可能性，有益于用户自我发展和产业发展规划。

四、市场竞争的蜕变

市场的激烈竞争是各类市场经济的本质特征。在市场经济环境下，企业从自身利益考虑，为了能获得更好的产供销、更多的产业资源而竞争。企业根据适者生存原则，实现规模经济的合理配置。市场竞争的蜕变过程可以分为四个阶段，分别为红海阶段、蓝海阶段、黑海阶段和生态组织阶段，如图 2–7 所示。

红海阶段	蓝海阶段	黑海阶段	生态组织阶段
·已经存在的市场、必然存在价格竞争且利润急速下滑的市场 ·聚焦于价值竞争 ·在差异化与成本之间权衡	·待开发的、竞争有限且存在市场容量和利润都快速上升可能的市场 ·聚焦于价值创新 ·开创产品的新市场空间 ·打破差异化价值与成本之间的权衡取舍	·关键在于原创、首创和再造，没有现成的模板，也没有可参考的标尺 ·聚焦于价值共生 ·基于用户场景体验价值 ·构建价值共创网络	·生态组织能够以顾客为导向实现创新 ·生态组织能够快速实现规模化增长 ·生态组织拥有持续、有韧性的高价值增长 ·生态组织具备敏捷的特征

图 2-7　市场竞争的蜕变过程

1. 红海阶段

所谓红海，代表着现存的产业、已知的市场空间。在这一阶段每个产业的界限就已经被规划完毕，竞争的规则也被业界熟知。随着各行各业的市场空间越来越饱和拥挤，利润的获取和产业规模的扩大也越来越艰难，激烈的竞争使行业市场“鲜血淋漓”，因此被称为“红海”。

2. 蓝海阶段

蓝海代表的是目前不存在的产业、未知的甚至是还未被开发的市场空间。处于蓝海阶段的企业，其市场的游戏规则并不确定，管理者并不把注意力聚焦于市场竞争中，而是专注于新的需求创造，使企业获得更多拥有高利润和快速发展的机会，因此称为“蓝海”。

从红海阶段到蓝海阶段的过渡并不一定需要找到一个完全崭新的发展方向，其实很多时候仅仅通过拓展现有的产业边界，或者在已有的产业空隙中找到新的市场空间，就能进入蓝海阶段。企业从红海阶段跳到蓝海阶段最常用的方法有以下两种。

（1）给予相同的目的及出发点。

思考企业所生产的产品和哪些产品的形式、功能不同，但是最终所要达到的目的是相同的。基于有相同的目的或者出发点的产品或服务之间的参考借鉴，再进行组合，也许就会使企业进入下一个蓝海阶段。

（2）寻找新的用户群体。

不要局限于现有的产业边界，找到新的用户群体。通常来说，企业为了增加自身的市场份额，常常会满足于用户的不同偏好和不同需求，竞争越激烈，产品和服务的个性化程度就越高。所以，企业往往会选择满足细分用户的需求，使目标市场的风险越来越小。在相对饱和的市场环境中，企业可以寻找新的用户群体，针对新的用户群体创造新的产品需求，进入市场，成为开拓新市场的“领军人”。

3. 黑海阶段

黑海阶段主要是以用户需求为中心，以产品的数字化、智能化、服务场景化等构建一个共创、共赢、共生的数字化生态系统，为用户持续打造全场景体验、全生命周期的价值。黑海阶段和蓝海阶段的战略模式并不是相互排斥的，而是相辅相成、相互融合的，两个阶段的关注焦点不同。在黑海阶段，关注的是企业的整体战略，企业的核心目的是塑造生态品牌，构建商业生态系统。

4. 生态组织阶段

生态组织实际上是黑海阶段的一种生态战略，是黑海战略阶段的一种延伸。在互联网时代，企业要向生态组织企业转型。生态组织以客户为导向的创新，能够为客户提供新的解决方案，从不同的企业和组织中借鉴知识及管理方式，做到迅速、灵活地配置资源。生态组织的敏捷特征使企业能够具有一定的组织能力服务客户，使企业更好地发展。另外，实施生态组织战略的企业，可以更加灵活地利用合作伙伴的能力，凭借企业自身的管理经验和营销能力，获取更客观的收益。

市场竞争、市场需求是不断变化的，无论企业处于哪个阶段，市场领导者都必须善于从扩大市场需求量入手，保卫自己的市场阵地，也要善于在保证收益增加的前提下，通过提高市场占有率使企业长期占据市场领导地位。

章末案例

京东方：显示屏制造向产业服务商进军

1. 企业简介

京东方科技集团股份有限公司（以下简称京东方）是中国半导体显示面板行业上市企业，其前身为北京电子管厂，1993 年在股份制改造环境下宣告成立。作为推动显示面板行业技术浪潮的科技巨匠，京东方的产品应用领域十分广泛，重点包含端口号元器件、智慧物联网、智慧医工三大板块，形成以半导体显示为基础，物联网创新、感应器及解决方法、MLED、智慧医工协同发展的“1+4+N 生态圈”业务架构。现阶段京东方有着我国第一条、全球第二条软性 AMOLED 控制面板生产流水线，是华为核心供应商。京东方的企业愿景是“成为世界上最受人尊敬的伟大企业”，成为物联网创新行业全世界的引领者。

2. 精确的战略合作规划

（1）技术创新，企业战略规划精确。

现阶段，京东方的发展战略是“为信息数据交换平台和全民健康提供智慧端口产品和专业服务的物联网企业”，京东方想把自己的主营业务从企业集团脱离出来，一心打造半导体显示行业全世界的管理者和物联网创新行业全世界的引领者。为推进该精准定位，京东方根据“1+4+N”航空母舰事业群业务架构，搭建具有竞争力的物联网转型升级体系架构，推动该发展战略目标实现。

“1”就是显示器件这个作为企业核心的母舰平台，目前已经具备了核心技术，占据了产业链的龙头地位；“4”指的是在显示器件基础上发展的物联网创新业务、智慧医工、传感器及解决方案和 Mini LED 四项新业务，作为企业未来的战略方向；“N”指的是将上述技术和产品应用到具体的物联网场景中，包括工业互联网、智慧车联、智慧城市等。

京东方在 1994 年就建立了 TFT-LCD 最新投资项目预研考察组，追踪研究

TFT、PDP、FED 等平板显示器技术。京东方在 LCD、OLED、LED 基本技术上与时俱进，构成了与众不同的核心竞争力——屏及紧紧围绕屏的融合技术和能力。

京东方还提出了“屏之物联网”的发展理念，让屏集成化其他功能，衍化大量形状，嵌入更全场景，不断压实“1+4+N 生态圈”的市场拓展架构设计，与国际社会各界伙伴携手并肩激起物联网技术产业的旺盛生机。超负荷的 Mini LED、BD Cell 技术为用户带来互动体验，超清 3D 显示技术为司乘人员产生完美真实感受，柔性 OLED 显示技术用于汽车仪表盘、中控台和汽车尾灯等位置，可弯折与可打卷的车载柔性屏，让车辆驾驶舱外观设计更人性化、多元化，这种显示技术为消费者带来了舒适、方便、快捷的驾乘体验。

持续的技术创新及总产量的优势打下了京东方产品不断更新换代的基石。权威市场调研机构 Omdia 的资料显示，2020 年，京东方的智能机、平板电脑、笔记本电脑、显示屏、电视五大主要用途显示屏销量均居全球第一。其高清、柔性、微显示等解决方案已广泛应用于国内外知名品牌，全球每四个智能终端产品便有一块显示屏来自京东方。2021 年 12 月，京东方发布包含高端液晶显示屏显示技术（ADS Pro）、高端柔性显示技术（f–OLED）、高端夹丝玻璃基新型 LED 显示技术（α –MLED）三大子品牌的我国半导体显示领域的第一个技术品牌，确立了“技术 + 品牌”的全新商业范式。

（2）战略合作，发挥协同生产能力。

在研发上，京东方与众多企业达成战略合作，通过技术合作，充分利用产业链的各方资源，使企业拥有更大的市场份额，具备更全面的销售网络，增强产品市场竞争优势，提升企业盈利杠杆。例如，京东方与中国联通合作，充分利用双方的研发优势，使企业的新产品与服务快速占领市场；与中国一汽合作，不仅增强了京东方在车载显示等技术产品上的研发实力以及市场适应能力，还为其新产品的开发与市场推广打下基础；与博尔诚合作，发挥双方在技术、服务、专科诊疗方面的优势，打通医疗专项服务全产业链，开拓智慧医工市场。

此外，京东方通过与知名高校在技术研究、高精尖人才培养等方面的合作，建立医教产研深度融合的高科技集聚地，为开拓物联网和健康医疗等重要新兴产业市场打下坚实的技术资源基础。京东方还联合中国移动、华为、腾讯等 42 家企业，共同成立了中国超高清视频产业联盟，合力开拓8K产业链条。此举有助于扩大8K市场规模，为打开销路、增加营业收入创造了有利条件。

3. 企业发展优势分析

（1）产品品牌价值优势。

品牌影响力彰显了显示技术企业产品与技术服务国际化的发展程度。京东方在2014年进行了品牌升级，与国内外企业合作建立物联生态，使京东方的品牌知名度和影响力不断扩大，并连续上榜Brand Finance全球科技品牌百强榜单、BrandZ最具价值中国品牌百强榜单等，连续多年入选中国消费电子领先品牌十强，品牌形象获得了国内外市场的高度认可和广泛关注。京东方的品牌使命为“用心改变生活”，通过设计和营造最佳的用户体验，为人们提供高科技的智能产品与服务，不仅在显示器件领域做到行业领先，还不断在金融、教育、艺术等领域探索创新发展新市场。其品牌形象多次被中央电视台《新闻联播》《晚间新闻》《朝闻天下》等栏目宣传报道。

（2）多元化销售渠道优势。

京东方在全球各地都成立了子公司，建立起自己的销售渠道。京东方前期通过收购产业链上的企业，直接获取被收购企业的核心技术，进入其产品领域，并得到其销售渠道与客户资源。例如，收购韩国Hynix公司的STN-LCD和OLED业务、HYDIS公司的TFT-LCD业务，获得其技术资源与销售渠道，从而进入显示器件领域。其后又收购器件研发中心、整机制造工厂，直接获取其核心技术、生产能力与销售渠道。2020年京东方对南京中电熊猫和成都中电熊猫的收购，进一步巩固了其在显示领域的核心地位，积累了更多的客户资源。在壮大显示领域核心竞争力的同时，京东方也拓展了企业的业务板块，完成了产品构造和客户结构的改善，行业竞争优势进一步提升，推进了企业物联网创新转型战略的进程。

（3）细分市场与企业定位优势。

京东方显示领域的主要客户是国内外生产手机、电脑、电视、显示器等智能终端的厂商，包括联想、长城、康佳、海信、长虹、Vestel、惠普等多家知名客户。在发展显示事业的基础上，京东方还拓展了以下各类细分事业：传感器及解决方案事业，主要用户为医疗设备、探测器等需要高端器械的企业；智慧系统创新事业，主要用户为战略合作企业，涉及金融、交通、教育等多种行业；智慧医工事业，主要用户为医院与社区。除 Mini-LED 事业处于产品开发与市场推广稳步推进中，以显示事业为基础的各类事业，客户范围在不断地从一线城市向下发展，开拓新的市场。

京东方各事业群的细分市场有所不同，所以其市场定位也有所不同。显示事业群定位于显示器件市场，除了销售手机、电脑、电视等主流产品的显示屏外，还有创新应用产品、柔性 OLED 产品，该业务的客户群体范围随着细分市场产品种类的不断丰富而扩大；Mini-LED 事业群定位于高端显示器件市场，部分产品已装机并调试完成，目前产品开发与市场推广正在稳步推进中；传感器及解决方案事业群定位于 B2B（Business to Business，即企业对企业）系统解决方案；智慧系统创新事业群定位于产业合作平台，协同产业合作商在全国建立创新中心；智慧医工业务定位于数字医院，充分利用健康管理类 App，提供全周期健康服务类业务。

（4）国家扶持政策优势。

近几年，政府出台了一系列政策，激励战略性新兴产业的发展，给予特惠政策和资金扶持。新型显示作为战略性新兴产业之一，拥有良好的资本环境，资源的可得性较强。

在财税政策方面，政府也出台了相应政策，大量上游原材料、元器件、生产设备等国内无法生产或不能满足需求的物项实行分期纳税或免征进口关税，极大地降低了企业的生产成本，为新型显示企业的发展创造了优势。

（5）市场竞争优势。

目前，京东方所受到的潜在进入者的威胁较小。新型显示行业要进行持续不断的生产流水线扩大和研发投入，存有很大的技术性、资产进入壁垒。企业前期固定资金投入较大，且从项目建设到实现规模效应所需要的时间周期很长。由于固定成本分摊比较大，企业早期可能会出现持续亏损的情况，对企业的经济实力、技术实力和管理水平的要求比较严格。并且，品牌在该行业中起到了较大的作用，也存在一定的品牌壁垒。然而，尽管该行业的进入壁垒较高，但由于显示面板市场仍未达到饱和，也吸引了一些具有电子制造经验的企业，如电子通信类企业。

此外，物联网等新业务实质上也是以显示技术为基础发展而来的，各细分市场应用的拓展无须再进行大规模的资本投入。因此，从物联网业务来看，其进入壁垒也来源于企业在半导体显示领域的核心能力，企业受潜在进入者的影响相对较小。

不仅如此，京东方受到的替代品的威胁也比较小。现阶段，全球显示面板生产制造业均以专业化企业为主，产品品质均有一定的参考标准，价格透明度较高，显示面板产品供应数量及质量均有一定的保障。新型显示端口器件作为高科技发展的产物，其特性目前无法被其他产品所替代，显示屏幕的可替代性较低。由于显示面板目前还没有产生可替代产品，所以京东方在短时期内受显示面板替代品产生的威胁较小。

京东方加强对市场形势的关注，全面分析竞争格局，把握行业发展特征，据此确定企业未来发展的最佳战略方向，塑造源源不断的竞争优势。

4. 发展与总结

京东方作为全球500强企业中的一员，在显示面板、传感器及解决方案、智慧系统创新及智慧医疗服务等方面均居于业界前列。在发展过程中，积累了丰富的技术、产业布局、客户资源、生产能力等优势和能力，具备自身核心竞争能力和优势资源，具有长期发展以及参与市场竞争的必要条件。然而，市场情况一直处在动态变化中，竞争格局也瞬息万变。企业在发展过程中，新的机遇与挑战将接踵而来，所以应时刻关注企业战略的动态变化。2023年，京东方将迎来创立30周年。30年来，京东方作为产业链供应企业持续不断地通过创新勇闯产业实践“无人区”，推动中国显示产业从无到有、从大到强。未来，京东方还将坚定地怀抱“成为世界上最受人尊敬的伟大企业”的愿景，深耕显示与物联的广袤沃土，做万物互联时代潮流的破浪者与奋进者，推动“万物皆显示”走向更加广阔的“显示联万物”新时代，开启智慧美好新篇章。

资料来源

1. 张方华，刘紫薇．高新技术企业高质量发展的影响因素与对策：以上市企业为

例 [J]. 创新科技，2022，22（3）：42-56.

2. 陈剑，刘运辉 . 数字化使能运营管理变革：从供应链到供应链生态系统 [J]. 管理世界，2021，37（11）：227-240.

3. 郑小莹 . 浅析政府补助在京东方创新发展中的作用 [J]. 财务与会计，2019（10）：70-71.

本章小结

通过本章的介绍，我们认识到企业定位的基本内容。企业定位为企业开辟了蓝海市场，对于企业在当前快速变化的市场环境中实现长期发展具有重要作用。首先，要对企业定位有一个准确的认知，并了解其构成要素与结构模型；其次，清晰用户思维、产品思维、价值逻辑、战略规划和市场定位的内涵及运行模式，为企业的精准定位提供理论依据。

第三章

盈利模式：走向价值变现

企业创立和经营的最终目的是实现价值变现，盈利模式是实现价值变现的重要路径。盈利模式可以看作是对企业如何获取利润的一种设计，不同企业的盈利模式各有不同，但总的来说，企业可以通过产品销售、渠道服务、品牌、专利标准以及金融附加值五个方面进行价值创造，实现盈利。售卖产品和提供服务，实现收益高于成本是最直接的盈利方式；品牌和专利都是企业的隐形资产，随着隐形资产在市场获得认可，这也成为企业重要的盈利途径；通过金融手段获取资本收益从而实现“钱生钱”，是企业发展到一定阶段后不容忽视的盈利手段。

我认为腾讯的成功，首先就是技术、产品和用户感这个要非常强。其次，团队稳健、股东架构稳健很重要。

——腾讯创始人 马化腾

开篇案例

天合光能：顾客价值回归

1. 企业简介

天合光能股份有限公司（以下简称天合光能）于1997年创立，公司的主营业务涵盖光伏产品、光伏系统以及智慧能源等领域。天合光能是中国最早的一批光伏企业之一，创始人受到全球节能减排目标的启发，致力于深耕太阳能行业，期望建立一个更清洁、可持续的能源供应体系，创建美好零碳新世界。天合光能牢记初心，专注于技术研发，在全球范围内进行业务布局，获得多项殊荣，入选全球新能源企业500强、全球最具融资价值组件品牌等，产品性能多次打破世界纪录，成为行业标杆。

2. 把握时代潮流，顺应发展大势

天合光能抓住时代机遇，从成立至今，大致经历了三个发展阶段，并在每个阶段都进行战略和业务调整，更好地顺应发展大势。第一阶段是1997—2006年，天合光能的主要业务是光伏组件的研发、制造和销售，以创新作为发展的第一动力，注重产品技术的研发，积极参与国内的光伏建设项目，积累了丰富的经验，为以后的发展奠定了坚实的基础；第二阶段是2007—2016年，天合光能积极拓展业务范围，不断提高产品质量和性能，荣获多项国际大奖，精耕业务，开拓海外市场，成为全球领先的光伏企业，从光伏组件制造商转变为提供太阳能整体解决方案的公司；第三阶段是2017年至今，多元化业务格局形成，随着互联网、数字化技术的发展，企业积极进行数字化、智能化转型，提高运营效率和业务能力，顺势发展能源物联网，致力于成为全球能源物联网的引领者。

天合光能能走到今天，离不开对市场的准确把握和敏锐的观察、变革能力。公司的核心产品是210大尺寸组件，在各环节成本优势突出，能够显著降低度电成本，被国内外大型地面电站以及分布式项目广泛接受。随着光伏市场对大尺寸

组件的需求逐渐增加，天合光能的市场占有率逐步提升，凭借对大尺寸组件的深耕，天合光能的210组件累计出货量位居世界前列，引领光伏市场发展新趋势，成为发展的中坚力量。天合光能虽然已经位于行业领先地位，但是它依然敏锐地嗅到了时代变化的气息，主动拥抱数字化，促进企业进行数字化、智能化变革，拓展了智慧能源业务，对企业的采购、生产、销售、物流等各个环节进行升级，取得了降本增效、营收增加的积极效果。

3. 技术创新实力雄厚，引领行业标准制定

自成立之日起，天合光能就将技术创新放在了企业发展的重要位置上，致力于搭建全面领先的科技创新体系，不断增加研发投入，利用产学研协同创新机制，培育企业雄厚的研发实力，引领光伏行业的技术发展，成为行业顶尖企业，巩固行业领先地位。2010年，天合光能获批建设光伏科学与技术国家重点实验室，成为最先进的光伏研发中心之一，同时，天合光能与国内外高校以及研究机构合作，专注于光伏领域的前沿技术。经过多年的投入、积累和沉淀，天合光能收获了丰厚的技术创新成果，产品品质和性能处于行业领先地位，推动了行业标准的建立。截至2022年上半年，天合光能累计申请专利超过2400件，主导和参与制定的行业标准超过100项，公司自主研发的晶硅电池效率及组件功率输出多次打破世界纪录，天合光能已然对行业的技术进步产生了深刻影响。

光伏电站需要长期运营使用，光伏产品质量的好坏、性能的优劣是客户首要考虑的因素。天合光能的产品性能符合市场需求，产品表现值得信赖，多次荣获技术类奖项，通过了质量认证，因此天合光能的业绩能够持续增长，市场地位稳步提升。

4. 品牌、渠道优势突出，行业地位显著

经过20多年的经营和积累，天合光能在产品、技术、市场等方面都取得了优异的成绩。截至2022年4月，光伏组件累计出货量超过100吉瓦，210大尺寸组件出货量位居世界前列，获得多项技术专利，业务覆盖150多个国家，产品畅销海内外，形成了一定的品牌知名度和影响力。同时，天合光能在全球布局销售渠道，经过多年的深耕，公司在国内已经拥有超过1500家县级经销商和15000

多个县级服务网点，在海外市场也进行了相应的渠道建设。以分布式业务为例，天合光能塑造了“天合富家”“天合蓝天”两个品牌，“天合富家”聚焦于户用分布式市场，“天合蓝天”聚焦于工商业分布式市场，两大品牌秉持“原装光伏系统”理念，采用原装的方式能够更好地保证产品质量，保障服务体验。产品销售模式包括直销和经销，通过在全国各地建立多个营销中心，积累渠道资源，及时为客户提供售前、售中、售后服务，提高客户满意度，打造品牌美誉度。

5. 多业务协同共振，全面布局光伏智慧能源

天合光能目前的主营业务包括组件业务、分布式业务、跟踪支架业务和储能业务四大模块。组件业务是公司的核心业务，组件出货量持续上升，210 大尺寸组件是旗舰产品，出货量位居世界前列。在不断提升组件业务竞争力的同时，天合光能横向拓展业务，2017 年开始布局光伏分布式系统，打造了“天合富家”“天合蓝天”两个知名品牌。同时布局跟踪支架，和公司的组件产品形成协同效应，从而提升系统效率、提高发电量、降低成本。储能市场处于高速发展期，海外光储需求旺盛，储能业务有望开启公司全新的增长曲线。随着光伏行业逐渐成熟，公司逐步壮大，单纯依靠产品出货量盈利已然无法满足公司进一步发展的需求，因此公司布局多元化业务，赢取更大的市场份额，从产品制造商转型成为智慧能源整体解决方案提供商，提高盈利能力，保障公司未来的发展。

6. 发展与总结

天合光能的核心优势集中在技术、品牌、渠道和顺势而为的战略布局上。对技术创新的重视让天合光能的产品成为行业标杆，这无疑是最好的产品宣传；品牌和渠道的建设让天合光能具备了较强的成本控制能力，保持了长期的盈利能力；顺势而为的战略布局让天合光能及时把握时代发展的方向和市场的变化，成为行业的引领者。未来，光伏产业的发展趋势是低成本、低碳高效、多元化以及能源物联网等。目前，天合光能已经积极布局能源物联网的建设，横向拓宽业务范围，利用规模效益降低成本，致力于引领光伏产业的发展，为全球绿色能源发展做出贡献。

资料来源

1. 贺天瑞．天合光能：大尺寸组件龙头的核心价值 [J]. 股市动态分析，2022（10）：35-36.

2. 蒋秋霞．天合光能：光伏行业长期战略坚守者 [J]. 经理人，2022（1）：50-53.

第一节　认知企业盈利模式

企业要想生存和发展，必须保证盈利。企业盈利的方式多种多样，最基础的是销售产品和服务，此外还可以利用品牌进行增值、利用知识产权交易最大化创新价值、利用金融手段扩大资本收益等。企业盈利模式的定义有很多，综合来说，企业盈利模式是以价值创造为中心，涉及企业多个方面的设计，形成企业独特的业务机制和运作模式，其最终目的是获取利润。

一、企业盈利模式理论的形成与发展

企业经营都有一个共同的目的——获取利润，企业获取利润的方式即企业的盈利模式，因此，学者们针对企业的盈利模式展开了大量研究。企业盈利模式理论的形成有两种主流的观点，一是来自“竞争战略之父”迈克尔·波特（Michael Porter）提出的价值链理论，二是来自《发现利润区》作者亚德里安·斯莱沃斯基（Adrian Slywotzky）和大卫·莫里森（David Morrison）提出的盈利区间学说。价值链理论认为，可以将企业创造价值的各项活动分成几个部分，这些部分仍然可以创造价值，从而构成企业的价值链。企业为了获得更大的价值，可以对价值链进行分解和整合，培育自己的核心竞争力，从而实现更优的发展。盈利区间学说认为，所有行业都存在一个盈利区间，有高有低，并且随着行业环境的改变而发生变化，通过提高行业的盈利性，使企业利润提高。

企业盈利模式理论经过长期的发展，可以概括为以下四个发展角度，如图 3-1 所示。

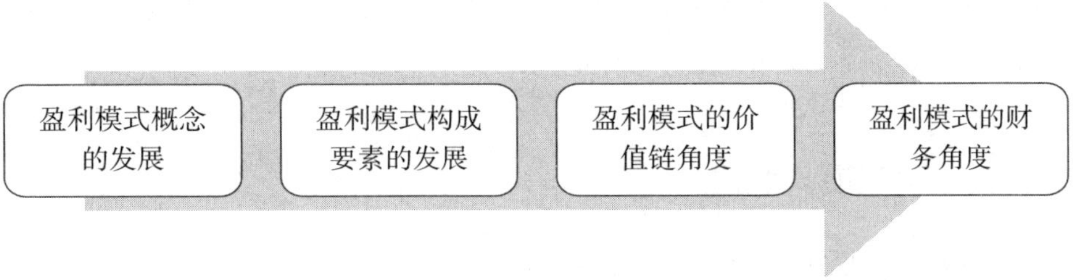

图 3–1　企业盈利模式理论发展的四个角度

1. 盈利模式概念的发展

亚德里安·斯莱沃斯基于 1998 年提出盈利模式是一个企业的企业设计，可以从不同方面对企业进行设计从而实现盈利。北卡州立大学知名教授迈克尔·拉帕（Michael Rappa，2000）指出，盈利模式涵盖企业获取利润的整个过程，涉及不同的方式方法。宋海燕和李光金（2012）将盈利模式视为价值创造。张爱虎（2014）认为，盈利模式是通过调整组织结构、整合企业资源，降低成本、扩大收益，从而提高利润。

2. 盈利模式构成要素的发展

亚德里安·斯莱沃斯基于 1998 年提出盈利模式的设计包括顾客选择、价值获取、战略控制、业务范围四个方面，2002 年提出盈利模式的五要素包括盈利对象、盈利点、盈利杠杆、盈利来源、盈利屏障。裴正兵（2015）拓展了五要素理论，提出了盈利模式的七个要素，在五要素的基础上加入了盈利环境、顾客价值两个要素。

3. 盈利模式的价值链角度

保罗·蒂默斯（Paul Timmers，1998）在迈克尔·波特的价值链理论基础上提出盈利模式是关于产品、服务和信息流的体系结构。国内也有众多学者从价值链理论的角度对企业盈利模式展开研究，如王国顺和黄金（2012）针对零售企业的盈利模式创新，通过优化和整合价值链，寻找新的利润增长点。

4. 盈利模式的财务角度

李端生和王东升（2016）从财务角度研究了盈利模式理论，将价值创造作为企业的最终目标，从一些财务指标如收入、成本、风险性、成长性等方面进行分析，找到企业创造最大价值的方式，从而形成了企业的盈利模式。

二、企业盈利模式概述

1. 企业盈利模式的概念

众多学者从多个角度阐释了企业盈利模式的概念，其中较为经典的是亚德里安·斯莱沃斯基（1998）提出的相关理论，他认为企业的盈利模式是一种企业设计，可以从四个方面进行，包括客户选择、价值获取、战略控制以及业务范围。栗学思（2003）指出，盈利模式是一个企业独有的能够获取利润的商务结构和业务结构。陈月波（2011）认为，盈利模式就是企业产生和实现价值与利益的形式。总之，企业的盈利模式与企业如何获取利润和创造价值息息相关。

2. 企业盈利模式的内涵

目前，学术界对企业盈利模式的内涵有两种解释角度。一是将企业盈利模式和商业模式进行类比分析。霍金斯（Hawkins，2001）认为，盈利模式和商业模式是等同的，都是通过资源整合调整企业收入和成本的关系，提高收入，降低成本，从而实现盈利。部分学者认为，盈利模式是商业模式的一个组成部分。例如王波和彭亚利（2002）提出，盈利模式是一种战略，关乎企业如何创造价值。二是将盈利模式作为一个独立的概念。通俗地说，盈利模式就是企业赚钱的方式和途径，每个企业都有自己独特的盈利模式，是企业在激烈的市场竞争中的生存之道。

3. 企业盈利模式的特征

企业盈利模式的特征主要包括独特性、长期性、战略性以及综合性。不同企业的盈利模式各有特点，很难被完全复制。企业需要长期经营，其盈利模式必须具有长期性，能够保持稳定，保证企业的持续运转和长期盈利，而不能只顾眼前的短期利益。企业的盈利模式应该是从企业战略的层面出发形成的，考虑企业的整体和未来，主动应对可能出现的风险，在不断变幻的局势中保持竞争优势，持续创造价值。盈利模式包括众多组成部分，构成企业的价值链，通过价值链上各要素以及资源的整合、利用，达到价值最大化，盈利模式是一个综合性的整体，而不是单一结构。

4. 企业盈利模式的分类

企业盈利模式可以分为自发的盈利模式和自觉的盈利模式两种，两者的区别在于盈利模式是否是企业主动设计的。自发的盈利模式是在企业建立、发展过程中自发形成的，不是由企业主动设计的，其中的机制存在模糊、不清楚的地方，企业缺乏对此的清醒认知，多出现在企业发展的起步阶段。随着企业的逐渐壮大，企业需要思考和研究未来的发展。自觉的盈利模式是企业总结过往的经验以及根据自身特点主动设计的盈利模式，企业能够清晰地了解、明确地把握这种盈利模式，并且随着内外部环境的改变进行调整和适应，具有长期性和相对稳定性。

三、构成要素与结构模型

1. 企业盈利模式的构成要素

盈利模式是企业生存和发展的基础，受到学界和商界的广泛研究，本书将从五个方面对企业盈利模式展开论述，包括产品销售、渠道服务、品牌增值、专利标准以及金融附加值。

（1）产品销售。

产品销售的方式方法多种多样，如 M2C（Manufacturers to Consumer，即生产厂家对消费者）、B2C（Business to Customer，即企业对消费者）、C2B（Customer to Business，即消费者对企业）等。产品销售一方面可以通过降低成本，利用低价吸引客户，增加销量；另一方面可以通过把握客户需求，提供个性化服务，培养自己的客户群体，从而提高销量，扩大经济收益。

（2）渠道服务。

渠道是指产品的销售路线，渠道服务即这条路线上包含的各种服务模式。供应链服务是其中具有代表性的渠道服务。随着互联网的发展，平台成为产品销售的一个重要渠道，数据成为产品销售中的一个极具价值的要素，平台收费和数据变现是互联网时代的不可或缺的渠道服务。

（3）品牌增值。

品牌是一个产品的附加值，也可以作为企业的一种无形资产。品牌能够影响顾客心目中的产品形象，也是顾客对产品整体印象的感知。品牌增值是将品牌资产市场化，通过孵化品牌、租赁品牌、转让品牌增加企业的收入，提高盈利。

（4）专利标准。

专利是一种知识资产，受到法律保护，通过创新成果专利化保护企业的创新成果，再经由专利标准化、标准垄断化，为企业创造巨大的隐形效益。

（5）金融附加值。

金融附加值是指企业的资本收益，包括供应链金融、资金池、消费金融和股权投资，企业的收益除了来自实物，还来自资本。

2. 企业盈利模式的结构模型

企业盈利模式的结构模型可以概括为"一个中心，五个基本点"。"一个中心"即以价值创造为中心，"五个基本点"包括盈利对象、盈利点、盈利杠杆、盈利源和盈利屏障，如图 3–2 所示。

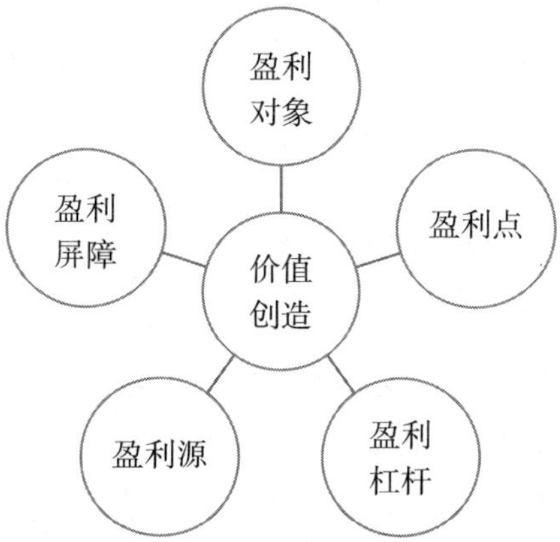

图 3–2　企业盈利模式的结构模型

（1）盈利对象。

盈利对象即企业的目标客户。企业需要根据自身特点和经营目标确定目标客户，准确把握目标客户的基本情况以及需求、偏好等特点，精准定位盈利对象。

（2）盈利点。

盈利点代表一个企业的核心竞争力，是能够为企业创造价值的东西，在满足顾客需求的同时，让企业的收入大于成本，实现盈利。

（3）盈利杠杆。

盈利杠杆是一种扩大企业盈利的手段，在盈利对象和盈利点的基础上，企业通过采取各种措施如举办宣传活动等，扩大企业的销售，以较低的投入实现收入的大幅增加。

（4）盈利源。

盈利源是指企业收入的来源，比如企业提供满足客户需求的产品或者提供令客户满意的服务等。盈利源需要有一定规模并且具有长期稳定性，才能保证企业的持续经营和发展。

（5）盈利屏障。

盈利屏障与盈利杠杆相对，盈利杠杆是一种扩大收益的措施，而盈利屏障是一种保护收益的措施，主要是维护企业的核心竞争力，防止竞争者的侵占，保持企业的持续盈利。

"五个基本点"体现了企业要想盈利必须解决的五个方面的问题：目标客户是谁、为目标客户提供了什么价值、企业的收入从何而来、如何扩大企业的收入、如何保障企业的收入。不同企业的盈利模式不同在于这"五个基本点"的差异，"五个基本点"之间互为补充、共同作用，以价值创造作为内在联系，组合成企业的盈利模式，对这"五个基本点"进行分解和剖析可以明晰企业的盈利模式并进行优化。

四、企业盈利模式分类

企业盈利模式多种多样，目前较为主流的分类方式有两种，即按照盈利模式形成的主动性分类和按照盈利的主要方式分类。

1. 按照盈利模式形成的主动性分类

按照盈利模式形成的主动性对企业商业模式进行分类，可以分为自发型盈利模式和自觉型盈利模式两种。

（1）自发型盈利模式。

自发型盈利模式是指企业的盈利模式是自发形成的，企业没有主动进行设计和调整，这种盈利模式具有隐蔽性，企业很难准确认知，未来如何发展也很难把握，多出现在企业发展的起步阶段，企业可以获取利润，但是其中的原理和机制不够清晰。

（2）自觉型盈利模式。

自觉型盈利模式是指企业的盈利模式是企业主动设计的结果，是企业经过考察和思考之后为自己定制的盈利模式，具有目的性和灵活性。随着企业的逐渐壮大，企业需要思考和研究未来的发展，自发型的盈利模式已难以满足其要求。

2. 按照盈利的主要方式分类

按照盈利的主要方式对企业商业模式进行分类，可以分为产品盈利、品牌盈利、隐性盈利、系统盈利、资源盈利、收租盈利、金融盈利和生态盈利八种。

（1）产品盈利。

产品盈利，即企业主要的盈利方式来自产品销售。通过销售产品进行盈利有价格模式、功能模式和服务模式三种模式。价格模式主要是通过低价吸引消费者，扩大消费，形成薄利多销的局面；功能模式是产品具有其他同类型产品不具备的功能，能够更好地满足消费者的需求，获得消费者的青睐；服务模式是在产品销售过程中提供个性化的服务，能够提高消费者的满意度，与消费者互动，建立联系，从而促进消费。

（2）品牌盈利。

品牌是将一个产品与其他同类型产品区分开来的标识，代表的是产品在消费者心目中的整体印象。品牌越知名，产品越容易价格更高和获得好的销量，因此提升品牌价值能够提升企业盈利能力。

（3）隐形盈利。

隐形盈利指的是将一些主要业务免费，吸引用户，形成流量，再利用其他变现方式实现盈利。例如，现在很多 App 都是免费使用的，用户可以免费观看视频、听音乐、读小说等，这些 App 通常是通过会员、广告、周边等方式来盈利。

（4）系统盈利。

系统盈利指的是通过资源整合，将一些需要大量资金投入的部分交给别人做，自己赚取高额利润。例如，很多科技企业只进行产品的贴牌组装，而将其他制作过程进行外包，将获取高利润的部分攥在自己手中。

（5）资源盈利。

资源盈利是指对一种资源具有垄断地位，从而实现盈利。企业通过某种方式获得资源，也就具备了其他企业不具备的竞争力，自然能够拥有大量客户，实现盈利。

（6）收租盈利。

收租盈利指的是企业通过出售技术、版权、专利等进行盈利，这种盈利方式一般具有垄断性，一旦拥有了相关技术、版权等，就能以较低的成本不断获取收益。

（7）金融盈利。

金融盈利企业在积累了一定资本以后，就可以通过金融手段实现“钱生钱”，很多企业在做大做强以后都在金融领域有所布局。

（8）生态盈利。

生态盈利是指企业的业务涉及用户生活、工作的方方面面，企业形成一个盈利的生态系统，例如现在的大型互联网企业往往涉及用户的社交、工作、娱乐、购物、缴费等各个方面。生态盈利是最高级别的盈利模式。

第二节　产品销售：不只是低成本的竞技

产品销售是企业盈利最基础也是最重要的方式，不仅可以通过减小成本，降低售价，从而增加销售额，还可以利用其他各种方式吸引消费者，从而提高销售额。采用 M2C 的销售方式可以省去销售渠道的中间环节，避免了层层加价的情况，同时便于企业和顾客建立直接联系，增强顾客的消费意愿。降低成本可以通过选择合适的生产方式，利用合作进行资源整合实现优势互补，减少投入，也可以利用规模效益，提高效率，从而降低总成本。通过市场细分可以更精确地挖掘消费者需求以及采取产品组合策略，用产品和服务吸引消费者。

一、M2C

M2C 是生产厂家直接将产品或服务售卖给消费者的一种盈利模式。普通的销售渠道包含各种中间商，大大减慢了流通速度，增加了流通成本，M2C 去掉了中间商环节，厂家直接面向消费者，出厂价即购买价，成本得到降低，产品品质和售后服务也更容易保障，未来可能会成为电商的主流模式。

M2C 的优势在于价格低、整合渠道资源以及提供定制化服务。由于 M2C 省去了批发商、零售商等中间环节，减少了渠道费用，避免了层层加价的情况，由厂家直接销售产品，因此产品价格更具竞争力。同时，生产商可以直接与消费者建立联系，了解消费者的需求和偏好，从而提供定制化的产品和服务。在 M2C 模式下，生产厂家能够完全掌握销售渠道资源，及时获取各个环节的信息，跟踪、定位各个环节的完成情况，帮助企业更好地服务消费者，更快地响应消费者需求，提高客户满意度。在互联网时代，随着人们生活水平的提高，消费者需求趋向个性化和定制化。M2C 模式下，由于去掉了中间商环节，生产商可以直接与消费者建立联系，了解消费者的需求和偏好，从而提供定制化的产品和服务。M2C 的核心是把握私域流量，通过构建自己的流量池，培育客户群体，保证生产的产品由消费者买单。M2C 有三种主要的销售模式，即直销、分佣和会员。

1. 直销

直销是厂家通过直销员将产品直接卖给消费者，主要包括上门式直销、会议式直销、专卖店连锁直销、互联网直销等几种类型。在互联网时代，网络平台在很大程度上对企业的直销模式起到了辅助作用，生产厂家通过网络进行产品销售以及提供服务，互联网直销成为目前直销模式发展的主流。传统的直销依靠直销员，人力成本高，局限性大，直销员的活动范围有限、影响力有限，但是互联网不受地域、时间的限制，利用互联网平台可以实现快速、广泛传播的目的。要想做好直销模式，首先，产品质量是硬实力，优质的产品才会不断吸引消费者购买，符合消费者需求的产品才有市场；其次，充分利用互联网技术，在网上建立直销渠道，顾客可以随时随地在网上下单，生产商利用物流配送服务直接将产品送到顾客手中，降低了交易费用，提高了企业的利润率。

2. 分佣

简单来说，分佣模式就是生产商找人进行产品推广并给予相应佣金的模式。每个人都可以利用自己的资源、渠道对产品进行推广，根据推广的订单金额分得佣金，生产商可以利用该模式扩大销量、降低获客成本，生产商和参与分佣的人都可以从中获利。在分佣模式设计过程中，首先要注意佣金设计要具有激励性，让用户了解成为代理后能获得多少收益；其次是模式设计简单易上手，具有较强可行性；最后是不同企业要根据自身情况设计个性化的分佣模式，不能简单模仿其他企业的模式，由于产品、定位的不同，模式也应该随之改变。

3. 会员

会员制模式即企业赋予用户会员的身份，会员等级随着用户的消费而增长，不同等级的会员享有不同的权益和福利。会员制的核心是培养消费群体的重复消费行为，形成口碑，带动更多人加入会员，减少了企业的宣传营销成本，同时保证了稳定的销量，会员和企业之间是互利互惠的关系。会员制的主流模式包括零售商品会员制、数字产品会员制、服务行业会员制、聚合平台会员制。要想实行好会员制，首先要降低会员门槛，扩大会员体量；其次要通过精细化运营让会员转化成消费者，利用会员信息以及相关数据，明晰用户需求，提供精准营销和个性化服务，提高会员转化率；最后要切实保障会员权益的合理使用，留住会员，提高会员黏性和忠诚度。

认知盈利模式专栏 3-1

蔚来汽车：车界海底捞

1. 企业简介

蔚来汽车科技有限公司（以下简称蔚来汽车）于 2014 年 11 月在上海成立，

是一家全球化的智能电动汽车企业。秉持为用户改善生活方式、提升用户体验和保护环境的初心，蔚来汽车专注于提供高性能的电动汽车和打造愉悦的用户社区。目前，企业主营车型有ET、ES、EC三个系列，包括轿车、轿跑、SUV等，以满足用户的不同需求。智能电动汽车市场正处于快速发展中，蔚来汽车从众多造车势力中脱颖而出，是国内智能电动汽车企业的优秀代表。2020年，蔚来汽车荣登“2020福布斯中国最具创新力企业榜”，2023年，蔚来汽车入选“2022胡润中国500强”。

2. 蔚来汽车的创新盈利模式

蔚来汽车作为国内新能源汽车的优秀代表，在盈利模式上进行了一定的创新，主要表现在企业定位、销售模式、技术优势以及盈利方式几个方面。

（1）创新的企业定位。

蔚来汽车始终以用户为中心，通过极致的服务模式保障用户的终生权益。与其他汽车企业不同，蔚来汽车将自己定位为用户型企业，在线下开设了大量品牌旗舰店，在线上设立了蔚来App，致力于为用户提供全方位的服务，利用这两条路径打造蔚来的品牌社群，在社群内，蔚来汽车的车主可以满足社交需求和情感需求，通过社群，企业也可以和用户形成紧密联系，及时倾听用户的建议并反馈，由此建立用户的品牌归属感，同时影响潜在消费者的购买意愿。

（2）采用M2C销售模式。

蔚来汽车放弃传统的经销模式，采用直营门店和线上销售的直销模式，直销模式可以保证车辆的价格透明，提供更及时、更全面的服务，企业可以和消费者直接接触，与消费者建立情感联系，有利于提高营销质量。同时，蔚来汽车十分重视会员体系的建立。蔚来汽车的会员体系是一种成长体系，其中涉及两个主要元素——蔚来值和蔚来积分。蔚来值和蔚来积分都可以通过参与蔚来App上的社区互动项目、消费、用车行为以及特殊贡献获取。蔚来值越高，会员等级越高，最高可达9级；会员等级越高，在蔚来汽车的重大活动中话语权越高，6级以上的会员在重大活动中的投票权是普通用户的2～5倍，这些重大活动包括会员规则的修改完善、蔚来汽车发布会的举办地等。积分既可以在线上使用也可以在线下使用，可以用来兑换蔚来商城里的各种礼品，也可以用来参与体验活动、预定共享空间等。蔚来值是对会员的精神激励，而积分是对会员的物质激励。

（3）技术优势突出。

虽然蔚来凭借极致的服务模式赢得了消费者的喜爱，但是企业要想长久发展，核心技术的研发是不可或缺的，蔚来汽车从未落下对技术研发的重视。从成立之初，蔚来汽车就十分重视自主研发能力的建设，一直保持对研发的高投入，目前已经建立了较为完备的智能电动汽车研发体系。新能源汽车的核心技术包括电池、电机、电控三大件，蔚来汽车的这三大关键技术和零部件都是由自己旗下的企业供应，在技术方面具备优势。此外，蔚来汽车推出了特色的换电技术，有效帮助车主解决了充电难、充电慢的问题。

（4）颇具特色的盈利方式。

蔚来的盈利方式包括两大部分：卖车收入和服务收入。蔚来汽车的价格定位于中高端，和国内其他新能源汽车的新起之秀形成差异，并且通过品牌社群的运营，提升用户黏性和忠诚度，提升对品牌的信赖和好感，由此提升消费意愿。蔚来的服务收入包含电池租赁、能量无忧和服务无忧三个模块。电池租赁可以让消费者现在购买车的成本降低，以后每个月支付一笔电池租赁费用，缓解了消费者对电池持续问题的担心。能量无忧服务也是按月购买，购买后用户可享受一键加电、专属充电桩、电池升级等服务，大部分采用租赁电池的用户都会购买能量无忧服务。购买服务无忧的用户可以享受一键维保、免费维修、免费保养、三项保险以及其他服务项目。利用服务盈利是蔚来汽车独特的竞争优势。

3. 发展与总结

在发展过程中，蔚来汽车凭借服务和品牌的打造，在刚刚兴起的新能源汽车市场有不俗的表现，但是盈利问题也一直困扰着新能源汽车企业，蔚来汽车在盈利方面的创新能够给其他汽车企业带来积极的影响。从长远来看，服务和品牌的优势存在风险，蔚来汽车大量的前期投入能否带来回报还不得而知。随着国内新能源汽车市场的竞争越来越激烈，蔚来汽车需要在创新这条路上继续摸索，保持优势，解决问题，实现长久发展。

资料来源

1. 马悦娇 . 社群营销视域下私域流量建设研究——以蔚来汽车为例 [J]. 中国商论，2022（15）：22-24.

2. 李伟，祝运海 . 蔚来汽车：能否创造自己的“蔚来”时代？[J]. 清华管理评论，2022（Z1）：104-112.

二、成本控制

企业获取利润简单来说就是降低成本、提高收入，因此成本控制是企业经营中的一种重要管理行为。成本控制的目的是降低成本，但不是一味地追求低成本，还要保证企业具有竞争优势。企业可以通过资源整合，借用他人的优势弥补自己的弱势，从而控制成本，保持竞争力。一般来说，企业可以通过 OEM、ODM、OBM 这三种生产方式来控制成本。

1.OEM

OEM（Original Equipment Manufacture，即原始设备生产商）是指品牌生产者委托其他厂商按照要求生产产品，品牌生产者提供产品的设计以及开发新产品，控制销售渠道，即代工生产。建设工厂需要投入大量人力、物力、财力，有些企业缺少生产能力或者不想在生产方面投入过多，就会选择代工生产，以降低成本和减少投资风险。代工厂在生产方面有一套成熟的流程，可以保证产品品质符合品牌商的要求，能够快速满足品牌商的需求，有效帮助品牌商响应市场变化。针对竞争优势在研发、设计、销售等方面的企业，代工厂能够和企业形成优势互补，达成合作共赢。选择 OEM 代工需要注意以下两点：首先是充分考察代工厂的生产能力能否满足品牌商的要求，相关资质是否合法合规；其次是根据产品定位选择合适的代工厂，在确保产品质量的基础上控制成本，例如产品定位是高端产品，那么对代工厂的资质水平、生产能力的要求就会更高、更严格。

2.ODM

ODM（Original Design Manufacturer，即原始设计制造商）是指工厂负责研发、设计和生产产品，品牌商提供品牌，即贴牌。ODM 的代工工厂比 OEM 的要求更高，不仅要有生产制造能力，还要具备自主研发设计能力。对于品牌商来说，ODM 的操作难度较低，企业不需要进行研发、设计、生产，只负责前端的营销、推广、销售，因此投资成本和投资风险都比较低。但是，从品牌竞争力来看，ODM 没有自主研发能力，产品同质化严重，而且受代工工厂的限制较大，因此选择一家实力、品质和信誉兼具的代工工厂是 ODM 模式的操作重点。企业在初创期实力有限，可以从 ODM 模式做起，选择好想要经营的产品，找到合适的代加工厂"贴"上自己的品牌就可以进行销售。

3.OBM

OBM（Original Brand Manufacture，即原始品牌制造商）是指品牌商自建工厂生产产品，负责研发、设计、生产、销售整个流程。在 OBM 模式下，企业投入较大，所有环节都要亲力亲为，需要付出巨大的人力、物力、财力，投资成本和投资风险是三者中最高的，但是生产的产品能够完全符合企业的要求，不会受制于代工厂，拥有产品的知识产权和专利，不容易被他人替代，具有较强的竞争力。无论是代工厂转型做 OBM 模式还是品牌商自建工厂升级做 OBM 模式，都要考虑到巨大的投入能否带来相应的收益，代工工厂的优势在设计、生产等环节，对消费者、渠道等的了解较少，品牌商的优势在于洞察市场、了解消费者以及销售渠道的建立，但缺少生产能力，因此，OBM 模式的建立要经过慎重思考，在具备相关实力的基础上施行。

三、市场细分

市场细分是指企业按照某个标准将消费者划分成不同群体，每个消费群体构成一个子市场，不同的市场有不同的需求，企业需要根据不同的细分市场推出合适的产品、定制营销策略、提供相应的服务，由此产生了私人定制 C2B、产品组合和规模效益等模式。

1. 私人定制 C2B

C2B 是对传统商业模式的颠覆，是指消费者提出需求，企业据此设计、生产产品，该模式以用户为中心，充分满足用户的个性化需求。过去，C2B 模式可能局限于高端定制，规模较小，适用人群有限，只能满足一些高端客户的需求。但是在互联网时代，借助互联网技术，企业和用户能够实现高效率、低成本的实时互动，企业能够收集海量的用户信息并进行分析，及时接收用户对产品的反馈，企业了解消费者的意见、感受是实行 C2B 模式的前提。在了解了用户的需求之后进行定制化生产，定制化生产的基础是模块化，通过将生产产品的过程拆分成多个模块，模块越细，生产中可操作的空间越大，越能满足个性化定制的需求。因此，C2B 模式中数字化是极其重要的技术能力，数字化营销、数字化生产以及数据服务都关系着 C2B 模式能否成功应用。

2. 产品组合

由于细分市场的需求不同，企业在不同市场上推出的产品也不同，在某一时期内，一家企业生产经营的所有产品以及产品项目的组合称为企业的产品组合。随着企业的发展，想用一个产品满足所有消费者的需求是不现实的，产品组合满足了消费者的差异化需求，帮助企业提升市场份额，促进企业的不断壮大。实施产品组合策略需要注意产品组合的宽度、深度以及产品之间的关联性，还需要注意每个品牌至少要有三种不同功能的产品，即引流产品、形象产品和盈利产品。产品组合并非越多、越细就越好，而是要根据消费者的需求以及企业的经营能力而定。

3. 规模效益

规模效益是指扩大生产规模导致经济效益增加的现象，物料的大量购买可以降低平均成本，人员的增加可以实现专业化分工，提高工作效率，增加企业收入。要想实现规模效益，企业必须具备相应的实力和能力。首先是较高的管理水平，人员分工合理，工作进展有序，否则会导致企业因为规模过大而运转不良，降低效益；其次是较高的营销能力，生产规模的扩大必须以产品销量的提升为基础，否则产品积压会导致库存管理成本上升；最后是财务实力，生产规模的扩大需要有雄厚的资金实力支持，否则盲目扩张会导致企业陷入困境。

认知盈利模式专栏 3-2

抖音：短视频平台中的佼佼者

1. 企业简介

抖音于2016年9月上线，是北京字节跳动科技有限公司旗下的一款短视频社交软件。该软件支持各年龄段的用户自由拍摄各种内容的短视频并选择音乐进行发布，用户可以自由观看作品并且发表评论、点赞或者表示不感兴趣，对喜欢的博主进行关注，当关注的博主发表新作品时会及时收到通知。抖音具备强大的算法技术，能够精准推荐内容给用户。凭借音乐、短视频和社交的三者结合以及算法的优势，抖音上线不久后就受到广泛关注，汇聚了大量用户。2022年，抖音入选“2022世界品牌500强榜单”以及胡润百富“2022年中全球独角兽榜”。

2. 市场细分下短视频平台的崛起

抖音在几年内吸引了大量用户，成为短视频平台中的佼佼者，关键原因就在于以下四点。

（1）创新的市场定位。

在短视频平台刚刚兴起时，快手的用户量是高于抖音的用户量的，但是抖音凭借炫酷的特效、技术流视频吸引了追求个性和潮流的年轻群体，并且持续在滤镜、特效、剪辑上下功夫，不断更新原创音乐，使短视频的内容和背景音乐更加契合，也更能满足年轻人的需求和喜好，由此受到了年轻人的追捧。随着抖音热度的提高，创作人越来越多，创作内容也越来越丰富，每个人都可以在抖音分享自己的生活，用户群体渐渐扩展至全年龄段。

（2）形成内容生态。

一个好的内容生态涉及创作者、内容、平台和用户四个方面。抖音通过引入不同类型的创作者，打造不同领域的达人博主，设立文化榜、教育榜、美食榜等不同领域的榜单，在榜单前列的创作者能够获得流量支持、官方认证等奖励，以此鼓励创作者积极创作内容，吸引用户点赞、评论、关注，促进平台内容更优质，提升平台口碑和影响力，进而提升盈利能力。

（3）强大的数据算法技术。

抖音的母公司是中国字节跳动科技有限公司，拥有今日头条同源的算法分发技术，受到今日头条的数据支持和帮助。抖音从多个角度对用户进行画像，例如用户的浏览记录、身份标签、环境特征以及行为信息等，据此计算出用户喜好的类别、领域和话题等，完成对用户的画像后，根据作品的特征有针对性地推荐给合适的用户，用户看到感兴趣的视频就会继续开启下一个，由此牢牢把握用户的心理，形成用户黏性，提高用户满意度和忠诚度。

（4）丰富的盈利方式。

抖音拥有巨大的用户体量，掌握了强大的流量资源，因此其主要的盈利方式是平台收费和流量变现。广告是平台收费的一种重要形式，抖音除了常见的开屏广告外，还利用短视频和流量的优势创新广告方式。一方面推出企业号，邀请商家入驻抖音，商家可以拍摄各种形式的视频进行产品宣传，视频的形式更容易对消费者产生冲击，吸引消费者的关注；另一方面邀请博主打广告，如邀请美妆、宠物等领域的博主推荐相应领域的产品更有说服力，也更能准确地面向有需求的消费者。电商直播是流量变现的一条重要路径，也是抖音平台重要的盈利渠道之一。抖音上有众多商家和网红达人，具备一定的粉丝基础，通过直播和用户实时互动，向用户介绍、展示产品，同时附上产品购买链接，让用户足不出户就能实现沉浸式购物，抖音可以从中收取不同规模的平台服务费，而主播想获取更多的关注和推荐也可以付费购买抖音的定向推送。

3. 发展与总结

抖音作为短视频平台的佼佼者，凭借创新的市场定位、丰富的内容和强大的算法技术赢得了用户的喜爱，利用广告、电商直播等盈利方式保障了企业的持续发展。但是，在高速发展的过程中，抖音也遇到了一些难题，如内容同质化严重、作品审核监管难度增加、盈利模式有待创新等。未来，抖音需要把握流量优势，加强审核机制，为用户和创作者提供更好的产品使用体验，增加新的利润点，最终实现平台的可持续发展。

资料来源

1. 曲鸿楠 . 社交娱乐类平台商业模式创新研究——以抖音平台为例 [J]. 中国商论，2022（19）：122–125.

2. 范艳艳 . 短视频平台商业模式研究——以抖音短视频为例 [J]. 全国流通经济，2022（7）：11–13.

第三节　渠道服务：价值与附加值的试炼地

任何企业的经营都离不开渠道，渠道服务既能直接为企业创造价值，也能作为企业的附加值间接地为企业创造价值。利用渠道服务进行盈利的方式有平台收费、数据变现和供应链服务。平台能够提供流量、曝光度和个性化服务等资源，据此，平台可以对需要该资源的企业或个人进行收费，从而实现盈利。数据变现和供应链服务旨在帮助企业提高运营效率，为企业的生产、营销、物流等环节赋能，从而提高企业的盈利能力。

一、平台收费

在互联网时代，平台发展成为一个重要的渠道，平台为产品和服务的供需双方提供了沟通交流和互动的机会，能够聚集大量的用户，实现了巨大的流量，因此虽然大多数平台可以免费使用，但是平台可以借助这一特点通过广告、佣金抽成、增值服务等进行盈利。

1. 广告

广告是平台企业最常用的一种盈利模式，很多平台企业在盈利模式没有发展成熟之前都是利用广告进行盈利。常见的广告有五种类型：一是搜索广告，在用户搜索关键词时呈现的相关广告；二是展示类广告，如网站顶部、侧边、底部嵌入的广告；三是开屏广告，很多 App 在打开时会展示一个全屏广告，停留 3 ~ 5 秒后再进入 App；四是信息流广告，以图片、视频、文章等形式出现在信息列表中；五是视频广告，常用于视频网站，在用户播放视频前后出现。广告的计费模式包括按照曝光率收费、按照点击率收费以及按照用户行动收费（如成功注册会员、成功下载软件等），因此平台的流量越大，广告的投放效果就越佳，企业的盈利空间也就越大。

平台要想利用好广告模式，首先要控制广告的投放次数，防止过于频繁的广告引起用户体验感的降低；其次要提高广告制作水平，加强广告的娱乐性、互动性，形成和用户的情感共鸣，降低用户对广告的抵触心理；最后要利用大数据技术精准投放广告，将广告推送给对产品感兴趣的人群，从而更大程度地提升广告的宣传效果。

2. 佣金抽成

佣金是平台型产品的一种主要收费方式，平台为供方提供销售渠道，利用资源整合提升服务效率，向服务提供方收取一定佣金，例如直播平台抽取主播的部分收入、外卖平台抽取商家的部分收益等。佣金抽成模式的一个核心问题是确定佣金抽成比例，既要确保供需双方接受，也要保证企业能够盈利。平台确定佣金抽成比例的依据有：一是平台的发展阶段，在发展初期，平台为了扩张可能采取低水平的佣金，但发展到一定阶段后，平台为了盈利会提高佣金抽成比例；二是供应商通过平台的成交量，规模越大，平台可相应降低每笔订单的佣金抽成比例，实现双方利益最大化；三是市场竞争情况，竞争对手的水平以及市场的竞争格局也在很大程度上影响了平台的佣金抽成比例。

3. 增值服务

增值服务模式是平台利用一些免费的基础功能吸引用户，免费功能已经能够满足大部分用户的需求，但是一些收费功能可以满足一部分用户更高层次的需求，这些收费功能即平台的增值服务，如视频网站的付费会员可以享受去广告、提前观看、高速下载等功能。增值服务的本质是满足用户的差异化需求，因此平台只有提供高质量且垄断的特色服务才具有竞争力，用户才会购买。要想做好增值服务，首先要挖掘用户的增值服务需求，其次要根据产品定位和目标用户群体设计合适的增值服务项目，最后要跟踪用户的使用体验，反馈增值服务对普通用户和付费用户的影响以及用户的付费转化率。

二、数据变现

数据作为数字经济时代的第五大生产要素，能够为企业创造更大的经济效益。在企业运营过程中会产生大量数据，如何利用数据赚钱，将数据应用到新场景创造新价值，就是数据变现。数据变现是企业盈利的一种方式，主要包括公私域流量变现和数据服务变现两种模式。

1. 公私域流量变现

公域流量是指任何客户都可以在公开平台（抖音、淘宝、知乎等）获取的流量，私域流量则是从公域流量中发展而来，具有封闭性、可重复使用性和直接接触客户等特点，如企业自己的公众号、App、会员群等。公域流量的受众面广，企业利用公域流量进行宣传是为了获得更多的曝光率，将产品推广至各个层面的消费群体，在潜移默化中影响消费者的记忆，对品牌产生印象。公域流量平台主要有线下传统的广告入口，如商场、地铁等，以及线上的付费流量渠道，如抖音、微博、小红书等。公域流量变现主要有两种方式：广告变现和转化变现。广告变现即在公域流量平台投放广告，使消费者加深对产品的印象，吸引消费者消费；转化变现即从公域流量中引流搭建自己的私域流量，利用私域流量变现。私域流量变现是一个长期积累的过程，企业可以利用公众号、小程序等与用户建立直接沟通联系的渠道，建立会员体系，通过大数据技术精准把握用户需求，提供个性化、差异化服务，在企业和私域流量用户之间搭建情感和利益的双重桥梁，从而提高用户对品牌的黏性和忠诚度，提升用户的消费欲望和复购率，同时形成口碑传播，吸引更多的消费者加入。

2. 数据服务变现

在数字经济时代，每天都会产生大量的数据，传统的数据分析、数据存储等越来越显得“力不从心”，数据服务把以往只有技术人员才能完成的数据采集、传输、处理等过程进行了封装，以服务的形式提供给企业内部或外部，企业可以直接利用数据服务进行用户画像、精准营销、品牌运营等，避免了对数据的重复操作，节约了时间和精力，提高了数据价值化的效率。数据服务的范围非常广泛，包括数据传输服务、数据存储服务、数据分析服务、数据安全服务等，数据服务是数据应用的重要支撑，利用数据服务可以将数据转化成企业的数据资产，为企业的业务创造价值，实现数据变现。企业利用数据服务变现要开放、共享企业内的所有数据，形成企业的数据资产目录。同时，还要对标企业的业务价值利用数据，根据数据整理和分析的结果驱动业务行动、评估行动效果。

三、供应链服务

供应链是连通供应商、制造商、分销商直至最终用户的网链结构。供应链服务通过合理的资源配置，帮助企业提高运作效率，提升服务水平，从而提高企业利润率。供应链服务的盈利模式包括 O2O 物流服务、分销服务、供应链解决方案服务等。

1.O2O 物流服务

O2O 物流服务是指线上达成交易、线下完成物流配送。O2O 物流服务能够解决信息不对称和交易不对称问题，通过线上平台聚集交易双方，满足各自的需求，高效地达成交易。传统物流的服务水平质量普遍较低，运营效率受限，利用互联网可以提高运营效率，通过线上线下结合的模式升级传统物流。O2O 物流模式可以分为三种，即全民众包模式、物流公司众包模式和自建物流模式。

（1）全民众包模式。即商家在开放的平台上发出物流配送订单，社会上满足条件的任何人都可以进行接单，有利于提高物流配送效率，降低平台的成本。

（2）物流公司众包模式。即接单的不是个人，而是专业的物流公司，传统物流公司缺少线上流量，众包平台缺乏专业的物流能力，二者结合，优势互补。

（3）自建物流模式。即平台和物流公司是一家的，与众包模式相比，自建物流能够统一配送标准，服务质量更高，但是经营成本也会提高。

2. 分销服务

分销模式是指企业寻找一个拥有丰富销售渠道的中间商代理企业的产品或服务，从而以较低的成本扩大市场，获取更多的利润。企业选择分销模式的原因在于：首先，企业缺乏丰富的渠道资源，用户难以触达，借助分销可以快速触达客户，减少自建渠道的巨大成本；其次，在公域流量投放广告进行宣传需要支付高额广告费，而且无法精准地吸引目标客户、发展潜在客户，分销可以借助中间商的资源减少流量开销。

分销的操作流程涉及企业、分销商和消费者。首先，由供应商授权分销商销售产品，分销商通过发展下线进行产品的推广；其次，消费者在分销商那里下单，由供应商提供产品给消费者；最后，供应商支付佣金给分销商，分销商支付一定比例的销售额给供应商。因此，提供分销服务的核心是利用佣金和奖励吸引分销商，通过分销商的渠道不断扩大客源，利用分销商的资源降低成本，快速触达客户，提高企业的利润率。

3. 供应链解决方案服务

供应链解决方案服务是指根据行业特性和企业的基本情况定制解决方案，通过解决方案为企业赋能，帮助企业以更低的成本、更高的效率进行运作，解决企业在供应链各个环节遇到的问题，优化业务流程，助力企业的发展。供应链涉及企业的计划、采购、生产、销售、物流等各个环节，如果各个环节之间流通不畅，可能会造成企业效率低下，在互联网时代下，一个优秀的供应链解决方案应该达到网络可视化、物流可跟踪、交易可溯源、管理数字化等要求。网络可视化是保证供应链上各个环节透明化、可视化，能够掌握实时情报，及时应对可能的风险；物流可跟踪是对货物的实时位置进行定位和跟踪，保证产品运输的安全和及时送达；交易可溯源是科学管理和记录供应链上各个利益相关者之间的交易，保证透明、安全，每笔交易都能追根溯源，权责关系清晰；管理数字化是利用大数据赋能企业的生产、营销等环节，例如市场需求预测、客户画像、精准营销等。

第四节　品牌增值：以市场化串联品牌增值点

品牌增值是指品牌资产增值，品牌作为企业的一种特殊资产，既可以通过影响消费者对产品的印象增加企业的效益，也可以通过品牌资产市场化给企业带来直接的经济收益。品牌资产市场化可以通过品牌孵化、品牌租赁、品牌转让实现。品牌孵化是前提，通过品牌孵化为品牌注入价值，打造品牌的知名度、影响力、流量、消费群体等，品牌价值越高，品牌的租赁和转让越容易实现，从中获得的租金或转让费也就越高。品牌租赁涉及品牌的使用权，品牌转让涉及品牌的所有权，企业可以根据实际情况选择，让品牌发挥出最大的价值。

一、品牌孵化

品牌孵化是指以产品为基础，围绕产品进行一系列的包装运作，打造成一个系列品牌，更有利于产品在市场上的生存和发展，在消费者心目中形成一个整体印象，更容易加深记忆。品牌孵化有两种模式：从无到有和从有到优。前者是指孵化一个新品牌，后者是指老品牌不适用时，需要通过孵化进行更新和提升。品牌孵化的好处在于品牌代表着用户对企业产品或服务的认可，一旦用户认准了该品牌，就会多次消费并且自愿向他人推广，是企业发展的根本和动力。而且品牌代表着企业的定位，蕴含着企业的文化和精神，成功的品牌能够帮助企业提升知名度，树立企业形象，有效提升企业收入。进行品牌孵化，需要着重考虑以下五个方面，如图 3-3 所示。

图 3-3　品牌孵化的五个关键点

（1）自我分析和市场调研。

要想推出一个爆品、做好一个品牌，需要综合考虑内因和外因。内因是指企业自身的因素，企业需要深入剖析自己拥有的优势、资源、能力等，能够实现构想并且长期经营下去，做自己认知以内的产品，选择具有可行性的品牌方案。外因是指市场因素，在确定产品品类和品牌定位之前，要进行充分的调研，成功的产品一定是准确把握了市场需求，满足了消费者的需要，通过市场调研了解目前市场上还未满足的需求有哪些、行业的竞争格局如何、未来发展前景如何、用户的想法等，此外，要注意谨慎“跟风”，品牌的建立不是一个短期的行为，真正成功的品牌要经得起时间的考验。

（2）定位和卖点。

企业要找准自己的产品或服务的定位，明确产品或服务是卖给哪些人、以什么价位出售、以什么方式出售、能够满足消费者的哪些需求等。企业定位要经过慎重考虑，企业的定位影响了企业的目标用户和潜在用户，定位不明确容易导致品牌形象混乱，丧失品牌的优势。产品的卖点是与其他同类型产品区分开来的特色，能够满足消费者的差异化需求，因此，产品卖点设计的本质是寻找尚未满足的消费者需求。有卖点的产品才能在众多同类产品中脱颖而出，赢得流量和市场。

（3）渠道。

渠道就是企业在哪里卖产品，渠道的选择会影响消费者对品牌的认知。企业可以选择自建渠道或者渠道合作。自建渠道需要较高的投入和较长的筹备时间，风险较高，但是不受中间商的限制，保证了企业的完全自主权；渠道合作可以降低成本、减小风险、优势互补，但是企业容易受到渠道商的限制。品牌孵化过程中企业可以先利用具备的资源和优势打通一条渠道，培养自己的客户群和私域流量，保证企业的生存之后再去发展其他渠道，扩大销售。

（4）供应链。

供应链会影响产品或服务的质量、企业成本以及交付时间，一个稳定的供应链是品牌孵化的保障。不同特性的产品需要选择不同功能的供应链，例如需求稳定、品类少的产品需要匹配效率型的供应链，保证持续、及时的供给以及降低成本；创新性强、需求不确定的产品需要匹配反应型供应链，能够快速响应市场的变化等。

（5）营销。

如何快速让一个新品牌获得知名度和影响力，营销是一个重要手段，尤其是在互联网时代，信息传播不受时间、地域的限制，传播速度快，范围广，能够让营销发挥出事半功倍的效果。做好营销的关键有两点——内容和社交，借助各种互联网平台发布企业的相关内容，建立和消费者的联系，树立品牌形象，利用社群、粉丝、私域流量等培养产品的目标用户，吸引潜在用户，可采取的营销方法有事件营销、情感营销、口碑营销、借势营销等。

二、品牌租赁

品牌租赁是指承租方向品牌所有者支付一定租金获得品牌名称和无形权益的使用资格，由此企业可以更大程度地发挥品牌价值。品牌租赁是一个优势互补、合作共赢的过程，通过品牌租赁，承租方可以借助品牌的知名度快速进入市场，省去了孵化品牌的成本和风险，品牌所有者也可以借此改善经营，为品牌注入新鲜血液，使品牌进一步发展。但是，有合作就会有博弈，品牌所有者担心承租方破坏品牌形象，影响品牌资产，承租方担心自己将品牌做大之后，品牌所有者会提高条件甚至收回品牌导致自己承受巨大的损失，因此在品牌租赁过程中，既要看到利益也要注重风险，利用好品牌租赁的手段实现共赢。

1. 品牌租赁的基本模式

品牌租赁有以下四种基本模式，如图 3–4 所示。

图 3–4　品牌租赁的四种模式

（1）特许型品牌租赁。

特许型品牌租赁是指品牌所有者授权承租方使用品牌经营相同的业务，并且品牌所有者和承租方形成上下级关系，品牌所有者还会提供统一的产品或者相关的培训，如一些餐饮连锁企业。这种模式能够保证品牌所有者拥有较强的控制权，品牌形象不被破坏，而且能以较低的成本实现品牌的扩张，同时收取权益金，承租方也能借助品牌的名气快速吸引消费者，节省了前期的品牌建设成本。

（2）延伸型品牌租赁。

延伸型品牌租赁是指品牌所有者授权承租方使用品牌经营其他业务，能够帮助品牌所有者在缺乏相关资源或能力时进行业务延伸，但同时也面临品牌遭到破坏的风险。

（3）互补型品牌租赁。

互补型品牌租赁是指品牌所有者授权承租方使用品牌，同时要求承租方提供有价资源或资产进行交换，如承租方的渠道资源或者产品技术等。

（4）母子型品牌租赁。

母子型品牌租赁是指母公司掌握品牌所有权，子公司需要向母公司购买品牌使用权。

2. 品牌租赁原则

如何保障品牌租赁实现双赢，需要遵循以下四个原则。

（1）明确双方权益。

合作前要协商好品牌租赁的时间、租金、期间的约束行为等条款，形成具有法律效力的合同，保障双方的权益。

（2）品牌增值。

品牌的形成是一个长期积累的过程，一旦品牌遭到破坏可能难以修补或者要花费高昂的成本进行修补，因此，双方在合作过程中都应该积极建设品牌，促进品牌的增值。

（3）互相监管。

品牌租赁过程中双方要负起互相制约、互相监管的责任，严格履行各自的责任和权利，防范风险的发生。

（4）计划好过渡方案。

一旦品牌租赁合作终止，品牌所有者和承租方都要考虑好如何平稳度过过渡期，一个品牌的产品突然撤出市场，可能会引起消费者的困惑，影响企业的收益。对于承租方而言，当做出知名度的品牌不能再用时，为留住客户，保证稳定的销售，需要计划好过渡方案。

三、品牌转让

品牌转让包括品牌使用权和品牌所有权两种形式，前者与品牌租赁类似，后者可以通过拍卖、协商等途径实现，这里主要讨论品牌所有权的转让。企业转让品牌主要有两种原因：一是企业经营范围过大，对品牌的经营感到力不从心，没有足够的实力进一步促进品牌发展，所以转让部分品牌，减轻企业压力，同时获得品牌转让收益；二是品牌经营不善，品牌竞争力在减弱，企业又无法改善这一局面，企业要在品牌彻底贬值之前转让出去，减少损失。因此，品牌转让是企业不断调整经营状态的策略，为了保障企业长久地发展，通过品牌转让进行资源的更优配置，帮助企业扬长避短，减轻试错成本，维持企业形象，避免其他品牌受到牵连。品牌所有权的转让有协商和拍卖两种途径，前者是通过谈判达成一致条件进行品牌的转让，后者是在购买者较多时通过拍卖行公开竞价，价高者得。

品牌转让是一个涉及商业策略和法律的过程，品牌作为一种无形资产，在买卖过程中涉及比实物资产更多的法律要求，在品牌转让前后要更多地考虑消费者的认知和影响的问题，因此，品牌转让要精心策划、考虑周全，实现风险最小化、利益最大化。品牌转让过程中要重点关注以下三个方面：一是品牌转让的时机，品牌的价值受到众多因素的影响，容易发生变化，企业应该在品牌仍有议价实力的时候转让，以减少损失；二是在品牌转让前，买方要进行详细的品牌调查，调查该品牌的建设情况如何、市场反响如何、该品牌能否为买方创造价值等，从而对该品牌进行科学的评估，保证交易双方的信息对称，促进交易顺利进行；三是厘清交易中的法律问题，明确交易的各项细则，处理好品牌转让过程中涉及的知识产权问题，避免因交易不当造成损失。

认知盈利模式专栏 3-3

元气森林：成为爆品的逻辑

1. 企业简介

元气森林（北京）食品科技集团有限公司（以下简称元气森林）于2016年在北京成立。元气森林是自主研发自主设计的创新型饮品品牌，产品理念是为用户创造健康美好生活，主营产品有“0糖、0脂、0卡”的气泡水、低糖低脂肪的乳茶、无糖解腻的燃茶、更补水的外星人电解质水等。元气森林披露的部分业绩数据显示，2021年，企业销售额约70亿元，与2020年的27亿元左右的销售额相比，同比增长约160%，成为饮料界的一股新势力。2023年，元气森林进入品牌战略咨询公司eatbigfish发布的“2023全球挑战者品牌榜”，成为唯一上榜的中国品牌。

2. 品牌孵化助力爆品打造

元气森林之所以在短时间内成为饮料界的爆品，关键在于以下四点。

（1）差异化的定位和独具特色的卖点。

健康越来越成为现代人追求的生活方式，饮料好喝但是糖分太高有害健康成为一些消费者的困扰。此前，饮料市场被一些老牌企业占据了绝大部分的市场份额，如康师傅、农夫山泉等，作为一个新兴品牌直接和老牌企业竞争是充满风险的，因此，元气森林找到饮料市场尚未满足的细分市场，针对消费者的困扰和健康生活的需求，推出了“0糖、0脂、0卡”的气泡水，迅速赢得了消费者的喜爱，后续又推出了低糖低脂肪的乳茶、无糖解腻的燃茶等产品，建立起了“无糖专门家”的品牌定位。元气森林主打健康饮品，低糖、低脂、低卡是元气森林产品的硬核标签，凭借这一差异化的定位和独具特色的卖点成功打入饮料市场，成为饮料界的一匹黑马。

（2）利用互联网赋能营销。

元气森林是一家具有互联网基因的科技饮料企业，善于利用新媒体进行产品营销，打造网红产品。企业初期的核心阵地是小红书，其消费群体定位和小红书的用户群符合，都是年轻群体，利用内容“种草”引发大量话题，吸引了众多用户，此后，逐渐发展到抖音、微博、B 站等各大平台，凭借大平台的流量和网红的“种草”成为网红品牌。此外，元气森林在明星、综艺节目、电视剧等领域布局，赞助了多档综艺，在热门电视剧中采用情节植入、背景植入等方式。这些宣传方式让观众对元气森林耳熟能详，培养了众多的潜在消费者。

（3）布局全渠道。

元气森林采用全渠道营销，线上渠道和线下渠道相结合。线上渠道选择天猫、京东等核心电商平台，由于元气森林在各大平台的营销策略比传统老牌企业具有互联网优势，因此，元气森林在线上更具竞争优势，形成了规模销量，屡次登上天猫销量榜单。线下渠道以便利店为核心，元气森林的发展正好赶上国内便利店的兴起，便利店的消费群体以年轻人为主，对价格敏感度低，符合元气森林的目标客户定位。线下渠道对消费品来说是至关重要的，要想保持长期稳定的发展，对线下渠道的投入和建设是必不可少的。截至 2022 年第一季度，元气森林官方发布，企业已经初步形成了相对完备的线下渠道体系，线下渠道覆盖了全国 800 多个城市，线下终端数量超过 100 万个。

（4）自建工厂，采用 OBM 模式。

在发展初期，元气森林采用代工模式，但是 2018—2020 年遭遇了多次代工厂“断供”事件，让元气森林毅然决定自建工厂。元气森林采用 OBM 模式，将研发、生产、销售都掌握在自己手里。元气森林有自己的食品研发中心，专注于研发市场上没有的新品，企业的自建工厂采用“三 0 工厂”战略，即“0 化学防腐剂、0 污染、0 碳”，能够更好地满足企业产品制作的需求，保障食品的安全。OBM 模式让元气森林摆脱了来自供应链和代工厂的压力，具备了自主生产能力。目前，元气森林共有 5 家自建工厂，第六家正在筹备中。

3. 发展与总结

元气森林凭借差异化的定位和“低糖、低脂、低卡”的卖点，利用互联网进行营销成功打开了饮料市场，成为近几年的爆款饮料，利用“线上＋线下”的全渠道布局和自建工厂带来的更为稳健的供应链体系夯实了企业持续经营的基础。在流量时代，爆款一个接一个，如何保证长久的成功是元气森林目前应该重点关注的问题。随着元气森林的进一步发展，竞争对手会越来越多，竞争会越来越激烈，“年轻”的元气森林将面临更多的考验。

资料来源

1. 冯昭．元气森林：中国饮企出海先行者 [J]. 中国品牌，2023（2）：28-29.
2. 张田田，刘林．元气森林品牌创新研究 [J]. 合作经济与科技，2022（6）：92-93.

第五节　专利标准：“专精特新”隐形效益

在知识经济时代，创新成果、知识产权等蕴含着巨大的经济效益，我国也在大力支持“专精特新”企业发展，强调创新的重要性，鼓励企业以创新赢市场、以专利谋收益、以标准促发展。创新成果的演化路径包括创新成果专利化、专利标准化、标准垄断化三个步骤，企业凭借专利形成对创新成果的保护和私有，其他企业要想使用该项技术，需要支付专利使用费；通过标准化扩大专利技术的使用范围，获得同行业其他企业和广大消费者的认可，是最佳的销售保证；利用垄断化实现创新收益最大化，形成超高的市场地位和市场份额，获得超额垄断利润。

一、创新成果专利化

国家支持发展“专精特新”企业本质上是大力推动创新的发展，鼓励企业提升创新能力，加快创新成果的发明、创造。专利是对创新成果的记录和保护，通过创新成果专利化，为创新成果获得专利权利，也就是获得了国家法律的保护，同时对企业利用创新、促进创新和增值创新起到重要作用。专利的创作、运用、管理逐渐规范化，意味着创新成果专利化有助于形成良性的创新机制，更大程度地发挥创新的价值，实现创新收益最大化。

1. 专利创新利用的必要性

专利化利用创新是针对一些创新能力不足、研发力量薄弱的企业，可以通过聘请专利化领域的专家和律师团队，根据企业的发展方向和相关技术要求在海量的专利技术信息中获取该领域的技术发展状况、竞争对手的技术储备等信息，同时寻找可供企业使用的专利技术，在律师的指导下，合理、合法地使用该专利技术。

专利化促进创新是在利用创新的基础上，如果企业具备一定研发实力，在了解了专利信息后，从不同专利中获取灵感、智慧和经验，对不足的地方进行创新或者进行专利的整合与优化，绕开专利保护范围，在合法的前提下促进企业的创新。

专利化保护创新是将企业的创新成果撰写成专利形式进行专利申请，申请成功后将获得法律保护，以法律手段保护创新成果不被侵犯，亦是保护了企业的竞争力，限制了竞争对手的进入，同时其他人使用这项创新成果都需要经过企业的授权，形成了企业的隐形收益。

专利化增值创新是企业的创新成果专利化之后，专利可以作为企业的无形资产进行运作，不断增值，获取收益。专利可以进行价值的评估，进行买卖、抵押贷款等，还可以作为无形资产入股企业，获得企业的股份进行分红。

2. 创新成果专利化的具体举措

要想实现创新成果专利化，提高创新成果专利化效率，可以从以下五个方面进行。

（1）充分了解专利技术。

对现有专利进行调查，了解相关技术发展状况，找到可继续发展的空间和需要进一步创新的地方，从而确定自己的研发方向和研发重点。应该对能够产生一定的经济效益、能够满足用户需求和市场需求的技术方面进行创新，专利化也不能脱离实际，否则将会失去意义。

（2）新颖性、创新性判断。

申请专利的创新成果要有足够高的创新程度，可以将自己的创新成果和现存专利进行对照，判断自己的创新成果是否具有新颖性、创造性，是否涉及相似的地方，从而进一步改善和优化自己的创新成果，达到申请专利的条件。

（3）保障专利申请程序化。

企业要聘请专业的专利律师协助技术人员完成专利申请文件，专利申请具有极其细致的程序化特点，每份专利申请都需要专人负责，确保程序完备、资质合法，保障企业的创新成果。

（4）提高专利保护的力度和强度。

布局专利权利，提高专利保护的力度和强度，从而更好地把握相关技术在市场上的应用和流通，保持企业的地位。通常，一个创新成果的发明、创造涉及多个技术点，这样多个技术点可以通过专利组合的方式进行保护，从而扩大保护范围，竞争者也更难进行模仿、利用。

（5）提高专利申请文件的撰写质量。

专利文件的撰写质量关系到专利申请能否成功以及专利的价值、专利的保护范围等，因此，企业需要提高对文件撰写的重视程度，准备好所需的各种材料，提高撰写的规范性，保证专利文件的质量。

二、专利标准化

专利标准化即在创新成果专利化之后，某些专利中的技术被纳入标准，成为标准的一部分，是对专利的进一步保护和推广。标准通常是一系列专利技术的组合，采用一个标准就必须采用其中的所有专利技术，因此，标准具有捆绑性。同时，标准的应用是针对整个产业的，采用标准就得对涉及的所有专利技术付费，因此，专利的标准化能够为企业创新带来更大的收益，创新成果专利化的收益来自使用该专利的企业，而专利标准化的收益来自应用该标准的整个产业。

1. 专利标准化的积极作用

（1）促进企业创新技术的进一步发展和传播。

一旦企业的专利技术纳入标准，随着标准在整个产业的应用和实施，企业的创新技术就可以得到推广和应用，此外，技术在实践运用中也可以得到进一步发展和优化，对企业的创新起到推动作用。

（2）提高标准的技术水平。

优秀的专利技术能够提高标准的技术水平，标准的技术水平的提高有利于促进产业发展。标准的制定依赖技术的发展水平，技术水平高意味着标准的内容和质量优，应用优质的标准会提高整个产业的水平和质量，低水平和低质量的企业会被淘汰，从而促进行业内企业的技术发展。

（3）提高专利持有人的经济利益。

专利标准化使专利持有人无须通过任何宣传手段就可以让自己的专利技术应用到整个行业，大幅增加了专利技术的使用者，由于企业使用专利需要向专利持有人支付专利许可费，由此提高了专利持有人的经济效益。

（4）提高专利持有人的市场地位和市场占有率。

专利标准化之后，借助标准的实施，技术会被应用到行业内的众多企业，从而提高了产品的市场占有率。由于专利标准化的保护性，竞争对手进入行业会受到技术的限制，当技术成为行业的主导技术之后，专利持有人就可以获得较高的市场支配地位。

2. 专利标准化的具体实施

（1）树立专利标准化的意识。

树立专利标准化的意识，积极学习涉及专利标准化的案例，及时掌握国家在专利标准化方面的政策，研读专利标准化的条件和要求，重视这方面工作的安排和展开。利用专利技术参与标准的制定是企业最好的广告，意味着企业的技术达到行业顶尖水平。

（2）培养专利标准化人才，形成专业团队。

专利标准工作涉及专利和标准两方面，需要高素质的复合型人才，既要懂得专利，又要熟悉相关标准，除此以外，由于很多技术标准来自国外，从事专利标准工作的人最好还要精通外语。因此，企业要有意识地培养具备综合素质的人才，组建专利标准化工作的专业团队，助力专利标准化的落地实施。

（3）提高企业的创新能力和将创新技术专利化的能力。

企业实施专利标准化的根本是企业要有先进性、创新性的技术专利，并且专利技术符合市场需求，获得行业内的认可，才能被纳入标准进行推广应用，因此企业需要不断地提高创新实力。

（4）有计划、有组织地实施专利标准化。

先从“企业标准”做起，保证企业的产品在市场上占有一定地位和份额，具有先进性和竞争力，获得消费者的认可，引起行业的关注，然后进一步扩大影响力，制定“团体标准”，直至参与或主导行业标准或国家标准的制定。

三、标准垄断化

标准垄断化是创新成果演化的最后一个阶段。随着人们对知识也是一种资产的意识的加强，企业利用专利的私有性和排他性形成对创新成果的保护，利用标准的通用性获取强势的竞争地位以及巨大的经济利益。标准垄断化之后，可以最大限度地占据市场份额，获取垄断利润。标准垄断化可以分为事实标准垄断化和法定标准垄断化，两种类型在实现途径上有所不同。

1. 事实标准垄断化形成的过程

事实标准是指在行业缺乏相关法定标准时，由垄断企业或联盟凭借技术优势和垄断地位制定的标准，体现的是一种私权。事实标准垄断化实现的核心是技术和市场，形成事实标准垄断化的过程包括以下三步。

（1）具有主导标准的意识。

企业要有主导标准的意识，充分了解目前市场上的技术发展水平、技术竞争优势、消费者需求的满足程度，以及还有哪些尚未满足的需求等，据此制定满足行业发展和符合企业实际情况的标准战略。制定标准所需的专利技术，可以通过自身的创新，也可以向其他企业购买。

（2）形成事实标准。

企业围绕专利技术研发高质量的产品，凭借产品自身的实力和营销策略赢得市场，达到较高的市场占有率，具备较强的市场竞争力，是同行业其他竞争者不可比拟的，由此形成事实标准。

（3）实现事实标准垄断化。

专利技术形成事实标准之后，越来越多的企业应用该专利技术研发产品，产品品质得到保证，品牌声誉不断传播，消费者越来越多，市场份额不断扩大，消费者的依赖性越来越强，垄断逐渐形成，事实标准垄断化实现。

2. 法定标准垄断化形成的过程

法定标准由标准化组织牵头制定，经由法定程序形成，体现的是一种公权。法定标准垄断化实现的核心是技术和政府，形成法定标准垄断化的过程包括以下两步。

（1）选择合适的专利技术纳入法定标准。

选择合适的专利技术纳入法定标准，这些技术必须是符合市场发展需要、具有先进性的关键性技术，具备创新性和不可替代性。标准是专利技术的组合，所以标准中涉及的技术所有者具有多元性。

（2）引导市场上的企业展开合作。

标准制定后，政府要引导市场上的企业展开合作，盘活围绕该专利技术的产品市场，鼓励企业积极应用该专利技术，开展后期研发和产品升级工作，占据市场份额，使越来越多的消费者对产品形成依赖，消费者的转换成本变高、其他竞争者的进入变难，逐渐在市场上建立垄断地位，实现法定标准垄断化。

第六节　金融附加值：无孔不入的资本收益

当企业发展到一定阶段时，可以利用金融手段，通过资本运作实现资本增值，带来巨大的附加收益。金融活动具有杠杆效应，投资方可以借此获得高风险收益，被投资方能够解决资金困难问题，在企业发展过程中起到重要作用。企业可以通过供应链金融、资金池、消费金融、股权投资等模式，增加企业额外的资本收益。

一、供应链金融

供应链金融的产生是为了解决中小企业融资难的问题。供应链金融的本质是依托供应链上核心企业的良好商业信誉，为上下游的中小企业提供金融服务，解决资金紧张问题。供应链金融涉及资金提供方、供应链上的核心企业和上下游中小企业三方。资金提供方提供融资服务，可以从中获得利息收入，由于资金提供方的资金支持，强有力地帮助了供应链上商品交易的有序进行，提升了供应链的资源整合和市场竞争能力，实现了整个供应链的不断增值，从而提高了核心企业和中小企业的盈利能力。供应链金融主要有以下三种模式，如图 3–5 所示。

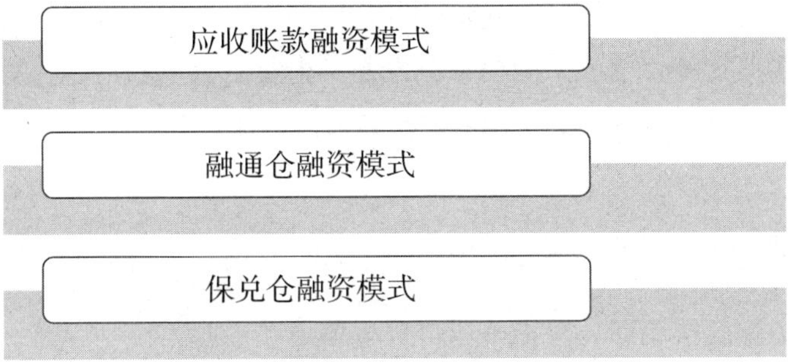

图 3–5　供应链金融的三种模式

1. 应收账款融资模式

当上游企业向下游企业提供赊销时，有大量应收账款未能回收导致上游企业资金困难，上游企业可以凭借与下游企业签订的产生应收账款的真实合同向资金提供方申请应收账款融资。因此，该模式可能存在的风险有应收账款的真实性、核心企业的支付能力和转移账款的风险。针对这些风险，资金提供方应该要求融资客户提供应收账款的合同、发票、凭据等资料，严格核实其真实性，调查分析核心企业的支付能力，确保其有稳定的支付能力，确保核心企业将应付账款金额支付到融资企业在商业银行的指定账号。

2. 融通仓融资模式

当企业拥有大量存货，库存周转太慢导致企业资金周转困难时，企业可以利用存货作为质押进行融资。因此，在融通仓融资模式中，可能存在的风险有仓单风险、存货价值风险以及物流企业的信誉风险。针对以上风险，资金提供方要预留仓储企业办理业务的印签，确保仓单的真实性和有效性，在选择第三方物流企业时，严格审查物流企业的资信状况，在选择质押物时，全面了解商品的需求和价格波动，选择有市场前景、有保障的产品。

3. 保兑仓融资模式

当企业在采购阶段出现资金压力时，可以先缴纳一定的保证金，由资金提供方代为采购货物，并掌握货权，企业再慢慢分批次赎回，利用预付款进行融资。因此，在保兑仓融资模式中，可能存在的风险有核心企业的信誉风险、商品监管风险和商品价值风险。针对以上风险，资金提供方要仔细调研、评估核心企业的资信状况，确保其值得信赖，利用第三方物流企业了解商品信息，对商品形成监管，通过调整利率和贷款成数缓解商品价格波动带来的风险。

二、资金池

资金池又称现金总库，是指企业将资金集中在一起，统一存储、统一调配使用。资金池有利于企业提高资金使用效率，降低企业融资需求，同时实现对企业资金的合理管控，减少企业运营中的风险。

1. 资金池的管理模式

资金池的管理模式主要有财务公司模式和资金调拨模式两种。

（1）财务公司模式。

集团公司在内部成立一个财务公司，设立资金归集账户，下属公司将资金放入财务公司账户，下属公司有资金使用需求时再从财务公司支取。财务公司向存入资金的下属公司支付利息，如果下属公司资金不足，也可以向财务公司申请贷款，并且向财务公司支付贷款利息。在该模式下，资金池管理的重点是监管下属公司的资金上缴情况、账户留存金额情况以及资金使用情况等。

（2）资金调拨模式。

集团公司成立资金部，与银行合作，设立集团资金归集账户，即集团资金池，资金部要求下属公司统一在该银行开户，同时设立各个下属公司的账户，资金余额每日结算，下属公司的账户资金超过额定余额部分自动划拨至集团资金池，不足额定余额部分由集团资金池补足，资金往来不计利息。在该模式下，资金是自动拨付的，因此，资金池管理的重点是预算是否合理、集团公司资金安排是否恰当、下属公司的资金使用是否符合共享系统的流程等。

2. 发展资金池的重要举措

无论是哪种资金池管理模式，资金池涉及的资金体量都非常巨大，存在的风险也不容小觑。因此，采取资金池模式的集团公司要做好以下工作。

（1）不断完善资金池的制度体系建设。

随着资金池的广泛应用，其职能和业务范围不断拓展，科学、合理、健全的制度体系显得尤为重要，制度是有效运营的保障。

（2）做好风险防范措施。

资金池中资金余量的管理和使用是风险防范的重点。在管理存量资金时，要注意安全和廉洁问题，在进行投资决策前，要充分了解可能存在的风险以及应对措施，避免因操作不当或决策不当给企业造成损失。

三、消费金融

消费金融指机构或企业为了满足消费者的消费需求所提供的信用贷款服务。由于人们生活水平的提高、科技水平的提高以及消费观念的转变，消费金融得到了越来越广泛的应用，其优势在于不用进行抵押和担保、额度小、审核快、授信灵活。借助互联网技术和数据技术，消费金融得到了高速发展，市场需求旺盛，起到了刺激消费、拉动经济增长的作用。通过以下三个方面可以促进消费金融规范发展。

1. 拓展消费场景，打造“消费＋金融＋场景”模式

场景化是消费金融的关键，将消费金融融入消费者的不同人生阶段、不同消费需求中，例如消费者的房屋装修、婚礼、养老等阶段以及衣食住行等方面的需求，有利于消费者建立信任，提升用户黏性，延长消费金融产品的生命周期，也可以根据不同场景打造差异化的消费金融产品，实现消费金融的创新发展。

2. 加大金融科技发展力度

消费金融公司可以通过积极引进和培养金融科技人才，深化产学研合作，以目前的互联网技术、大数据技术等为依托，促进金融科技的发展，聚焦智能获客、智能运营、智能催收和智能客服等功能以及风险防范领域（包括建立个人信用数据库、完善风险定价模型、构建风险预测模型），有效提升预防和应对风险的能力。

3. 提升客户服务能力

借助互联网工具，打造线上线下全方面的服务渠道，便于和用户进行充分的交流互动，针对不同客户群体的需求，提供差异化的产品和服务；提高营销的精准性，根据用户画像在特定渠道投放广告实现精准营销；注重用户体验，在用户使用消费金融服务时提供产品的详细信息，告知风险，并且充分尊重用户的隐私。

四、股权投资

股权投资是指企业或个人为了参与某一企业的经营活动或者单纯为了获取经济利益而购买该企业股权的行为，具有高风险、高回报的特点。股权投资一般有两种盈利途径：一是投资人在持股期间作为股东从被投资企业分得的股息红利；二是投资人出售股权时，如果出售的收入高于取得股权时的成本，即可盈利。股权投资的优势在于能够降低交易成本、分散风险、减少交易中的信息不对称。股权投资有私募股权投资（PE）、风险投资（VC）、股权众筹（EC）等。

1. 私募股权投资

私募股权投资是指投资非上市企业的股权或者上市企业非公开交易的股权。私募股权投资的本质是在企业低谷时，低价买入股权，帮助企业改善管理，提升企业价值，最后通过上市、被收购或者管理层收购等方式退出，最后出售所持股权进行获利，实现资本增值。私募股权投资成功的关键在于企业具有发展潜力，未来具有上升空间，能够在特定时间内实现发展目标，投资者能够顺利退出。

2. 风险投资

风险投资主要是指投资初创企业的股权，风险投资无须抵押，也不用还钱，如果投资成功，投资者将会获得成倍的收益；如果投资失败，投资者将无法获得任何回报。风险投资者一般不会过分干预创业企业的运营和管理，其主要作用是解决初创企业的资金紧缺问题，初创企业成功与否在于创业者的努力程度和创业项目的机会，因此风险投资成功的关键是选择好的创业项目和可靠的创业者。

3. 股权众筹

股权众筹是指企业让出一定比例的股份，通过互联网渠道接受普通投资者的投资入股，投资者看中的是企业未来的发展前景。股权众筹一般先由筹资人在众筹平台提交项目计划书，确定筹资金额等信息，平台经过审核后，发起众筹，看中该项目前景的个人或团队可以在规定期限内承诺或实缴一定资金。股权众筹的参与门槛较低，能够有效满足中小企业的融资需求，也能拓宽投资人的投资渠道。

企业能够利用金融手段、资本运作等方式实现资本的增值，为企业带来了更大的收益，同时也提高了企业的经营效率和效益，获取了额外利润，最终实现价值变现。

章末案例

昱能科技：以专业抢占鳌头

1. 企业简介

昱能科技股份有限公司（以下简称昱能科技）2009 年初创于美国硅谷，2010 年在浙江省嘉兴市正式成立总部。昱能科技主营业务聚焦于 MLPE 组件级电力电子技术的研发、生产和销售，目前的产品包括微型逆变器、组件级关断器以及 EMA 智能运维平台，同时提供分布式光伏应用解决方案。在多年的发展过程中，昱能科技始终专注于提升产品质量，致力于技术创新和提供优质的服务，利用专业抢占鳌头，成为行业内的顶尖企业，获得了多项荣誉。2014—2022 年，昱能科技连续 9 年进入“浙江省电子信息 50 家成长性特色企业”行列，被评为 2021 年度浙江省“专精特新”中小企业，2020—2022 年连续 3 年被评为顶级逆变器品牌，2013—2022 年多次被认定为国家高新技术企业。

2. 深耕技术创新，参与行业标准制定

自成立起，昱能科技就将技术创新视为第一生产力，企业的两位实际控制人都具备理工科背景，有着深厚的电子、光伏技术底蕴，在感知到微型逆变器的市场前景之后，毅然回国创办了昱能科技。两人深知电子、光伏领域的技术缺口，从企业成立至今一直深耕技术创新，将技术创新作为企业生存、发展的根基。

（1）重视技术人才培养。

企业对技术创新的重视首先体现在技术人才的培养上，企业的研发人员数量占据企业总人数的一半以上，经过数年的积累，企业成功打造了一支致力于自主研发和创新的国际化人才技术队伍，并且通过股权激励留住人才。嘉兴汇能、嘉兴汇英是企业核心员工的持股平台，技术研发人员作为企业的核心员工，通过赋予其股权的方式将其自身利益和企业利益捆绑起来，形成有效的激励机制，既留住了核心技术人才，又减少了技术外溢的风险。

（2）研发费用增长。

企业对技术创新的重视体现在研发费用的不断增长上，2018—2021 年，企业研发费用年复合增长率约为 24.67%，2022 年第一季度研发费用高达 0.12 亿元，比 2021 年同期增长了 74.69%，研发费用呈现持续稳定增长的趋势，强有力地支持了企业的技术进步。

目前，昱能科技已经拥有授权专利 125 项、发明专利 75 项、软件著作权 21 项，开创了多体微逆架构，首创 20A 大电流多体微型逆变器，首创采用自主研发 ASIC 专用芯片的单 / 双体组件级关断器。作为国内最早进入微型逆变器行业的企业，昱能科技在微型逆变器的研发上投入了大量的时间、精力，研制出了全球首款三相微型逆变器以及全球首款单相四体微型逆变器。凭借长期的技术积累和丰富的专利技术，以及企业在微型逆变器领域取得的技术成果，受到行业内其他企业和客户的认可，产品销往全球多个国家，获得多项荣誉和奖项，参与多项国家、行业或团体标准的制定，实现专利技术标准化。

3. 产品安全优势突出

逆变器的功能是将直流电转化为交流电，光伏发电系统所发出的电是直流电，需要通过逆变器的转化才能接入电网，因此，逆变器是光伏发电系统的重要

组成部分。目前，逆变器主要有集中式逆变器、组串式逆变器和微型逆变器三种类型。集中式逆变器的稳定性较差，组串式逆变器的成本较高，而微型逆变器凭借较高的安全性逐渐成为客户的主流选择。昱能科技以微型逆变器作为企业的主要产品，其销售额成为企业的主要营收。

光伏组串内的组件正负串联，整串线路的直流电压非常高，一般可达到600～1500伏，较高的直流电压容易导致运维触电风险和火灾风险。因此，较早发展光伏发电的国家出台了一系列强制措施应对直流高压风险，通过强制安装必要设备降低光伏系统运行时的直流电压。例如，2022年，泰国在国家电气规范中要求屋顶光伏电站必须安装快速关断装置，一旦发生危险，启动关断装置可使电压快速下降，有利于消防人员展开救援，同时保证消防人员在救援过程中的安全。微型逆变器和其他逆变器相比，是唯一具有组件级快速关断功能的逆变器。微型逆变器采用与每一块光伏组件连接逆变后并联接入电网的方式，使光伏系统运行时直流电压一般在80伏以下，安全性得到保证。如果采用集中式或组串式逆变器，就需要加装快速关断设备，组件级关断器是目前较为成熟的产品，可以满足光伏系统快速关断的要求，保障光伏系统的安全性。

光伏发电系统的安全性是客户首要考虑的问题，如果发生运维触电事故或者火灾事故，将直接威胁公民的人身财产安全，造成极大的危害和损失，客户对安全性的注重也会降低客户对价格的敏感度。微型逆变器和组件级关断器的安全性优势十分突出，满足了客户的主要需求，市场前景广阔。此外，目前市场上专注于研发、生产微型逆变器的厂商较少，而且国内对直流高压风险尚未做出强制规定，微型逆变器和关断器产品在国内的市场还未完全打开，未来微型逆变器和关断器产品的发展还大有可为。昱能科技凭借敏锐的嗅觉，抢占市场先机，提前布局，将在以后的竞争中具备较大的产品、品牌优势。

4. 产品矩阵不断拓宽，产品质量、性能优越

昱能科技从微型逆变器起家，慢慢覆盖组件级电力电子设备，目前已经逐步实现“微型逆变器 + 储能 + 关断器”三线并行，企业的产品矩阵不断丰富。微型逆变器作为企业的主要产品，经过多次迭代升级，产品性能不断优化，不断突破微型逆变器的功率密度和转换效率，成为行业的标杆和“领头羊”。

随着企业的壮大，仅靠微型逆变器业务已经不能满足企业的发展需求，由于关断器对光伏发电系统的安全性起到重要作用，企业为了丰富客户组件级关断方案的选择，推出了智控关断器。凭借雄厚的技术实力，昱能科技在关断器芯片方面实现自研自制，2019 年，企业推出搭载 ASCI 专用芯片的智能关断器，ASCI 专用芯片由昱能科技的子企业英达威芯研发而成。由于美国最早对光伏发电系统的高压直流风险采取了强制规定，关断器在美国光伏市场具备更大需求，因此，企业的智能关断器首先面向的是美国市场，并且获得了美国市场的认可。智控关断器的推出丰富了下游客户组件级关断方案的选择，与企业微型逆变器形成互补的市场开发局面，有利于扩大企业的业务规模。2020 年，推出的双体智控关断器连接两块组件，在该领域实现了功能上的突破，一经推出就受到客户的认可，2021 年企业的关断器产品实现了 64.41 万台的出货量，同比增长 149%。

光伏发电等新能源发电存在不稳定、间歇性等特征，配置储能可有效地缓解相关问题，因此储能也是光伏发电领域的一个重要板块。随着各国新能源革命进程的加快，对储能的需求随之加大，储能市场将持续保持景气。昱能科技把握这一市场风向，积极布局储能领域。目前，企业研发的储能产品有单相储能系统 ELS 系列和三相储能系统 ELT 系列。与同行业企业相比，企业产品兼顾户用领域和工商业领域，应用场景更加丰富，具有一定竞争优势。未来，储能业务可能成为企业的第二大业务，给企业带来更大的收益。

5. 全球化布局，打造品牌知名度

由于国外的光伏发电系统发展更早，应用更广泛，加上国外对光伏发电系统的安全性更加注重，因此微型逆变器和组件级关断器在海外市场的需求更加旺盛。昱能科技成立一年后就在澳大利亚设立了悉尼子公司，成为首个进入澳大利亚市场的微型逆变器品牌，随后，企业又相继成立了美国西雅图子公司、荷兰鹿特丹子公司、法国里昂分公司、墨西哥子公司等，在全球共建立了 9 个分子公司，企业海外营业收入占比超九成，以外销为主。

昱能科技通过在海外市场设立分子公司，组建本土化的员工团队，能够及时响应客户需求，提供“365 天 ×24 小时”全天候“零时差”服务，增强客户满意度和忠诚度，打造良好的品牌形象，提升品牌知名度和美誉度。借助各地的分子

公司，昱能科技在全球搭建销售渠道，海外市场的销售主要采用经销模式，通过经销商间接销售给终端客户。ENF 数据显示，截至 2022 年 3 月，昱能科技在全球拥有 100 多个销售商和 500 多个安装商，渠道分布广泛且具有深度，覆盖了全球微型逆变器的主要市场，有利于企业开展全面的营销，为客户提供高质量的售前、售中、售后服务。此外，全球化业务布局有利于企业及时发现新兴市场，快速布局新兴市场，并且有效平衡不同市场的波动，稳定企业的营收，减少“把鸡蛋放在一个篮子里”的风险，有助于企业保持长期稳定的发展。

6. 产业链逐渐成熟，市场需求持续景气

光伏组件级电力电子设备主要应用于产业链下游，上游原材料为电子元器件，电子元器件行业整体属于成熟产业。昱能科技主要采购的上游原材料有线缆、集成电路、半导体器件、机构件、阻容等，无论是集成电路、半导体器件等标准化材料，还是线缆、机构件等需要匹配产品规格或性能的定制类材料，都已经是较为成熟的产品，市场供应充足。产业链下游的应用场景主要是分布式光伏发电系统，包括户用业主、工商业主以及其他电站投资者。目前，全球气候问题深受重视，多个国家提出“碳中和”的目标，新能源发电是符合当前趋势的热门领域，光伏发电得到大力推广，并且逐渐发展成熟。光伏发电分为集中式和分布式，分布式光伏发电多用在户用和工商业领域，具有投资小、建设快、降低损耗等优势，因此，分布式光伏的占比在逐渐增加。

同时，一些国家对分布式光伏发电的安全性要求提高，强制要求光伏系统安装组件级关断装置，由此，微型逆变器、组件级关断器等产品的市场需求扩大，未来发展前景广阔。目前，微型逆变器市场仍处于发展阶段，存在一定的技术壁垒，供应商较少，昱能科技位于行业前列，积累了技术、产品、渠道和品牌优势，随着微型逆变器市场的持续景气，企业将迎来持续发展。

7. 发展与总结

昱能科技在短时间内就迅速成为微型逆变器行业全球前三的企业，首先得益于创始人独到的眼光，发现了微型逆变器的市场需求和发展前景，微型逆变器能够契合光伏发电系统的安全性要求，正逐渐占据逆变器市场份额；其次，昱能

科技对技术研发的重视和投入让企业在产品质量和性能方面领先于其他企业，成功参与行业标准的制定；再次，企业在全球布局销售渠道和建立完善的服务支持体系，塑造品牌知名度和美誉度；最后，不断拓展产品矩阵，形成了“微型逆变器＋关断器＋储能”三线并行的业务格局，丰富了利润来源。目前企业以外销为主，海外市场占企业全年营业收入的比重较大，国内的微型逆变器市场还未完全打开，而且微型逆变器的研发有一定技术门槛，因此，已经在该领域深耕数年的昱能科技在国内微型逆变器市场不断增长的过程中将具备极大优势。未来光伏发电市场还将继续扩大，昱能科技秉持制造好产品、提供好服务的初心，将会走得更远。

资料来源

1. 曹恩惠 . 微逆“双雄”引发资本狂欢超募之后国内市场仍待开启 [N].21 世纪经济报道，2022−06−09.

2. 杨烨 . 昱能科技董事长凌志敏：以技术优势赋能国内微型逆变器市场 [N]. 中国证券报，2022−05−27.

本章小结

本章重点介绍了企业的盈利模式。盈利是企业生存和发展的基础和关键，盈利模式对于企业盈利至关重要，良好的盈利模式有助于企业获取利润，实现价值变现。从整体上认知企业盈利模式以及产品销售的三种模式，强调产品销售不只依靠低成本，重点是把握消费者需求，提供令消费者满意的产品和服务。同时了解渠道服务创造价值和附加值以及品牌增值的方式，品牌作为无形资产也可以在市场上进行买卖，品牌增值的途径有品牌孵化、品牌租赁和品牌转让。在“专精特新”背景下，通过创新成果专利化、专利标准化、标准垄断化这一路径可以挖掘企业创新的巨大隐形效益。此外，解释了金融在企业发展中的附加价值，通过供应链金融、资金池、消费金融、股权投资等手段可以给企业带来资本收益。

第四章

资源整合：引爆资源聚变与裂变

对于初创阶段的企业而言，资源整合可以帮助企业获得先发优势，如降低成本费用、提高效率等；对于发展阶段的企业而言，资源整合可以帮助其获得新的利润增长点；对于衰退阶段的企业而言，资源整合可以帮助企业把握核心资源，去除体量大、效益低的业务，发展轻资产型的高收益业务。综合来说，资源整合是新时代引爆资源聚变与裂变的关键。

企业 90% 以上的资源都是被整合进来的。创造资源很难，整合资源很易；创造资源很慢，整合资源很快。因此资源整合是企业和社会发展的一条捷径。

——蒙牛创始人　牛根生

开篇案例

时代电气：资源触角遍布全球

1. 企业简介

株洲中车时代电气股份有限公司（以下简称时代电气）成立于2005年，位于湖南省株洲市。时代电气主要从事轨道交通装备产品的研发、推广、销售并提供相关服务，其产业结构清晰，打造了“器件＋系统＋整机”的完备产业结构，是我国轨道交通电气系统的龙头企业。截至目前，时代电气的业务板块有两大主力，一是轨道交通装备业务，这是时代电气的主要营收来源；二是新兴装备业务，该业务正处于时代电气进行未来布局的核心位置。

2. 时代电气延伸资源触角

（1）同心多元战略，业务资源遍布全球。

时代电气秉承“双高双效”高速牵引管理模式，并以“同心多元化”为发展策略，以技术升级、拓展市场为核心，对交通轨道产业链结构积极布局，结构趋于完整，产业布局包括了高铁、机车及半导体等多个领域，企业的业务资源遍布世界各地，与众多国内著名企业有密切的合作，发展前景广阔。

时代电气作为我国电气化铁路设备行业的“领头人”，多年来一直以重振高端装备工业为己任，以列车运行方面的牵引传动与控制系统的自主研发与产业化为目标，领跑全国轨道交通电气设备行业。经过多年的积累和发展，时代电气已成为具有自主知识产权的高技术水平的科技企业，其自主知识产权涵盖通信技术、监测监控技术、车载装备技术及深海装备技术等领域，助推数智技术资源整合。先后荣获中国专利金奖、国家科学技术进步二等奖等百余种奖项，并建立了多个“国字号”技术创新与工程研究中心，培养出了一批以院士为首的技术骨干人员。

时代电气在多国开设了分公司，并在国外建立了多个研究开发机构，向20

多个国家和地区开展业务，通过延伸价值链至国外业务，推动链条上的资源进行合理整合，在国内外形成了完善的供产销服务网络。

（2）人力资源价值导向，助长企业智力资本。

时代电气对于人力资源的重视程度也丝毫不弱，将“价值创造者为本”作为人才价值链核心，配合上企业的发展战略，时代电气积极开展企业业务，对人才供应链进行高效整合，利用有效的价值评估、资源分配，持续鼓励着企业人员为企业建言献策，带来新的发展智慧。在“价值为本、创新为源、人尽其才、才尽其用”的理念下，企业始终关注人员的价值创造能力与潜能，该理念在企业的绩效考核机制上体现得淋漓尽致。时代电气在考核标准中注重价值实践，同时在企业员工的未来职业发展任职资格评估中也有所反映，体现为对于员工个人的价值贡献的认可，更为实际的就是薪酬的等级划分，薪酬就是企业对员工创造的价值进行的有效回馈。经过良好的引导，企业人才网络开始向海外拓展，实现了文化的传播与技术的交流。

“十三五”时期，时代电气不断整合人力资源，先后出台了较规范的人才招聘流程、多样化的人才培养制度、科学的职业发展体系、合理的选人用人制度以及完善的薪酬福利制度，为员工的成长和发展提供了有力的制度保障。在薪酬待遇和员工福利方面，时代电气一直保持业内领先和地区前列的优势，为吸引和留住人才提供了坚实的经济保障。另外，作为现代化企业，时代电气重视保障企业员工的合理权利，这也进一步增加了员工的归属感和幸福指数，激发了企业员工创造智力资本的潜能。

（3）技术链及供应链完备，引领上下游资源整合。

时代电气的技术链和供应链软硬件兼施，在整个生命周期都具备强大的研发能力，并以此实现技术链和供应链的优质资源整合。企业的目标是专注轨道交通等相关领域，打造业内领先的解决方案，提供优质优价的产品服务。

对于时代电气来说，轨道交通是核心业务，其中的优势资源相应的就会更加集中，因此时代电气在行业中的地位十分稳固。并且，时代电气始终坚定以信息链技术引领、深入市场挖掘资源，进行双向驱动，不仅维护了自身的市场地位，而且还具备十足的开创性，不断深挖轨道交通领域新潜能、新技术，积极扩大新业务领域。时代电气也不忘布局铁路产业，其搭建的产业平台正在不断发挥效能，致力于攻克技术难关，通过平台式资源整合，引领企业向智能化、节能化进发，激发了企业的技术、服务转型升级，并以此赋能企业的全系列产品平台，最终完善时代电气的全产业链布局。同时，时代电气大力发展城轨产业，加大对拥有的技术、市场、品牌、服务四大领域的投入，持续深耕，为精准化营销铺平道路，并且加强对全生命周期的维护与管理，推动维保服务业的向好发展。

时代电气的产品及业务覆盖全产业链环节，下游终端产品助力绝缘栅双极型晶体管（IGBT）器件产品快速迭代。IGBT 供应链涵盖范围较广，其中包括供应链上游的硅片厂，中游的芯片设计、制造与模块封装，下游的系统和逆变器厂商。相较于国内其他的 IGBT 模块制造商，时代电气自身也能够设计与制造电驱、光伏逆变器和风电变流器等下游系统级产品，对企业的芯片和模块性能能够提供及时的反馈，大大加快了企业产品的迭代速度，同时也为时代电气立足于海外整合资源创造了条件。

（4）海外布局多年，推动全方位整合。

时代电气发展到现在，企业的产业规模逐渐庞大，从初期的 10 亿元左右开始成长，已经逐渐扩大到将近 150 亿元，实现了跨越式发展。时代电气的母公司是中车株洲电力机车研究所有限公司，成立于 1959 年，面对当时中国铁路标准不统一、发展速度低、技术十分落后的境况，在创办初期就致力于发展轨道交通的牵引系统，如今旗下新设时代电气、时代新材两家上市企业，所以决定了时代电气的主要发展方向。其在铁路牵引系统上持续注入创新元素，初期依靠从法国和苏联引进的技术，不断消化吸收转化为自身技术，进行二次创新，通过多年的发展，铁路牵引系统逐渐成为企业的标杆业务。虽然牵引系统只是我国轨道交通装备制造业零部件生产领域的一个分支，但时代电气不断实现技术、经营多元化，始终坚持“走出去”战略，正阔步走向世界。

在完成并购英国 Dynex 公司两年后，时代电气成功拥有了研制“中国芯”的技术，在株洲建造了我国首条 IGBT 产品线，标志着 IGBT 模块完全实现国产化，为我国的智能电网、高铁、大功率电力机车发展提供了坚实的技术支持，也为以后顺利走向国际市场奠定了基础。截至现在，时代电气的“中国芯”已经顺利运用于我国复兴号高铁上，并且成功远销海外。时代电气解决了“芯”难题后，全方位地整合了资源，延伸了国际化业务的触角，引领产业链向中高端发展。

时代电气的海外业务之旅可以概括为三个阶段：一是选择阶段，二是交易阶段，三是整合阶段。其中最重要的当属整合阶段，这一阶段是海外延伸发展的核心。这里的整合首先需要对企业的整体结构进行调整，确保时代电气的领导地位，其次是对财务层面的整合，帮助时代电气掌控延伸业务的关键细节，最后则是通过资源整合使时代电气的海外业务与自身发展保持一致，实现协同与共享发展。

3. 发展与总结

时代电气在国内和国外的布局仍在继续，随着时代电气对供应链、信息链、价值链更加深入的理解，将会有更多的优质资源经过这些链条传输给时代电气。时代电气凭借资源整合的效应，未来一定会在全球掀起更大的发展浪潮。

资料来源

1. 黄鹏辉，王俊平，叶湘杰，等 . 中车时代电气“机车 3C 装置”通过 CRCC 认证 [J]. 控制与信息技术，2021（6）：90.

2. 张华 . 高端装备制造企业以战略目标为导向的全面预算管理体系建设 [J]. 国企管理，2020（1）：73.

3. 王昶，胡明华，周文辉 . 技术寻求型跨国并购中公司总部角色演化研究——基于时代电气的纵向案例研究 [J]. 科学学与科学技术管理，2017，38（3）：56-69.

第一节 认知资源整合

资源整合是企业的战略手段，贯穿于企业的日常经营管理活动中。整合就是优化资源配置，通过组织和协调企业的内部关系，对不同来源、类型和层次的资源进行分类和甄别，对所选资源进行吸取、重构，这是一个动态的过程，使之符合企业的发展战略，并能为企业创造新的价值。

一、资源整合理论的形成与发展

企业界和学术界认为资源整合是一个循序渐进的过程，其最初认为，企业的能力和资源关系紧密，并且企业的能力在一定意义上是资源所构成的集合，可以使其具有特定的功能。然而，并不是所有的资源都能够成为企业的竞争优势，而是那些企业所独有的资源。企业能力本身并不能直接用于生产研发，但是能够将企业的各种资源进行有效整合。正是这种有机整合构成了企业的特殊竞争能力，企业才会具有竞争优势，并且能够长期维持这一优势地位（迟考勋和邵月婷，2020）。每一种“生产性资源”的使用范围、产生的“生产性服务”功能也各不相同，并且资源与企业之间存在不可分割性，企业运用资源形成的各项价值增值也具有与企业相关的独特性。因此，企业成长的来源是企业的内部资源。

随着资源整合理论的不断演变，陆续有学者开始关注企业进行资源整合时的获取机制，及其在资源合理配置中起到的影响作用。在不断变化的经济环境中，企业的竞争发展优势不仅体现在独特的资源优势上，还与如何对这些资源进行合理配置的方法息息相关。因此，企业核心的竞争能力不仅需要企业已拥有的资源优势及能力水平，还要求企业能够有效地利用现有资源并对其进行分配整合，由此产生新的资源和新的优势（孙秀梅等，2021）。企业的能力体现在把潜在的资源转化为经济活动和行为。此外，还有一部分学者将企业的资源优势能力分为两个层面：一个是局部能力，另一个是构建能力。还有学者把资源整合能力界定为吸收、重构和创新的能力，既包括外部的资源获取与整合，又包括内部的合理配置，通过充分利用这些资源达到企业竞争能力的强化（赵钊和杜晨爽，2022）。

当前学术界对资源整合的看法可以概括为：资源整合是将看起来无规律、无关联的事物进行排列组合，产生若干新生的事物，使多种资源得到增值的过程。从现代管理科学的研究来看，资源整合并不是单一存在的概念，它与许多经济学及管理学理论相辅相成。

综合以上理论不难发现，资源本身并不能够主动产生企业的竞争优势，它需要企业内部的各种经济手段来激活整合其竞争优势。由此可概括为：资源整合是一个动态的过程，对于企业或组织来说，必须熟练掌握对企业的资源优势与企业战略、企业架构的整合，并且该项任务会贯穿企业的生命周期。在整个企业的战略布局中，资源整合必定处于一个关键位置，它是合理利用资源优势并产生新优势的前提（郭润萍等，2022）。

二、资源整合概述

1. 资源整合的概念

资源整合是指企业对相互之间联系较小的资源进行识别与选择、汲取与分配、适应与有机融合的动态过程，经过这一动态过程后，可以使企业的各类资源具有较强的适配性，并且使之符合企业的发展战略为企业创造出新的价值及新的资源。通过对资源整合的内涵的阐述，建立了资源整合的流程模型，并对其进行了深入的分析，以期为企业提高资源整合能力、提高企业竞争力提供一些有针对性的意见。从战略思考的角度来看，资源整合本质上是一种系统性较强的综合思考模式，即通过组织和协调，将各业务之间相互关联却又相互分离的功能整合起来，将具有相同任务和独立经济利益的外部伙伴结合在一起，形成“1+1 ＞ 2”的效应。

对资源整合可以从以下两个层面来理解，如图 4–1 所示。

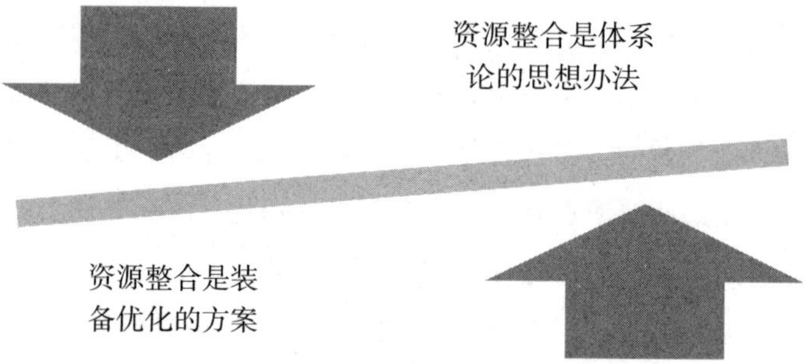

图 4–1　对资源整合的两层理解

（1）战略思想。

在战略选择层面上，资源整合是体系论的思想办法，即经过安排和协调，把企业内部互相关联却又相互分离的功能整合起来，或者将具有同一任务和独立财务利益的外部合作伙伴组成一个服务于顾客的系统，以此取得更大的经济效益。

（2）战略选择。

从战略选择的角度看，资源整合是装备优化的方案，即按照企业发展策略及市场需要，对相关资源进行再配置，突出企业核心竞争力，寻找资源与顾客的最优结合，目的是通过组织规则的安排和经营协调来加强企业的竞争优势，提高顾客服务水平。

2. 资源整合的特征

资源整合的特征包括需求多样、资源独立、艺术性和横向资源聚合四点。

（1）需求多样。

进行资源整合的需求是多种多样的，有战略性的需要，也有经济利益的需要，不需要都提升到战略的高度。

（2）资源独立。

资源是独立的，只有这样才能将资源进行重组，将现有的资源按照原有资源初始时期所展示的整体状态，不改变形态，并且保留资源的主要属性，从而培养出崭新的资源，以满足企业在生产过程中不断扩大的需求。

（3）艺术性。

资源整合就像一切商业活动一样，都是不能完全按照科学的法则来进行的，具有很强的艺术性。所以，若是采取科学的方法，如系统优化等理论，都不能很好地进行应用的适配。

（4）横向资源聚合。

资源整合是跨部门、跨领域的横向资源聚合。在控制范围内的区域，就不是简单的统一问题，而是统一安排、统一指挥的问题。

通过整合形成的资源与通过总体系统化创建的资源不同，它仍然是可以拆分的，可以重新进行新的整合。

三、构成要素与结构模型

1. 供应链资源整合

从根本上来说，供应链资源整合是企业为了提升顾客价值和企业绩效而进行的一项战略行动。它的核心是有效地规划、协调和控制组织内部的资源，并发挥各自的长处，使企业之间的优势互补，以获得单一行动所不能达到的高效。而之所以强调供应链资源的整合，是因为整合将会带来两种价值：一是可以减少“牛鞭效应”，提高供给活动的效率，缩短商品运行周期，加速企业的资金流动，减少不确定性，从而对企业业绩产生正面的影响；二是从社会角度来看，可以为顾客提供更多的增值服务，从而提高社会的价值贡献。

完整的供应链资源整合应该包括三个方面，即供应链的前期、中期、后期三个阶段的整合。

（1）前期整合。

前期整合主要是对供货商的筛选，包括资质评估、供给能力以及企业价值观等。供应商的前期考核很重要，这关系到后期的供货，以及相关合同条款的执行力度等。只有前期建立起相当详尽的产品标准及双方违约的处罚标准，才能在后期产品质量把关上减少相当的制度成本。前期整合是后面两个环节的基础。

（2）中期整合。

中期整合是最关键的，因为这关系到企业的产品。相应的程序是：由需求方提供订单，并对相关产品进行严格的管理，否则将按照相关约定进行处罚，在产品给到需求方后，由供货商根据企业的产品标准对其进行复验，以保证产品在进入市场后保持较高的质量。

（3）后期整合。

后期整合更多的是建立在总部与店铺的连接上，而相对完整的供应链则是由供应商、总部和店铺组成，因此，后期整合就是建立在衔接总部与店铺的关系上。这中间又涉及门店的需求与总部的间接供给和供应商的直接供给，也就是生产和销售两端如何更有效地建立起联系，这要考验总部对流程和机制的理解程度，同时，后期整合应该还包括与供应商扩大合作。

2. 信息链资源整合

信息链是企业通过生产、经营活动产生的信息传输途径，包括数据采集、处理、应用和知识管理。企业可以通过人工优化整个信息链条来增强企业的信息链条，借此不断地对企业的业务管理水平进行有效提升，达成对企业所有资源进行优化配置的效果。作为整个生产、经营全过程中的信息传输通道，信息链自身也应该具有很好的适应能力。随着信息时代的发展，信息资源在现代社会中的优势不断显现，已然转变为各个企业必争的一种核心资源，它赋予了数据、技术、信息、声誉、形象等对企业至关重要的各种信息资源，这些都是企业赖以生存的基础。企业的信息链资源整合为供需双方提供了诸多便利，最重要的是架设了一个有效、快捷、高效的对接平台。企业可以利用互联网的优势，获取技术、产品和需求等全球性的市场信息，从而为新产品的开发铺路，敲定从掌握市场信息、确定产品概念到研发制造等多层次同步进行的流程。不仅能有效节约开发时间，降低资源消耗，而且能最大限度地提高企业竞争能力。

信息链资源整合的意义在于以下三个方面。

第一，有利于满足信息使用者多元化的信息需求。目前的信息体系所能提供的增值信息不多，给用户带来了很大的麻烦，但信息链资源整合可以通过大量的数据采集、深度的综合分析，为用户提供有用的增值信息。

第二，有利于企业形成竞争优势，实现长远发展。通过信息链的资源整合，可以使企业对自身、竞争对手、顾客等的状况有一定的认识，从而找到自身的优缺点，从而达到扬长避短的目的。同时，通过对企业内部和外部的信息进行集成，可以全面地了解企业和行业的发展趋势，从而为企业的发展战略制定提供参考。

第三，有利于促进宏观经济的有效运行。建立企业信息化资源整合系统，将会对整个社会层面的信息流通机制起到改善作用，实现对全社会资源的科学合理配置，促进宏观经济的积极健康发展。在大数据时代，企业要顺应时代潮流，灵活转变与信息资源相关的工作模式和信息资源利用模式，以价值创造为中心，大力提倡使用新一代信息技术，并且将技术的深度应用作为突破口，为企业的资源整合工作做好铺垫，从而快速精准地提炼出具有增值效应的有效信息，打响信息链资源整合攻坚战。

3. 价值链资源整合

价值链资源整合模式具有业务闭环、平台开放、长期边际收益递增的特点，其是以产品流程管理为核心、以现金流量管理为系统支撑、以信息流管理作为资源的集成方式（綦良群等，2017）。在企业价值链的要素管理上，企业的价值链资源整合模型旨在通过对产品流程的管理，在供应链服务中形成一个完美、优秀的竞争优势。通过运用符合企业流程的信息流动管理技巧，实现有效需求和有效供应之间的市场平衡。从企业价值的视角来看，企业的价值链资源整合模型对企业的整体经营业绩和企业的信息化建设具有重要的意义。

企业的发展之道在于价值链的资源整合。对价值链资源整合的价值进行分析，为企业的战略制定提供了一个新的空间，其核心是通过对价值链中各个环节的选择与整合，从而产生新的价值。企业价值链中的资源整合主要表现为分解、整合、共享和外包等。

在过去，企业发展依靠的是管理、采购、生产、销售、系统和人员，在一条价值链上精耕细作，以获得专业化的收益。现在，价值链资源整合就是要延伸，延伸到广告、资源以及各种合作，延伸就是突破，突破就是对原有的做法的颠覆。这是价值链资源整合的核心。

网络时代，对于企业而言，要做到开放性运营，充分利用社会资源，但是，要想使这些分散的生产要素产生新的价值，就需要通过一条价值链条将其连接在一起。这就需要企业将社会资源进行整合，建立新型的价值链，从而达到对企业价值链的有效整合。

四、资源整合分类

按照企业之间不同的整合资源方式，可以把资源整合分为三种形式：纵向整合，横向整合和平台式整合。

1. 纵向整合

纵向整合是指两家或多家企业在同一价值链上联合起来，形成一个共同的利益共同体，以实现企业价值链资源的整合，从而产生更大的价值。

传统的“原料供给—设计—生产—销售”是一个典型的纵向垂直价值链，在此过程中，企业需要思考的问题是：在价值链中，自己是否处在最有利的位置？你从事的工作是否最适合你、最能发挥你的长处？若不然，自己在哪个方面没有比较优势？应该将哪些资源进行比较优势的整合？

2. 横向整合

横向整合是将眼光聚焦于价值链上的某个环节，并探索如何使用、如何将它们结合起来，使之更好地提升效用与价值。与纵向的资源整合不同，横向整合是将不同的资源看成处于价值链中的各个环节，重点是要找到自己的定位，做最具竞争优势的工作，并在各个环节之间进行协作，使价值链的价值最大化。横向整合的资源常常不在产业链中，而是在产业链的外部。

3. 平台式整合

无论是纵向整合还是横向整合，都是以企业自身为一种整合资源，思考如何将其他资源结合起来，以达到最佳的效益。而平台式的资源整合就不一样了，它是以企业为平台，将供应商、需求方甚至是第三方的资源整合起来，这样一来既能有效提高交易效率，又在一定程度上节约了交易成本（Minna Pikkarainen 等，2022）。

资源整合专栏 4-1

转转：二手电商交易平台

随着电商产业的不断发展和人们生活水平的不断提高，网上购物正成为人们的日常消费方式。网上购物在提供便捷购物方式的同时也会产生非必需品的额外消费，这一行为会导致大量的生活用品被闲置或丢弃，造成资源的浪费。针对此种现象并随着分享经济的出现，众多电商平台推出了二手交易线上平台。

1. 企业简介

转转是 58 集团携手腾讯于 2015 年 11 月 12 日正式推出的线上电商二手交易平台，该平台整合了二手手机、二手家具等多类型商品的交易。针对手机等价贵且造假成本低的二手商品，转转推出了 C2B2C（Customer to Business to Customer，即从消费者到企业，再到消费者）的新型电商模式，通过有效的质检环节，减少了传统模式下真假混卖的情况，在提升自身口碑的同时，建立起了让消费者安心、放心、舒心的二手交易平台。经过多年发展，转转获得多轮融资，规模不断扩大，并在发布会中宣告了企业新的品牌形象及战略布局，将其口号调整为“二手改变世界”，以宣示其在二手行业的重大改变。

2. 平台资源整合优势

（1）先进的“线上＋线下”供应链体系。

随着二手行业的不断发展，尤其是二手手机市场的繁荣，转转作为头部平台迎来了机遇，同时也需要整合产业链资源，加深行业合作，达到利益最大化。转转之所以能够成为互联网电商浪潮中发展迅速的独角兽企业，凭借的就是其在履约服务上的打造，赢得了平台用户更高的信赖度，再就是其拥有将平台优势不断扩大并最终赋能产业链的能力。目前，全国二手产业链中包含数百万从业人员和商户，转转就是其中的领头人，它以平台整合的优势携手国内商户团结合作，不断改善二手市场的供给侧和需求侧，优化二手交易的流程，使得交易效率显著提升、二手市场的生态更加繁荣，打造了国内先进的“线上＋线下”供应链体系。

（2）创新的质检服务体系。

转转在业内的领先优势不是与生俱来的，这其中少不了成熟的质检服务体系发挥的作用。转转的质检服务体系因时而变，不断优化创新，一步步地贴合市场需求。转转完善了手机的质检标准，将原有的质检标准升级为66大项，并且与时俱进，整合平台优势开展质检业务，随时监测市场走向和用户习性，及时调整更新质检要求。还将WHYLAB实验室收入旗下，提升数码产品的辨别检测能力，同时加大智能自动化验机设施的研发投入，打造了双平台验机体系，以获得更快的验机效率、更高的验机质量。

转转不仅仅局限于二手机和二手数码产品的业务范围，还将其质检服务拓展至书籍、化妆品、球鞋等众多领域，迎合了更多的消费需求，拓展了资源渠道，以日益增加的质检业务量预测客户习性和行业趋势，并将信息反馈于平台建设，不断优化创新质检体系，提升企业的核心竞争力。

（3）高质量平台式服务水平。

与同行业进行横向对比，转转的重心偏向于提高其服务质量。通过深入研究转转的业务以及合作关系可以发现，转转在3C数码产品以及母婴类产品中投入的精力排在首位，同时其发展路标开始指向与海尔和富士康的合作。

在与海尔的战略合作中，转转利用平台优势资源，对二手家电领域进行深耕，旨在打造国内极具规模和专业水平的二手家电置换平台。通过此次合作，转转平台的二手家电业务逐渐形成了标准化、透明化的高效网络，依托平台整合优势，二手家电业务的交易成本得到了进一步优化。有了与海尔成功的合作经验，转转将合作之手又伸向富士康，计划打造业内领先的二手机生态系统：转转把产品交付富士康进行质检，给平台用户带来了优质高效的服务。此外，转转还通过树立规范透明的企业准则，打造具有高质量服务水平的绿色循环二手置换平台。

3. 发展与总结

转转开展平台式资源整合的效用逐步扩大，供应链体系及高质量的质检体系也日益完善，目前已稳坐二手行业的前三席位。但因其行业的特殊性，进入壁垒较低，目前仍有企业源源不断地进入这片蓝海市场。转转要想在激烈的市场竞争中立于不败之地，需要依托其产品及平台整合优势，不断开发新的交易品类，改善交易效率和成本，坚持创新发展道路，走好品牌的发展之路。

资料来源

1. 李伟，徐梦屿 .C2B2C 模式下二手电商平台的发展探索——以“转转”二手电商平台为例 [J]. 现代商业，2020（28）：34-36.

2. 王永生 .“二手”赛道上，转转集团如何让闲置价值“转”起来？[J]. 中关村，2020（8）：75-77.

3. 卢岳 . 转转集团：完善标准化履约服务 促进循环经济发展 [N]. 消费日报，2021-07-20.

第二节　供应链资源整合：时代洪流与机遇

在“互联网+”的背景下，实体经济亟须由内而外地进行变革。此时企业界应顺应时势，把握时代发展机遇，积极主动地转变对自身的认识，通过深度开展供应链资源整合，促进供给侧的优化，拓展企业的产业链布局。

一、平台式供应链资源整合

供应链资源整合的宗旨，是为了合理保障与经济活动有关的有效资源配置，指引经济活动有序进行。平台式供应链资源整合可以使合作伙伴间的协作进一步深化，过程中会涉及以下主体：供应商、中间商、第三方服务供应商和客户。而如何顺利开展平台式供应链资源整合是企业发展的关键，其整合要点包括以下四个方面，如图 4–2 所示。

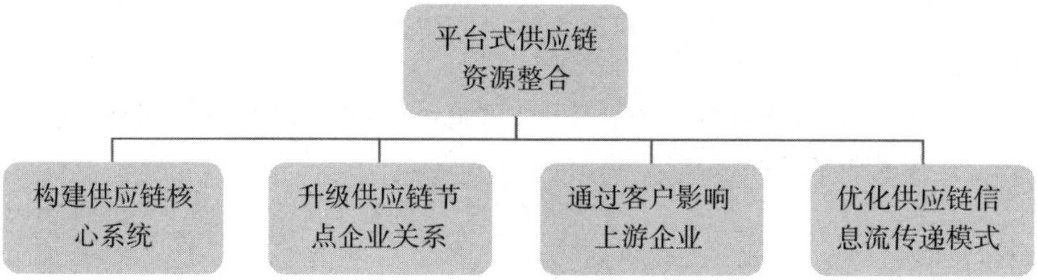

图 4–2　平台式供应链资源整合要点

1. 构建供应链核心系统

供应链中的核心企业通过搭建平台，融合各个方面的资源包括知识、资金、创意设计和渠道等，从而加强上下游的利益关系，从整体的发展角度更好地解决资源整合问题。许多企业会通过自身拥有的核心能力，建造一个新的综合平台，以吸引更多的合作者组织起来共同创造价值。在这个平台中，每个企业都有自己独特的位置和核心竞争力，企业和平台相互帮助、共同获益。

2. 升级供应链节点企业关系

现在企业的发展模式已经和过去截然不同，不再过分依赖于一两个供应商。企业的成功与失败与自身的经营有关，同时还会受到供应链中其他节点企业的制约，很容易产生“蝴蝶效应”，使整个供应链中的企业利益受损。供应链现在融合了互联网，为企业间的深度合作提供了平台（吴挺，2021）。供应链核心企业通过信息共享、资金有偿援助的方式，一方面提升了自身决策的合理性及抵御风险能力，另一方面减少了供应链中“牛鞭效应”出现的概率。通过互联网，实现了企业间的深度合作、资源共享、互利共赢。

3. 通过客户影响上游企业

既然是商业化销售模式，那么产品的最终获得者肯定是客户，所以企业生产的产品就要以客户的实际需求为准则，通过对现有产品市场的调研，分析判断消费者的喜好，根据市场实际反馈进行策略调整，避免供非所求。C2B 商业模式，即消费者通过互联网提出对产品与服务的特定需求，积攒到一定的数量形成大的订单。这样消费者不但能参与企业产品的研发与设计、生产、配送等各个环节，还可以较低的价格获得满足自身需求的产品和服务。在这个过程中减少了一些中间商，降低了产品的成本，从而使消费者和生产厂家都获得了利益。

4. 优化供应链信息流传递模式

供应链信息流是指整个供应链上信息的流动，它伴随着物流的运作而不断产生。信息的快速、即时流动为企业决策提供了及时的反馈，进一步增强生产、存储、运输和销售的整体性。因为平台的便利性，使信息可以共享，第一时间获得消费者对产品和服务的反馈，为企业产品和服务的改进提供了依据，同时消费者也可以通过平台看到其他消费者的评价，为自己的消费提供参考。

资源整合专栏 4-2

云网万店：电商平台中的供应链整合专家

1. 企业简介

深圳市云网万店科技有限公司（以下简称云网万店）于 2020 年 11 月经苏宁易购创办，云网万店有六大核心业务，分别是 B2B、海外购、零售云、拼购业务、苏宁小店以及苏宁有货，以科技赋能和电商输出的能力作为核心。云网万店在线下拥有丰富的互联网配套门店供应链资源，同时在线上还拥有众多方便快捷的链接入口，依托苏宁易购的多业态进行承接，业务覆盖面广，能够满足不同消费者的需求和习惯差异。云网万店竭力给消费者带来优质体验的服务，促进交易形式的优化，完善交易流程，实现了平台式供应链资源整合。

2. 平台发展优势分析

（1）平台式商业模式：发挥整合效应。

云网万店在战略布局中将自身定义为电商全场景融合交易服务商，为社会大众、中小商户、零售商以及供应商这些供应链主体提供服务。云网万店的商业模式就是要将消费侧和商户侧相融合，逐步优化供应链，发挥平台式整合效应，为苏宁易购的线上线下服务提供转接平台，发挥着苏宁易购对外开放赋能的服务端口作用。

（2）合作模式赋能供应链：实现供给侧优化。

云网万店拥有众多与商家合作的模式，十分巧妙地整合了用户资源。O2O 店铺模式不断地用流量、履约、用户、商品等手段进行赋能，以线上线下相结合的一站式解决手段革新传统实体店，助力实体店获得流量和效能，保证经济效益的稳定增长。自营赋能也同样推动了服务模式的迭代，2021 年苏宁易购计划使用 10 亿元补贴，在以旧换新领域树立了新的百亿目标，用全流程、高时效焕新作为吸引，给消费者带来前所未有的体验升级，也同样给自身带来了更多的流量。

云网万店依靠苏宁易购带来的资源、流量、物流、运营管理等优势，全方位帮助商户进行营销活动，让消费者和商户之间保持紧密和谐的关系。同时，云网万店还在多渠道方面对商户的资金压力进行了缓解，减少中间渠道佣金费。通过与多家商户合作，云网万店实现了由供应链资源整合带来的供给侧优化。

（3）线上线下资源互通：打造零售业模板。

云网万店的核心业务，给零售服务业带来了崭新的借鉴模板。苏宁易购能贯彻落实其赋能方针，结合自身的平台优势与丰富的资源，与云网万店进行了高效协同发展，并且云网万店的地基能够由苏宁易购旗下的自营业务进行填补，壮大其运营服务，为消费者的特色化服务和优质体验保驾护航。

云网万店在当地网络交易平台的发展，得益于苏宁易购各种实体门店的加盟以及双方高度的资源互通，供应链和资源整合效率得到显著提升。云网万店在多场景下满足了消费者的需求，以较低的成本获取客源，同时物流速度也得到提升，售后服务得到了改善。因此，云网万店的本土化服务进一步得到升级和优化，吸引了更多的商家，编织了更加紧密的本地互联网络，打造了零售业务的模板。

（4）数字平台支持：创新零售业态。

云网万店的业务开拓，是苏宁易购实现供应链整合中心化的一次创举。云网万店不断转型，开始摆脱只靠卖货赚钱的传统思想，着力打造服务为本的理念。云网万店不再以赚取差价作为首要目的，因此消费者能够得到更加物美价廉的商品和更加优质的消费服务。同样，在供应链中的商户及供应商也能受益于数字化转型，获得更多的商品和技术支持，商户不再需要时刻注意市场变化，也不再需要大量囤积货物，云网万店此举能够帮助商户获取更加丰富的资源。而从供应商角度来说，有了大数据的引导，资源的获取更加顺利，产品个性化也更加有利可图。社会经济亟待更加稳定持续的增长，就业岗位也需要不断扩大，云网万店推行供应链的资源整合理念，对整个行业发展起着积极的借鉴作用，同时还创新了零售行业的新业态。

3. 发展与总结

伴随着云网万店的迅速发展，在今后的日子里，将会有越来越多的零售商和中小商户参与到供应链资源整合的进程中来，促进零售与相关行业的协调发展。在当今的经济周期中，零售业的基础设施建设需要云网万店等企业的帮助，零售行业的数字化转型同样任重道远。

资料来源

1. 廖一桥 . 新模式下零售企业的营运能力分析——以苏宁易购为例 [J]. 中国集体经济，2022（7）：51-53.

2. 李晓雪，路红艳，林梦 . 零售业数字化转型机理研究 [J]. 中国流通经济，2020，34（4）：32-40.

二、分布式供应链资源整合

1. 分布式供应链资源整合的概念

分布式是指在供应链供需网络结构中，供需运作双方不再以某个或几个核心企业或核心环节为中心，而是在特定的情况下，供应链中的各个节点之间在一定条件下可以通过有效的、自发的方式重新配置资源进行重组，以满足用户需求。在供应链集成系统中，分布式发展已经成为供应链体系建设的一个趋势。

分布式供应链资源整合是一种典型的供应链资源整合模式，它已不需要依靠某一特定的企业逾越复杂而漫长的供应链逐层达到，而是在信息系统的平台支持下高效、准确地实现一步到位的服务。这种不再依赖特定节点企业组织和管理，而是利用信息技术自行寻求来实现自身的需求，并满足供求平衡的模式，就是分布式供应链资源整合的典型写照。分布式的效应是企业不断追求对供应链快速响应的结果，代表的是供应链管理在新时代的一种新模式。

2. 分布式供应链资源整合的优越性

供应链的分布式发展意义重大，将给企业和社会带来大规模的资源整合配置。具体来说，其优越性可以表现在以下两个方面。

（1）管理成本大幅降低。

由核心企业牵头、非核心企业跟随的模式逐渐被分布式模式替代，供应链管理成本大幅降低。越来越多的投资方更倾向于建立信息互动平台，让供需双方在平台上自由地交易、合作、沟通。

（2）科学合理的智能化配置。

对资源更科学合理的智能化配置，使更多的市场需求被发掘并被满足，随着信息技术的发展，围绕单个消费者的全方位个体定制服务或产品将会越来越普及。

3. 分布式供应链资源整合的未来发展模式

分布式的发展昭示着巨大的产业结构转型。产能和供需重大的行业变革，能力与供求信息的实时对接，将对供应链资源整合的发展模式产生深远的影响。

（1）合作模式碎片化。

供需双方的合作模式将在一系列相关技术的支持下趋于碎片化，供给端的协作方式会逐渐变得零散。供应结构将改变以往单一的、以规模效益取胜为基础的规则，形成大规模、快速高效的供给模式。现如今新式的供应模式层出不穷，但是随着传统产业的不断升级，会造成生产性供给资本在增值时受阻，使其增值空间不断被压缩，持续萎缩，而企业产品和服务的边际收益趋于零。此时，个性化产品和服务迎来发展机会，其增值空间进一步扩大，供需双方接下来将开始转移交易的重点，放在满足个性化需求和创新上。大数据平台的建立使交易信息和资金的流动成本大幅降低、预测效率大幅度提高，使供给方能够以最低的成本为总量巨大的但过去难以把握的细碎需求提供准确的服务。

（2）管理平台专业化。

随着人工智能、地理信息系统（GIS）、智能制造系统、一体化成型等技术的不断发展，企业的供应链管理逐渐开始由人工为主，以计算机、信息及其他技术系统为辅的形式，发展演变到对相关技术体系的高度依赖，而供应链管理的重心也从人工协作朝着专业化、自动化、模块化的方向发展。在新的信息系统平台上，经济和社会的合作领域被大大拓展，新的合作模式不断涌现，为市场经济的发展进化和演化指明了新方向，同时也带来了前所未有的新挑战。

（3）整合能力竞争。

分布式供应链资源整合建立在大数据、智能制造、互联网金融以及高效的绿色物流配送上，信息的共享程度将会在供应链各节点达到前所未有的水平，从而对整个供应链的组织结构产生巨大的影响。在某些供应链中，有些环节会被替代、消除，从而进一步变形和整合。在新的全息技术平台中，各个节点的扁平化、高效能、低成本、同质化将在一个时期内吸引大量的社会资源参与，而其边际效益也会因为其便捷性、门槛低等快速下降，资金的争夺将转变为以信息平台为核心的综合能力的竞争。

三、供应链资源垂直整合

1. 垂直整合及各个阶段的战略动因

一个产品从原料到成品，最后到消费者手中，要经过许多阶段。如果一个企业原本负责某一阶段，当企业开始生产过去由其供货商供应的原料，或当企业开始生产过去由其所生产原料制成的产品时，就称为垂直整合。从原料生产到产品销售，再到消费者的多个增值阶段，这些流程中企业直接管理的阶段越多，垂直整合的程度就越大。如果企业决定生产通常由供应商提供的零部件和原材料，则称为向后整合；如果企业决定接管分销业务，并可能将其销售给最终消费者，则称为向前整合。

2. 供应链垂直整合的必要性

对于企业来说，垂直整合是个很难完善的战略，它通常是复杂、昂贵的，而且很难逆转。上一流程的生产商经常为了确保其产品的市场而整合下一流程的分销商，这在经济景气时是很好的，但是，当需求降到只能维持工厂的利用水平时，许多企业发现自己对下面的分销商降价降得很厉害，就会经常产生把没有进行整合的竞争者赶出业务外的效果，而使顾客极不情愿地接受随之而来的价格上涨。

3. 垂直整合的方向

可以进行垂直整合的企业应当是制造产业链最终产品的企业，而不是零部件供应商或原始材料采集商，除非它们转型为最终产品制造商。只有制造产业链最终产品的企业，才是它所在产业链的代表企业，才有整合其产业链的先决条件。对于制造产业链最终产品的企业，垂直整合可以向上控制原材料供应，也可以向下协调产品的销售渠道和物流保障。垂直整合的方向应当是尽可能地往产业链的下游延伸发展，以尽可能地靠近最终消费者，其原因有以下两个。

（1）与需求市场零距离接触。

企业生存的根本在于为其客户创造价值，一切商业竞争的成败都取决于消费者是否愿意为产业链的最终产品与服务买单。因此，要尽可能地靠近最终消费者，与真正的需求市场零距离接触。

（2）掌握产业链发展方向。

企业的利润最终来源于产业链的最终产品与服务的消费者，了解最终消费者的需求，就掌握了产业链的发展方向，就能对自身在产业链中的贡献有定价权，从而争取企业利润的最大化。

第三节 信息链资源整合：普惠与信任的底层逻辑

信息时代的到来使得数据的增长速度越来越快，社会对信息资源的需求日益扩大。在这样的大背景下，厘清信息资源的特点和发展模式，并将庞大的信息链资源进行有效整合，从而给需求方提供便捷、优质的数据库，反映的是普惠和信任的底层逻辑，并且能够为社会的可持续发展助力。

一、大数据资源整合

1. 大数据资源整合的发展现状

数据的最基本组成要素是信息资源，而大数据资源整合是信息技术发展的基本要求。目前，大数据时代迅猛发展，摆在我们每个人面前的无形资产就是信息资源，它能够让我们得到想要的知识、获取实时的社会动态等，解决生活与工作的各方面需求。但是，目前信息技术的发展迅速，而信息资源具有分散性、零碎性等特点，如何将海量的分散零碎的信息资源进行有效整合，以层次化、结构化的形态呈现在用户面前，满足其获得具有商业价值的信息资讯的需求，提升相关企业或个人的核心竞争力，进而推动社会的发展和科技的进步，是大数据时代信息资源的拥有者或相关行业的新挑战和机遇（陈海军，2019）。

随着数字技术的快速发展，信息资源也在逐渐融入人们的生活，并不断地改变着人们的生活方式，迅速地提升其自我价值，这也就预示着大数据时代的正式到来。不同于传统的信息供给，信息资源是快捷性、灵活性、共享性的体现。信息资源发展之快、接受度之高，就是得益于大数据时代飞速的传播。

2. 大数据资源整合的优化

对于大数据资源的整合优化，具体可以从以下四种思路来考虑。

（1）合理取舍，提高信息的价值感。

在大数据时代，每天产生和存储数据的速度飞快，在如此多的数据中获取到有意义和有价值的着实不易。所以，需对存储的数据进行合理取舍，将不虚假、有时效性的数据进行有效整合，以信息资源的形式提供给用户，提高信息的价值感，还要不断地扩充新的数据，来满足信息资源的实时性、有效性。

（2）明确整合思路，保证高效运转。

数据资源整合受益于信息技术的成熟，现在已有较为完善的系统，当然，在对大数据资源进行整合时要注重规律的总结，具体可以参考以下五个方面：第一，信息资源不能失去其真实性，要保持信息的完整性；第二，对整合过程的资金要提前规划和筹备，在引进必要的软件、硬件时要结合自身条件、信息资源整合的需求量以及市场形势等进行合理规划；第三，要主次分明，以整合为主、以联合为辅进行有效协调，以保障信息资源得到有效运用；第四，根据自身特点和需求建立合理的信息资源领域模型，对其中的数据进行完善，建立结构清晰、层次分明的数据库；第五，数据库合理完善后，根据不同需求建立不同的信息资源库，以方便用户进行信息的搜索和查阅。

（3）完善资源整合体系。

大数据资源整合的开展前提是拥有大量的数据支持，同时这也是资源需求者运用资源解决问题的保障。在大数据资源的供给关系中，任何数据都需要经过提取总结，以此支撑资源整合体系的可持续发展，最后促进体系结构的优化配置，提高信息资源供给的效率，不断满足用户获取信息的需求。

（4）打造新时代服务模式，提高资源整合水平。

顺应数字技术的发展，资源整合的服务模式不断创新，服务质量也稳步上升，并且新时代的数据资源不再受限于时间和空间等，在对数据资源进行补充时，数字技术超越了技术层面，为资源的供给提供了基础保证。此时的发展重点要向资源需求方靠拢，如何优化用户体验，为用户提供高品质的服务、高质量的信息数据空间，提升用户的满足感，是提升资源可持续发展的重要途径。

在大数据高速发展以及信息资源整合浪潮的推动下，以大数据作为有利平台，将信息化发展过程中出现的问题进行归纳和解决，进而提高大数据资源整合利用的深度是值得深思和研究的问题，也是将来信息资源为用户提供便利的知识获取渠道、推动国民能力提升及社会进步的重要举措。大数据资源整合是一项举足轻重的建设工程，需要相关技术人才、团体单位在不断摸索中获取宝贵的经验，砥砺前行。

二、数智技术资源整合

数智技术的开发落地，带来了产业形态及生产组织方式的又一深度升级，此时数字转型是众多国内企业的必经之路。数智技术的普及推动着企业的数据流跳出传统界限，在多个领域当中实现跨界流动，促进了数智技术、核心业务、海量数据的快速融合，为企业的管理和决策提供相关数据资源进行赋能驱动（Linfei Wu 等，2022）。此时企业亟待转变自身的运营模式和管理模式，由此诞生了诸多新业态及新模式。因此，数智技术资源整合有望成为企业进行未来战略布局的核心手段。

1. 云计算资源整合

伴随着我国信息化进程的浪潮式推进，企业传统的信息化建设已越来越不适应时代的要求。企业信息闭塞、信息安全无保障、信息独立性强、资源利用率低等一系列问题应运而生。尤其是在大数据时代，受限于这些问题，企业信息化建设的步伐受到了很大的影响。而企业要想解决信息化建设中的疑难问题，就需要通过整合现有的信息资源来保证企业内部的资源共享，进而优化企业信息资源使用效率，而企业要整合资源，就必然要在技术和费用上投入很多的资源。此时，云计算技术的出现正好可以解决目前企业面临的高研发、高投入的问题。具体而言，云计算资源整合具有以下四个方面的优势。

（1）提高资源整合效率。

云计算提高了企业在信息管理平台的资源整合效率。云计算是一种新型的计算方法，具有高可靠性、虚拟化、高效资源池等优点，云计算技术能够实现对所获得资源的自动采集和处理，同时还能实现对数据的存储和应用程序的调用。所以，云计算技术为企业在整合资源的过程中提供了有力的支持。

（2）有效节省所需的过高成本。

云计算可以有效节省企业在整合资源时所需要的过高成本。企业的数据管理需要大量的资金，而云计算则不需要支付过高的成本来进行管理。云计算技术是通过使用现有的资源池，释放企业数据库资源的效能，实现自动化管理，并为此打造相配套的应用系统，通过这一方式企业能够极大地减少数据资源管理方面的开销。

（3）解决资源分配问题。

云计算可以很好地解决企业在资源整合中存在的资源分配问题。云计算技术是基于企业的现实需要，在整合企业资源时，为企业提供相应的服务方案。在此企业充分利用了云计算技术的扩展性，可以根据实际情况对业务的规模进行动态扩展和资源分配，以最大限度地满足用户的实际需求。

（4）提供安全保障。

云计算为企业在整合资源时提供了安全保障。云计算具有高度的可靠性，充分利用了数据多个副本的容错性和计算机节点结构的可交换性，从而在资源整合的过程中保证了系统的高安全性。同时，在云技术的应用中，使用者仅需一部移动设备便可接入云业务，从而很大程度上强化了企业对信息资源的管理，并且激发了企业对信息平台的服务需求。

2. 区块链资源整合

利用区块链技术将线上和线下的市场资源结合起来，可以实现数据共享和价值互换，利用区块链技术对资源进行合理运营，是企业扩大销售规模、节省客户成本的有力保障。

企业还能够查验区块链中产出产品的质量安全代码，对现有产品的生产销售全流程进行改建，通过深度融合线上的优质服务和线下的切实体验，打造一体化营销体系。在技术层面上，各个企业要突破信息的限制，建立起一个良性循环的生态环境，让不同的市场参与者能够在开放的基础上合理降低信任成本，挖掘深度合作的可能。

将区块链技术与产品质量安全代码相结合，有助于提高产品质量，提升品牌形象，构建更加有效的产品营销系统。在提升顾客体验感的同时，也可以让顾客在购物时通过扫描二维码进行追溯和验证，了解到商家的真实生产过程，从而增加顾客对商家的信任度，并发挥分享经济的效用，将首批顾客当作“活广告”，吸引更多的消费者，形成良性循环的商业模式。

资源整合专栏 4-3

依图科技：探索 AI 新时代生态

1. 企业简介

上海依图网络科技有限公司（以下简称依图科技）于 2012 年 9 月成立，是一家以 AI 芯片与云计算技术为核心的人工智能解决方案及架构提供商。依图科技拥有卓越的研发实力和雄厚的技术资源，在美国国家标准与技术研究院举办的人脸识别比赛中连续荣获冠军，与商汤科技、云从科技、旷视科技并称为“AI 四小龙”，2020 年入选胡润全球科技板独角兽企业。依图科技凭借优越的技术水平深耕 AI 和云计算领域，不断通过数智技术资源整合进行技术创新和产品升级。

2. 数智技术资源整合赋能三大板块

（1）智能城市：整合技术资源，实现智能跃迁。

依图科技遵循人工智能赋能未来城市的理念，用先进的 AI 技术成果转化为业内领先的基础 AI 设施以及行业解决方案，以云计算技术优势整合资源，将发展动能赋予城市的智能化建设中，是国内极具规模的人工智能企业，为城市提供灵活多变的智能化运营管理。在此基础上，依图科技不断拓展云计算技术疆界，始终致力于全面解决机器看、听、理解和规划的根本问题，为数字化技术的发展和应用普及提供高性能、高密度和通用的算力，满足云计算数据中心、边缘计算和物联网不断增长的智能计算需求。

依图科技同时还从城市规划、城市管理、城市生活、城市服务方面提升城市的智能密度，为依图科技的智能城市落地普及奠定了坚实基础，利用智能化运营技术提供的数据支撑，推行具备全栈工程能力及软硬一体化特点的全面智能解决方案，方便民众的衣食住行医，加快城市的运营效率和智能化进程。并且其智能城市解决方案也旨在保障城市安全，以灵活的智能化运营水平，结合实际的城市管理问题，将数据的价值体现在民众的日常生活以及商业活动当中，实现城市的智能跃迁。

（2）智能医疗：整合优质医疗资源。

依图科技大力打造智能医疗，运用云技术对优质医疗资源进行整合，在打磨产品时严格遵守多维度临床要求，对专业医生的诊断进行标注，将其渗透到临床工作流程当中，以周为阶段建立反馈机制。与此同时，依图科技凭借其完整的医疗知识图谱体系，大力发挥人工智能的效用，对海量数据进行深挖处理，构建自己的智能医疗病种库，为医疗服务提供智能全栈式产品解决方案，全面保障医教研管的有序开展。

此外，依图科技还以人工智能和云计算技术为核心，构建智能化的互联网医疗平台，发挥云计算技术的整合效应，从合理就医、医疗水平下降、医疗资源流通共享等医疗行业痛点进行切入，提升医疗机构的学科建设水平，创造更多的营业收入，并且反哺基层医疗，提升其医疗服务能力，为分级诊疗模式的构建提供有利条件，以数字化技术整合带动技术创新，促进智能医疗快速发展，让人人都能享有更好的医疗。

（3）智能商业：引领商业智能化变革。

依图科技将世界顶尖 AI 技术融入商业场景，以坚实的 AI、云计算技术支持以及软硬结合的行业解决方案，依靠云计算技术整合商业领域相关资源，为相关客户的精准决策、消费体验、资源配置保驾护航。

依图科技致力于打造智能化商业新业态，对消费者关系、运营模式和服务架构进行重塑，大力普及线下门店智能化，网罗线下资源，以强大的数据和云计算技术为媒介，对线下门店的运营状态进行评估，再根据状态的不同进行运营决策。通过对商家的科学管理为消费者提供形式多样的沉浸式体验，依图科技同步推行智能商业解决方案，满足各种商业场景的需求，优化消费者体验以及商家的运营效能。依图科技凭借布局打造体系完整的数字化智能商业，推动了商业的高效智能化变革。

3. 发展与总结

依图科技不断拓展人工智能新疆界，以数字化技术整合涉及业务的优质资源，改变了人工智能格局，并且不断深入行业进行研究，使 AI 技术真正落地。依图科技通过大量实践证实其发展方针的可行性，力图创造智能世界的无限可能。

资料来源

1. 曲忠芳，李正豪 .AI 四小龙的“同归”与“殊途”：谁的“钱景”更好 [N]. 中国经营报，2021-09-06.

2. 李冬妮，张海燕，温昱晖 . 人工智能数据集标准化与共享机制的探索 [J]. 金融电子化，2021（7）：75-77.

3. 赵艳秋 . 依图科技：让人工智能落地 [J].IT 经理世界，2017（Z1）：22-24.

三、信息链资源横向整合

在新的经济环境下，信息链资源横向整合原理体现了一种新的思路。这一原理指出，经济全球化的到来使企业目前采用的经营方式不再具备优势，有限的资源也无法完全适应市场的需求。因此，企业要转变现有的传统整合方式，不再以纵向思维为基础，而是采取新型整合手段，以横向思维为指导思想。企业要把一切可利用的资源进行横向整合，形成优势互补的合作关系，从而构建一个低成本、高收益的利益共同体，为顾客提供更多方便快捷的选择。

思维方式的差异决定了经营模式和经营策略的差异。纵向思维与纵向整合模式相对应，此时企业的发展策略就是纵向扩张，而横向思维与横向整合模式相对应，则企业的发展战略自然为横向联盟。这一原理突出了优势信息链进行横向整合的好处，也就是说，企业可以利用自身的优势资源协助信息链的横向整合，并作用于企业的整个运转过程。

通过对信息链资源的横向整合，能够有效地减少企业的经营成本。信息链资源是企业进行经济活动的核心，信息流会将物流与资金引向合理的路径，并提高流通精准度，从而最大限度地利用社会资源。通过网络的虚拟交易，企业可以直接获取用户需求，并进行规模化的个性定制，减少库存积压或达到零库存状态，多维度迎合用户的多元化和个性化需求。同时也可以有效地减少企业进行市场调查的成本，尽量避免因信息不对称而导致的预测错误，从而造福企业和消费者。

第四节　价值链资源整合：协同与分享的本质

基于价值链资源整合的本质能够发现，在价值链的各个环节中，可以拆解出多类资源整合的组合和选择。资源整合特性具体表现为延伸性、扩散性和互补性，而这些特征都能体现出价值链当中协同与分享的色彩。

一、延伸性价值链资源整合

企业在经营过程中，可以通过持续的价值链延伸来提高其产出效率，达成价值链的有效整合。常用的价值链资源整合延伸模式有以下两种。

1. 以企业业务规模为核心

以企业业务规模为核心的模式是依靠企业业务规模的扩大，提高价值链资源整合效率，壮大企业的规模和硬实力。这种模式往往应用于新兴的市场领域，采取不断扩大销售渠道、持续扩充产能和新设产品线等简易投资的方式，占据更大的市场份额，扩大业务规模。

2. 以创新技术和产品为核心

以创新技术和产品为核心的模式则是迎合市场需求，深入钻研某一行业或产业，自主组织和管理供应链和价值链，帮助企业成为某一行业的佼佼者。

这两种模式在运用时有一个共同点，即企业都需要从供应链出发，不断地做价值链延伸。在供应链基础上进行价值链的延伸，要认识到价值链和供应链之间的联系。供应链是连通价值链的链条，也就是说，在某种程度上供应链也是价值链，主要反映的是供应链的一系列价值增长活动。企业需要放眼供应链总体布局，进行价值链的延伸。价值链进行延伸的方式分为向前延伸和向后延伸两种。

（1）向前延伸。

向前延伸就是向终端客户及用户的方向去做服务延伸，让产品和服务尽可能地贴近终端用户，通过技术及服务来增强对供应链下游合作伙伴的影响力

（2）向后延伸。

向后延伸就是企业将主营业务价值链向供应商的方向延展。通过对价值链的向后延伸，既能减少供应链中的风险，又能在供应链中培育新的业务，整合更多的核心资源。

不论采取何种方式，都要基于供应链全局摸索出关键业务方向，只有做到这点，企业才能使有限资源价值最大化，以进行延伸性价值链资源整合（王国红等，2020）。

二、扩散性价值链资源整合

价值链资源整合的扩散性具体可以体现在虚拟经营和外包两种战略上，扩散性不仅是风险的扩散，还是企业经营理念的扩散。

1. 虚拟经营战略

在网络经济和电子商务的背景下，虚拟运营是一种非常有效的价值链资源整合手段。在选择合作关系、合作方向、合作方式、组织构建等方面，可以更方便地利用数字技术快捷、高效地收发数据，从而极大地减少了风险，并能更好地利用价值链的特性，在新兴技术、核心人员等各资源层面发挥价值链整合作用。

2. 外包战略

外包战略是把价值链条上的非核心业务分包给其他企业，尤其是分包给中小企业，通过引入和运用价值链资源，能够有效减少价值链产出的产品成本，建立企业的核心竞争优势。从战略层面出发，业务的外包能为企业带来足够的业务弹性，特别是在购置行业新技术、新产品或构建复杂系统的零件时，就更应注重经营理念的扩散与价值链的资源整合。针对同一系统部件的外包情况，分摊给多个一流供应商生产能很好地节省企业资产专项的支出，对工艺设计和生产的整个周期起到缩减作用。此时，企业在相关专业领域都有充足的人才储备，在这样的专业技术知识基础上，具备持续的产品升级能力。而企业实施的基于扩散性价值链资源整合的外包战略，相当灵活地把相关风险扩散到了供应商等主体上，由此企业就不用为项目失败而承担大量的风险，同时也能节省对于部件的各项投资，将省下的生产能力转移到其他环节当中。通过这种方式，企业能够充分发挥其在核心业务中的竞争力，不断体现企业价值链资源整合的扩散性特点。

三、互补性价值链资源整合

企业在价值链资源整合中达成了价值链的优劣替代，并整合了相关优势，通过对价值链相关功能的把控，去除了在企业价值链中只消耗、不产出的价值链空壳。在对实物进行价值链整合后，企业衡量了不同行业中各类生产要素的经济贡献，以对虚拟价值链资源实现整合，旨在完成企业价值链资源的最优配置。

互补性价值链资源整合重在梳理上下游关系，调配互补性生产能力，深化企业与供应商、客户之间的良好合作关系，最终做到对规模经济的合理运用。企业开展的互补性价值链资源整合也就是对实物价值链和虚拟价值链进行资源整合（见图 4-3）。实物价值链资源整合意味着对企业开展全盘整合，而虚拟价值链资源整合则包含对战略、企业文化以及组织管理的整合，且围绕信息化的活动居多。

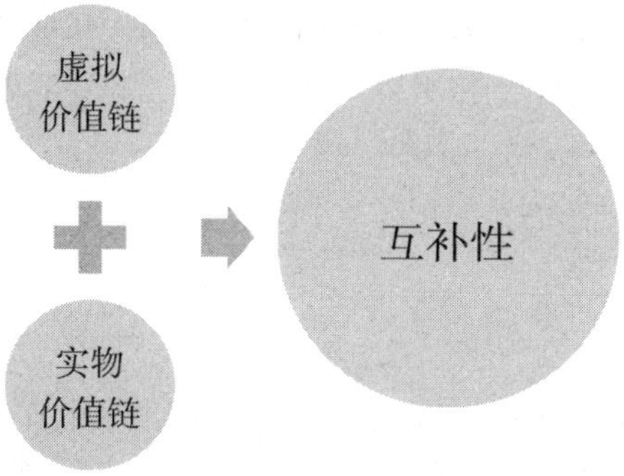

图 4-3　价值链演示

对上述“虚实结合”的价值链进行资源整合，能够为企业打造具有强大核心竞争力的价值系统。该互补性整合必须以价值体系为核心，剔除其中价值不大的非必需节点，合并互融性价值节点，并厘清价值节点的重要程度，从而构建优于资源整合前的理想化体系，串联供应、生产、销售等价值链环节，形成一体化进程。这一互补性整合能不断地优化产品质量，使价值体系具备自主反馈机制，促进价值体系的完善。

企业进行的互补性价值链资源整合，如果从表面进行分析，它就是集技术、资金、产品和管理于一身的结合体，但是深度剖析其内涵能够发现，它活跃于不同文化的融合吸收活动当中，尽管不具备完全的实物形态，却是极其重要的价值链整合。经过整合的企业要主动从价值链中吸收精华，培育符合自身发展需求的价值链。企业实施基础的资源整合并不难，然而要真正融入价值链元素，实现价值链资源整合的深度互补却极具挑战性。归根结底，此类资源整合是一个循序渐进的过程。

第五节　知识资源整合：智力资本营运的途径

当今社会同样将知识视为重要资源，知识的价值在整合中体现得淋漓尽致。此类知识资源作为客观资源，却不能简单地形成企业的竞争力，而是要通过大量的社会经济活动进行筛选，将资源整合的效应作用于企业的实践活动，以此适应不断变化的市场需求。因此，知识资源整合也是一项智力资本的营运，为企业的开放式创新提供保障。

一、知识挖掘

在知识整理平台中，知识挖掘是一个非常关键的环节，它对于企业的知识管理体系也有非常重要的影响。知识挖掘是建立在原始数据、信息和知识的基础上，对知识进行提炼，减少不必要的信息，从而为知识挖掘提供必要的条件。如何定义“有价值”和“简要”是知识挖掘的重点。“有价值”就是使用者能直观地获取知识中的价值，并且这些知识能对使用者产生影响；“简要”也就是突出知识的代表性和精简程度，满足人们追求极限的心理。然而，随着数字化技术的普及，信息设备的存储功能日渐强大，只要不是知识量特别巨大，凡是脉络清晰、简单易懂的知识都属于知识挖掘的范围。而进行知识挖掘也可以理解为一种知识的优化行为，在知识管理的理论层面和实践层面都是行之有效的。

对于不同背景的人而言，侧重的知识点都有所差异。在一家大企业当中，部门繁多也就意味着所需的知识量巨大，各部门所需的知识涉及不同的方面，作为个体想要详尽地掌握这些知识，显然是一件概率极低的事。知识挖掘的目的，是为具有不同知识需求的企业或部门提供具有针对性的知识挖掘服务。而要实现企业的知识战略，就必须从各个专业领域中挖掘出符合各个行业特点的知识，并将其纳入企业的知识管理体系，由此可见知识挖掘的重要性。

在挖掘专业性较差的知识时，可以暂时摒弃具体领域的具体特征，应采用软件系统为不同领域的工作人员提供一种通用的知识挖掘工具。而对于专业性知识，就必须在信息和知识的基础上添加专业领域的相关知识元素，借助数字设备筛选知识主题，运用特定方式获取知识。同时，由于领域知识的特殊性使计算机系统的复杂性下降，但领域知识的专精程度较高，因此目前还不能完全依靠系统进行挖掘，必须辅以一定的人为干预。

二、知识分享

知识管理的终极目的是通过多种有效的方法与机制，实现知识资本的增值，从而增强企业的核心能力。知识管理的核心在于通过整合企业的显性知识和隐形知识，以达到有效的知识传播与共享，从而形成企业的知识。有效的知识分享可以促进企业内部知识的良性流通和扩散。我们与他人分享所学的知识时，将加强我们对于知识的理解，并从中获得启发。

1. 增进员工的信任

知识分享能够增进员工的信任，加强彼此的合作，让有价值的知识在员工间真正地实现流通和共享。这是一个互信合作关系，能使企业更加具有凝聚力和创造力。所以，在知识管理中有两大核心组成部分，即知识分享与知识资源整合。知识分享是知识和经验的共享机制，能最大限度地发挥知识和经验的价值；知识资源整合则是将分散于各个企业、各个组织的知识进行挖掘，并将其与企业知识体系相结合。

2. 构建行之有效的共享机制

在知识分享战略实施过程中，如何构建行之有效的共享机制是至关重要的。做到当面沟通、化隐性知识为显性知识、搭建知识分享体系都是推动知识分享的有效途径，沟通的好处就是让知识工作者扩充知识库，在企业内部形成良好的知识分享氛围，并且为新知识的产生创造条件。知识管理理论普遍认为，隐性知识是有价值的且是完善的，是建立在直觉的基础之上，通过特定的机制实现流动和转化的。从企业的角度来看，如果将所有的隐性知识都融入企业的知识体系，那么这些创新能力就很难被复制，市场竞争力就会变得更加强大。

3. 建立知识网与服务器

随着数字技术的不断发展，建立知识网与服务器的可能性也越来越大。典型的知识网来源于数字技术，它涵盖了企业雇员的知识端口，也包括企业的知识服务器。而知识网管理者的知识库则是记录并量化个人在知识库中所得到的知识及对其贡献的认知，从而达到对员工进行知识评价的目的，并以此作为一种激励机制。无论是普通员工还是管理人员，都可以通过知识网络实现无级别、无压力、无障碍的互联和合作。

三、知识柔性网络

知识管理是一种关系到企业各个层面的系统工程，它的高效运行既要求企业全体人员的共同努力，又要求企业内部具有良好的运行机制。对于知识型企业来说，构建知识柔性网络十分有必要。

柔性是一种多维度的观念，它要求灵活、多面性，与变化、创新、韧性等相关，预示着稳定性、持续的优势以及随着时间的推移而改变的能力。

建立知识柔性网络是指在一个灵活的网络中，通过知识网络将各个节点连接在一起，从而实现对外部环境的迅速响应和共享、整合和创造。知识网络为灵活的网络提供了知识资源集成的媒体环境，而灵活的网络则为知识网络中的知识资源的集成提供了一种有效的组织方式，它们互为补充、不可分割。

灵活的知识网络产生的最重要的改变是企业员工之间的联系，可以让企业将员工聚集在一起，进行跨部门的工作，以应对市场机遇，而不是将这些机会分成一成不变的、严密的层级。这样，企业管理层就可以估算出问题的类型，而企业里的其他人也可以从中学到一些东西。知识网络并没有降低层次，它让知识的角色和功能发生了根本性的变化。

四、知识产权确权与交易

知识资源整合是指通过对现有知识进行整理、储存，以激发知识分享的方式和方法，达到知识创新的目的。在组织中，尤其是在企业中，知识的运用可以让组织最大限度地获得知识、最大限度地传播、最大限度地把隐性知识变为显性知识，从而让每一位会员都能获得组织运作与革新所必需的知识，并将其化为无形的财富，从而达到组织的目的。在知识集成的进程中，构建知识创新、知识转化、知识产权的确认和交易机制显得尤为重要（华劼，2018）。知识资源整合在一定程度上与知识产权的确权和交易存在共同属性，如图 4–4 所示。

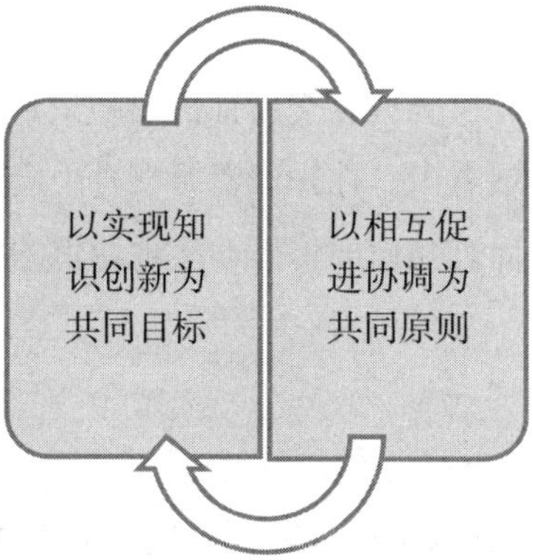

图 4-4 知识资源整合与知识产权确权和交易的共同属性

为了保证知识产权确权和交易的平稳运行，维护组织进行知识资源整合的成果，特提出以下四条保护对策。

1. 增强对知识产权制度的认识

在知识经济时代，知识产权制度是知识经济的重要法律保障，是将智力资源作为要素进行资源配置的法律条件，是一种无形资产投入，其本质是鼓励和促进创新。要充分认识知识产权的重要性，深刻理解知识产权确权和交易与知识资源整合之间的内在关系。

2. 加强对自主知识产权的管理

组织自主研制、开发、生产的知识产品，耗费了组织及其成员大量的智力与劳动，具有新颖性、独创性，享有知识产权，因此要加强对自主知识产权的管理，实行无形资产战略管理，建立知识产权权属管理与保护制度、组织内部的技术开发档案（资料、文件）管理制度、组织知识产权的保密保安制度。

3. 建立知识资源整合与知识产权确权和交易的协调机制

建立协调机制是解决知识资源整合与知识产权确权和交易之间矛盾的主要手段，也是使知识得到增值的重要前提。建立这一协调机制，关键是要在企业内部建立知识产权管理体系，明确知识产权管理部门的职能。

4. 树立知识共享观念

知识资源整合与知识产权确权和交易都提倡知识共享，这需要知识产权所有人以及相关权利人具有奉献意识。在知识资源整合中应该鼓励知识的共享，使更多的知识进入公共领域，促进知识的传播，实现知识的再生与衍生，最终促成知识创新与社会的进步。

第六节　市场资源整合：用户价值的全线升级

一、用户价值资源整合

在市场竞争日益激烈的今天，用户资源是企业最有价值的资产，是不确定性中最大的决定性因素。企业必须意识到，随着所在行业逐步发展成熟，企业间产品和服务的差距会逐步缩小，市场竞争必将日益加剧，竞争的重点将从产品竞争转到服务竞争等单点竞争形态，逐步升级为以用户价值为核心的资源整合和布局能力的比拼。

1. 资源整合与布局

以用户价值为核心的资源整合和布局，应围绕着价值共创、价值共赢、价值共享展开，需要从企业视角和用户视角两个维度进行思考。

（1）企业视角。

所谓企业视角，就是要科学评估用户现在和将来能够为企业创造的利益和价值，进行企业资源的分配，针对不同价值的用户，制定差异化的用户关系发展策略和差异化的产品及服务策略，不断深挖用户价值，并将企业资源聚焦于高价值用户，从而提升资源的投入产出比。

（2）用户视角。

所谓用户视角，就是要围绕用户的产业链以及价值链，进行企业资源的整合和再布局，开展价值纵向深挖和价值横向延伸，在提升单项业务竞争力的同时形成集成服务能力，为用户创造更高的让渡价值，从而提高用户对企业的依赖度，提升企业在用户价值分配中的话语权。

用户价值资源整合应围绕用户全生命周期展开，制定用户生命周期各个阶段的应对策略。锁定高价值潜在用户，不断开发新用户、补充用户资源池，提升和培养现有用户价值贡献，与优质用户形成相互信赖、忠诚、稳固的关系，同时关注市场及用户的变化，抵御竞争对手对现有用户的争夺，尽量延长用户生命周期，建立用户流失预警机制，挽回流失用户。

2. 用户价值资源整合的系统性

用户价值资源整合是个系统工程，它覆盖了企业的售前、售中、售后各个环节，不是一个部门或几个部门能够独立完成的。用户价值资源整合需要建立企业层面的支持保障系统，包括以用户为中心的企业经营理念的转变，组织结构的重构，明确用户价值资源整合的相关职责及管控权限，用户导向的流程梳理和优化，服务标准和行为规范的设计，提升跨部门的协作能力，建立协同机制，提高相关人员用户管理及用户服务能力，以及建立用户关系管理数字化、智能化系统。

二、跨界资源整合

在当前的市场中，主要存在两种资源整合方式，一是业内资源整合，二是跨界资源整合。从实施角度分析，业内资源整合更容易提出系统的方案，并且作为企业相关且熟悉的领域，可操作性更强，而跨界资源整合则显得脱离实际。但是如果从整合效果来考量，业内资源因其存在重复利用及相互竞争的可能，对该资源的整合给企业带来的反哺会远低于跨界资源的整合。

若用数理模型对上述两种资源整合模型进行描述，业内资源整合就类似于简单的加减变动，其归整后的规模及体量可能会大于原有资源，但增长较为有限，较难发生质的飞跃，相比之下跨界资源整合更像是 n 次方式的跃进，各类资源在一起进行整合重组，产生的能量将大大超越参与者的认知。

随着行业整合的持续发展，跨国经营的行为也越来越多。在网络和信息化的背景下，产业界限逐渐变得模糊，这给企业跨过传统产业界限，进入新的产业领域，寻求新的异质资源获得了新的发展空间。而在新市场、新产品、新业务的发展中，企业必须利用自身的资源整合能力，在这三者的基础上，进行新的资源配置。这将有助于企业在跨国界资源整合的同时，对经营管理、商业营销等方面进行调整，从而实现战略转型。

1. 正确理解跨国资源整合

企业应更好地理解跨国资源整合的含义，而不要将其视为多元化。要意识到，跨国资源整合有助于企业打破传统产业的局限，通过跨国资源整合，与外界沟通，寻找外部的异质资源，并进行内部资源和外部资源的整合。此外，企业还可以利用跨国资源的整合，将两个不同的产业或业务结合起来，形成新的商业模式，并通过跨国合作寻找新的合作伙伴，从而增加新的产品和技术，为企业创造一个新的价值网络。

2. 培育资源整合能力

企业要重视培育资源整合能力，资源整合能力越强，企业跨界资源整合对战略变革的正向调节作用越大。因此，企业的资源整合程度将直接影响到跨国资源的整合。面对新的市场和新的外部环境，企业必须利用自身的资源整合能力，合理、高效地分配资源，并在企业内部进行学习，以帮助自己在企业和业务层面做出新的决策，从而更好地适应外部环境，提高企业的业绩（赵艺璇、成琼文，2022）。

3. 加强与外部的沟通

企业要加强与外部的沟通，加强内部与外部的知识、资源的协同和搜索，并在国际上寻求新的发展空间。在行业发展过程中，面对新的市场、新的产业、新的环境、新的竞争，企业必须进行新的战略布局，才能更好地适应新的市场环境，开拓新的市场、新的业务，寻找新的经济增长点。

三、全产业链

全产业链这个词在描述我国制造业的时候经常会出现，全产业链下的低成本就是中国制造业的优势。

全产业链是指从田间到餐桌，由种植、采购、贸易、物流、加工、深加工、品牌建设、产品销售等各个环节组成的完整的产业链体系。对于全产业链的含义及模式可以从上游产业链和下游产业链两个概念来理解。

上游产业链处于整个产业链的起点，主要是采掘、供应业、配件制造业，这些产业的发展速度取决于其他产业的发展，具有基础性、原料性和关联性的特点。在现代产业链的理论中，上游产业是一个相对的概念。

下游产业链是指处于整个产业链的最后一端，对原料、配件、产品、服务等进行加工的行业。

从"微笑曲线"的角度来看，上游企业的利润相对丰厚，竞争相对缓和，因为上游企业通常拥有矿产等资源，或者拥有核心技术，具有很高的准入门槛，所以很多投资者倾向于投资上游的企业。一个行业要想在国际上获得竞争优势，就要有国际一流的供应商以及上下游企业之间的紧密合作。

资源整合专栏 4-4

美菜网：B2B 生鲜电商引领品牌

1. 企业简介

美菜网成立于 2014 年，是一家农产品电商平台，隶属于北京云杉世界信息技术有限公司。作为餐饮行业供应链服务商，不同于其他生鲜电商的 B2C 模式，美菜网采取 B2B 模式，打通上下游整个供应链，实现全产业链互通，让农场的菜品直达餐厅商家手中。美菜网自成立以来，一直致力于将互联网技术与农产品销售相结合，用先进的科学技术改变落后的农业贸易市场，帮助全国千百万家商业餐厅以最低的价格获取最优质的商品，给予商业餐厅更方便、快捷的采购方式，降低餐厅的采购成本。同时为农产品谋出路，提高农民的收入，减少农民群体面对的市场风险，降低因农产品销售状况不好带来的损失，促进农业资源及产品的合理配置。近年来，美菜网经过多轮融资，产业规模不断壮大，被硅谷全球数据研究机构评为独角兽企业。

2. 产业链优势分析

（1）整合采购上下游资源，节约商户采购成本。

美菜网作为餐饮行业供应链服务企业，相较于传统买菜方式，其优势明显。在传统买菜方式下，餐饮店为配齐所需菜品，需要跑大大小小的菜市场及海鲜市场，费时费力不说，有时还可能出现缺货的情况。而现在，美菜网完美地解决了这个问题，商家只需要在美菜网下单，美菜网便可将其所需要的商品送货上门。这得益于美菜网多年来不断发展的高效采购服务配送体系，在该体系下，从顾客下单到美菜网运送货物实现交付，平均时长仅需 9 小时，美菜网的高时效性也保证了生鲜产品的质量，减轻了商户对食品安全的担心。美菜网直接对接种植户及养殖户，节能增效，从全产业链的角度把控质量，通过划分产地、划分包装等手段来降低运输过程中的损失。在整合上下游资源的同时，美菜网多方面考虑商户及农民的利益，在降低采购成本的同时也减少了很多中间环节，让更多商家及农民获益，实现了资源的快速流通。

（2）拥有自建仓储物流体系，贯穿农产品全产业链。

众所周知，物流体系是电子商务行业发展的重中之重，强大的物流系统可以帮助电商企业抢占市场，物流体系完善所带来的时效性也可以提高消费者满意度，促进消费者之后的回购行为。农产品的全产业链包括从原产地到一级甚至多级批发市场，再到餐厅、菜市场等多个环节，在此过程中，完善的物流系统至关重要，美菜网也因自建仓储物流体系形成了自身的核心竞争力。美菜网致力于自建物流系统，提升了物流网络信息化程度，逐步提高行业进入壁垒。美菜网已在全国建立了多个物流仓储中心，涵盖生鲜、冷冻等多个储存类型，可供调配的农产品资源充足。美菜网拥有 5000 余辆货车，着力于建设“美鲜送”物流团队。在信息化运送方面，美菜网自主研发了运输管理系统（TMS），该系统可以精准地计算出每辆车的货品装载率、合理规划配货及运送路线，提升了运送效率。

（3）与政府合作，发展助农新道路。

一直以来，“三农”问题都是国家乡村振兴战略关注的重点问题。在国家大力推进乡村振兴的背景下，美菜网始终保持业务发展与市场需求、国家政策导向的一致性，积极服务于国家脱贫攻坚战略。近年来，美菜网已与多个省市达成了合作项目，积极推进农产品全产业链资源快速整合，实现产业化、规模化、品牌化。美菜网积极与政府展开合作，开启农产品帮扶性采购项目，探索助力农村发展的新模式，发展助农新兴产业项目。通过与政府展开合作，美菜网助力农产品生产销售，帮助农产品拓宽销路，优化产品结构，形成了农产品方面长效帮扶机制，帮助农民实现稳定收入。

3. 发展与总结

美菜网借助互联网信息系统，打通上下游供应链进行资源整合，采用垂直采购模式，形成了连接供货方与购货方之间长期且稳定的合作关系，同时助力全产业链的把控，成功地避免了商品交易过程中的中间商加价问题，减少了运输过程中的损耗，实现了销售方、购货方、平台方的合作共赢。同时，美菜网还积极承担社会责任，开启助农新道路。未来，美菜网更应紧跟时代发展的步伐，牢牢把握机会，继续提升服务质量。

资料来源

1. 李丽，陈志祥．“互联网 + 农业”背景下生鲜电商供应链模式实现路径——基于供应链绩效视角的多案例研究 [J]. 物流科技，2022，45（15）：115-118.

2. 李晔．聚焦品质，电商与农人相互借力 [N]. 解放日报，2021-09-09.

3. 杨云飞．供应链公司——美菜网的新身份 [J]. 中国物流与采购，2020（12）：18-19.

在理解市场资源整合时，可以窥见其诸多竞争优势：第一，有利于资源的合理分配；第二，拥有较强的赢利与抵御风险能力，收益的波动性平稳，能够带来持续、稳定、高成长的收益；第三，存在战略协同效应，企业自上而下地形成一个有机整体，在企业价值链的各环节之间实现战略协同；第四，具有规模、效果和成本优势，从原料采购到产品的生产都由核心企业来完成，从而不需要担心原材料的质量问题，也不需要考虑渠道的问题；第五，信息具备流畅性，能迅速地反映顾客的需求，推动上游的技术革新和改进，使企业对市场反应更灵敏、更及时；第六，以终端消费为主导的产业链，能够形成产业的主导地位和产业的竞争优势；第七，有利于产业升级，对市场资源进行整合，能够根据顾客的需要推动技术的发展，进而促进整个行业的发展；第八，有利于提高社会声望、影响力、知名度，促进品牌建设，发挥品牌聚集作用。

章末案例

晶科能源：市场资源整合者

1. 企业简介

晶科能源股份有限公司（以下简称晶科能源）成立于2006年，2022年在上海证券交易所科创板上市。晶科能源的自我定位是太阳能光伏企业，在世界范围内具有较高的知名度。在全球范围内的太阳能光伏制造商中，晶科能源垂直化、立体化的全产业链优势明显，其业务领域广泛，包含高品质的硅锭、硅片以及电池片的生产，并且在高效率单多晶光伏组件的研产中独具优势。晶科能源秉承“改变能源结构，承担未来责任”的使命，战略性布局光伏产业链核心环节，聚焦光伏产品一体化研发制造和清洁能源整体解决方案提供，销量领跑全球主流光伏市场。

2. 资源整合的精确制导

（1）垂直化市场资源整合能力，保障稳定收益。

晶科能源的业务涉及的地理领域较广，在中国、美国、英国、法国等众多国家及地区完成了地面电站的布局，其太阳能产品在民用、商用领域均占有较大份额，同时晶科能源还出台了相应的能源解决方案，为其提供全流程的技术服务与指导。晶科能源拥有垂直立体的市场资源整合能力，员工数量达到万级规模，并且还拥有6个大型的全球化生产基地。

晶科能源以光伏组件为主要产品，奋力打造了垂直一体化的相关产品的研发制造产业链。从企业成立以来，晶科能源的垂直一体化光伏产业链就已经初见端倪，从硅片、电池片到光伏组件的制造，这一完整的产品产业链优势明显。晶科能源的供应链资源垂直整合能力突出，保障了企业供应链的高度透明，在产品开发周期方面的优势十分显著，并且拥有更便捷的业务流程协作以及更精确的品控系统。此类资源垂直整合的商业模式成效较快，使晶科能源逐步深入光伏产业价值链各环节的核心，赚取了可观的收入和利润，收入来源也趋向多元化，收益越发具有稳定性。

（2）价值链资源整合，打造创新商业模式。

晶科能源基于企业价值链资源整合，开创了独属自身的品牌战略。企业将CSR（Corporate Social Responsibility，即企业社会责任）一步步地整合到企业的产品及服务当中，对于较为传统的附加式理念，则合理地区分企业的社会责任计划以及主要的业务活动，做到二者相分离。晶科能源的CSR理念做到了垂直一体化，并且以社会责任和可持续发展进行双重赋能，保障企业的日常运营。

晶科能源经历了这次崭新的战略升级，依靠商业模式的优势创新以及数字化技术的应用，实现了对于资源整合的强力驱动，培养了晶科能源的全球核心竞争力。晶科能源先后在马来西亚、越南等国家进行布局，并且因地制宜搭建了生产基地和研发中心，融合汇聚本土化运营理念，给当地带来了大量的就业岗位，同时在先进工艺的交流与研发理念的传播之余，推动了数智技术资源整合。

（3）强大信息链资源整合能力，赋能行业“碳中和”目标。

受益于环保需求提升，未来光伏设备行业景气度将持续走高，晶科能源进行信息链资源整合，给企业发展带来了更大的空间。晶科能源为了尽快完成CSR战略，构思了一个特色的口号——“成为您气候行动的合作伙伴”。这个口号非常直观地体现出了用户的价值，并且指引晶科能源从战略和行动出发，推动企业实现“碳中和”的协同式发展。

晶科能源的研发团队实力强劲，核心技术优势在全球范围内也很出众，并且合理运用这些技术，推出了具有可融资性质的优质产品，然后再配合上述业务的实证背书，相当直观地表明了晶科能源的累计最大出货量，方便、快捷地完成了与全球客户的商业价值共创。值得一提的是，晶科能源的生态合作网络覆盖了科学研究机构、电力设计企业、供应商、分销商等，推出关于“碳中和”目标的问询、研发、布局业务，为客户打造实现“碳中和”目标的最优途径，从而进一步赋能同行业的“碳中和”计划。

（4）完善供应链资源垂直整合布局，带领行业提质增效。

晶科能源在光伏组件领域取得了不错的成绩，形成了行业中的绝对优势后，开始向上游产业链进军，发挥价值链资源整合的延伸性，将优势拓展至硅片、电池片组件业务当中，拓宽供应链资源整合领域，促进供给侧的优化改革。深耕多年后，晶科能源的资源垂直化整合成效颇丰，相关的供应链布局逐渐清晰，涵盖了硅棒 / 硅锭、硅片、电池片、光伏组件等核心产品，“以优带优”促进这些产品的研发、生产和销售顺利进行，依靠技术优势积累了丰富的实践经验，并为产业链的垂直一体化打下了坚实的基础。

得益于晶科能源不断提升的行业优势地位，其垂直且立体的供应链布局迎来了新的协同化效应，随之而来的是核心产品的相关成本进一步降低，产品的附加值稳步提升。晶科能源依靠这一布局优势，在产业及价值链的各个环节中取得了先发优势，随着产能的不断扩大，晶科能源占据了较大的市场份额，处于业内龙头地位。

（5）顺应新能源业态，平台式整合市场资源。

近年来，综合能源服务开始兴起，这其中集成了多种核心技术的创新升级以及商业模式的推陈出新。其一，业务场景主要集中于用户侧，企业参与进来的程度体现在技术和商业模式的革新上，关于能源的开放式市场整合态势也开始显现；其二，综合能源服务具有融合作用，不同品种的能源间存在的行业、技术壁垒可以依靠综合能源服务打破，随着这一服务的进一步推进，能源市场中的相关服务能力也将呈现上升趋势，并且可再生能源的消耗比重将会扩大，由此推动能源消费方式实现本质性的转变。

在对新能源进行开发维护的同时，必然存在一定程度的波动性和间歇性，此时站在综合能源服务市场的角度能够发现，市场的产业链并未有效整合上下游之间的优势，所以综合能源市场中的各个主体大多处于“形单影只”的状态。鉴于此，晶科能源聚焦线上线下资源的整合，打造双流程平台，以平台式的资源整合方式快速聚拢行业上下游，快速联结了制造端、应用端和服务端中的核心资源，保障综合能源服务具备充分调动资源的能力，为诸多能源创造时空耦合和互补性等特点，顺应晶科能源对于电网的安全要求，进一步推动能源的阶梯化运营，从而提升资源的整合效率。

3. 发展与总结

在未来，随着能源体制的变革、技术和工艺的进一步创新，生态的优化将会变得难以预测，但可以肯定的是，资源整合必将引爆行业的聚变与裂变，也就是说，不同的能源系统将会有更加深入的关系，能源行业的资源整合方式也会快速地从单一走向全面，引领能源产业步入现代化发展时期。晶科能源将会与同行业进一步深化合作，明确一致的发展使命和责任，大力发挥在综合能源服务领域的累积优势，促进资源的优势互补和集群。晶科能源不断为国内的综合能源产业赋能，同时引发了全社会对于可再生能源的重视，在能源市场中是名副其实的市场资源整合第一推力。

资料来源

1. 颜振，黄新晏．“一带一路”倡议背景下我国光伏企业跨国经营战略研究——以晶科能源为例 [J]. 广西质量监督导报，2021（4）：116–117.

2. 吴若凝．企业创新发展的经验和启示——以晶科能源为例 [J]. 科技经济市场，2019（11）：83–85.

3. 晶科能源 P 型多晶电池转换效率再创世界纪录 [J]. 网印工业，2017（10）：61–62.

4. 彭瑜欣．绿色发展背景下的创业管理实践——以晶科能源控股有限公司为例 [J]. 科技中国，2017（6）：67–73.

本章小结

本章的视野聚集在资源整合引爆资源聚变与裂变的作用机制上，介绍资源整合为企业的运行与发展带来的影响作用。在新时代下，资源整合是引爆企业资源聚变和裂变的关键，能够帮助企业获取先发优势，获得新的利润增长点，并且掌握核心资源。其中供应链资源整合能够从供给侧进行优化，信息链资源整合是普惠与信任的底层逻辑，对大数据资源、数智资源进行整合，而后进行信息链资源的横向整合。同时，企业还需了解价值链资源整合在协同与分享方面的体现，而知识资源整合是智力资本营运的途径，通过知识挖掘、知识分享、知识柔性网络实现企业内部的知识资源整合，可以保证知识产权确权和交易的平稳运行。

第五章

企业协同创新：创新星火，协同燎原

在数字经济迅猛发展的浪潮下，不断涌现出新的产业和新的业态，社会整体结构发生了巨大变革。而组织和企业是社会结构中不可或缺的组成部分，所以在此时发挥自主创新能力，制定有效的技术人才激励机制，最大限度地满足社会的创新需求，对于企业的长久生存来说至为关键。在技术产品研发层面，企业亟须不断引入、消化、吸收并进行协同创新，同时在沟通决策层面，构建多部门交流、多层次决策的组织协同体系也是当务之急。

积极开展与政府、高校、科研机构的协同创新，推动产业链上中下游融通创新，增强产业链供应链稳定性、安全性和竞争力。

——新兴际华集团董事长　刘明忠

开篇案例

思瑞浦：协同发展的小巨人

1. 企业简介

思瑞浦微电子科技（苏州）股份有限公司（以下简称思瑞浦）聚焦模拟集成电路板块，是一家处于产业链上游的集成电路设计企业。思瑞浦所属的软件和信息技术服务业在国内集成电路产业兴起时创立，目前，已拥有上千款型号的电源管理模拟芯片、信号链模拟芯片等产品，应用范围也非常广，涵盖医疗健康、家用电器、监控、通信等行业。思瑞浦秉承创新、正向的产品设计理念，力争为客户提供高质量、高性能、高可靠性的产品。

2. 打通生产供应链，保证供货稳定

模拟芯片产品应用领域多、生命周期长且价格低的优势，使整个行业呈现出明显的马太效应。近年来，思瑞浦为了保持强者越强的定律，在与多家供应商达成合作共识的同时，努力缩短产品的供货周期。

（1）效率优势。

在晶圆厂加工上，思瑞浦是Tower Jazz中国区最大的客户，在创立之初就与其成为战略合作伙伴，从流片到量产都以降本增效为目标，保证产品可以最快的速度到达客户一方。

（2）稳定的生产。

在后端封测上，几年来，所有代工厂通过与思瑞浦的深度沟通与磨合，已经完全知悉思瑞浦对产品工艺制程的高精度化要求，都可确保实现稳定、顺利的生产进程。

（3）市场优势。

基于目前国内新能源汽车、通信行业、物联网的快速兴起，从模拟芯片的销售规模和速度来看，思瑞浦都远超行业平均水平，同时剩余的市场空间仍然巨

大。目前我国以 36% 的市场占比已经成为全球最大的模拟芯片市场，是全球最大的电子产品生产研发市场和消费市场，而国内电子产品市场的供需严重不对称，也极大地促进了国内模拟芯片产业的快速发展。思瑞浦率领这个行业迅速地突破国外技术的限制，核心产品的性能已经达到了国际先进水平。

（4）政策支持。

近年来，国家发布了一系列鼓励软件和集成电路产业发展的相关政策，意味着该领域的市场将得到进一步的拓宽和完善，产业结构将趋于合理化、均衡化，行业规模将会持续扩大，为产业迈向新的阶段提供重要动力，同时也为思瑞浦的发展打下了坚实的基础。

3. 从思维转变到行动推进，协同创新稳步进行

思瑞浦在长期发展中稳步推进协同创新发展，从思维的转变逐步延展到行动的推进，加速科研人才的组建工作，优化产品生产线，将产品应用于各大场景，并大量引入外部资本保障创新活动稳步进行。

（1）整改封闭的守旧思维，快速推进科研人才的组建工作。

近几年，集成电路产业在我国实现了快速发展，但是行业内企业的研发技术人才缺口日益扩大，人才的需求与供给呈现严重的不匹配。所以，思瑞浦为实现长久发展，强化了研发人才梯队建设，保持高水平研发投入，扩大了企业的研发平台，提高了核心研发能力。

具体来看，一方面，企业的人才招聘途径延伸至人才招聘网络，致力于选拔海内外优秀人才，并在杭州、西安等地增设研发中心或办事处，进一步拓展人才招聘网络，有效吸引了优秀的技术人才，企业的研发技术团队进一步壮大，研发技术人员占企业员工总数的比例近 70%。另一方面，根据业务发展规划设立了嵌入式处理器事业部，并在产品定义、器件与工艺等领域引入资深专家，强化关键技术能力，加强研发技术团队人才梯队建设，完善人才培养、发展与评价体系。此外，为挖掘员工的最大潜能，思瑞浦严格执行了各期限制性股票激励计划。在吸引、凝聚人才方面，思瑞浦增强了综合竞争力，为实现高效、持续发展奠定了基础。

（2）及时转变单线生产模式，产品涉及各大应用场景。

目前，随着国内汽车市场智能化、电动化的发展，汽车芯片的需求量呈直线

上升趋势。思瑞浦很好地把握了汽车市场的发展趋势，迅速成长为汽车芯片制造行业的龙头企业。思瑞浦的模拟芯片以成熟制程为主，工艺的改进、可控制造加速了产品差异化，满足了物联网领域、先进通信系统中关键芯片“自主、安全、可控”的要求，进而获得了中兴、科大讯飞等企业的认可。

一直以来，思瑞浦始终保持与供应链上下端伙伴的协同合作，除芯片的产能供应得到强有力保障、产品得到稳定供给外，产品的应用领域也得到了拓展。近年来，思瑞浦与国内外众多客户达成合作，包括中维电子、三星、群光电子等。保持技术领先和打造企业核心产品的稳定性是思瑞浦首要考虑的因素，为此，思瑞浦加大新产品的开发力度和新技术的投入力度，从而再一次重新构建了产品的开发布局、增加了产品的应用场景、构建了稳固的供应链，在全球集成电路市场中的竞争优势明显，为思瑞浦进军全球 5G 市场打下了牢固的基石。

（3）大量引入外部资本，保障创新行动稳定推进。

思瑞浦亟须进军 5G 芯片市场，自然离不开庞大的技术研发投入和生产扩容。在引进产业投资平台——哈勃投资后，思瑞浦暂时舒缓了在产业链上游领域被国外先进企业“卡住”的“脖子”，同时其资本结构进一步完善，企业资本变得逐渐雄厚。因为集成电路产业的投资门槛比一般的科技产业要高很多，同时获得投资回报的周期很长，产品一旦进入市场，需要在后期持续不断地投入高额的资本，以此保持产品的创新活力，倘若半途而废将造成巨大的投资损失，所以思瑞浦不断地追随和更新集成电路行业的最新先进技术与专利，加大力度投入研发。这进一步加快了产品定位升级的步伐，从而更好地协同研发创新模拟芯片，在模拟芯片行业强化竞争优势，使思瑞浦在产业化生产能力和集成电路板块研发水平方面得到质的提升，助力企业更长远、更长久地发展。

4. 突破产品技术壁垒，走出恶性竞争困境

在模拟集成电路行业快速发展的大环境下，思瑞浦在形成发展优势的同时，也存在一定的市场风险。因为国内企业的市场份额无法与国际龙头企业相提并论，所以难以摆脱利用低价进行竞争的循环困境。与领域内的一些国际大型厂商相比，思瑞浦在洞悉集成电路市场动态、判断行业发展趋势、依托客户需求及时改进技术和产品创新上市等方面还有很大的提升空间。在这一背景下，思瑞浦积

极向供应链上端延伸布局，有效提升产品测试效率，有力地保障了产品质量及测试产能，充分发挥了产品测试与研发二者的协同效应，稳固了企业在高端产品领域的核心竞争力。具体而言，思瑞浦采用了国际一流模拟器 Foundry，追求极致的芯片设计和严谨的测试技术，其研发团队对每一项指标、每一项模拟性能都进行了极致的探究和全面的测试，从数字模拟转换器、集中托管式数据应用中心到放大器，都追求高稳定性、高性能以及强大的功能。

5. 发展与总结

思瑞浦作为国内专注于模拟芯片研发设计的高新技术企业，一直秉持先进的集成电路设计理念和技术工艺，注重与产业链下游终端系统厂商的技术交流与沟通，不断发展壮大。与此同时，思瑞浦还需审时度势，洞悉终端客户的需求，准确判断技术发展趋势，更新迭代现有产品和研发技术，始终为打造产品的高精尖领域不懈努力，坚持走模拟芯片的行业赛道。

资料来源

1. 陈星 . 加快我国芯片产业发展，有力推动数字经济建设 [J]. 中国集成电路，2022，31（10）：12-17.

2. 刘润庆 . 我国汽车芯片发展现状浅谈 [J]. 信息系统工程，2022（10）：62-65.

第一节　认知协同创新

随着国内新产业的不断涌现，产业协同创新成为抢占新一轮市场份额的利器。协同创新的机理是通过减弱各创新主体要素之间的隔阂，在大量创新要素和创新资源的集中汇聚下，各创新主体进行深度的合作与融合，进而在完整的体系中实现各创新主体的相互作用和共赢局面，即产生技术协同、知识共享、行动最优同步、资源充分利用、系统高水平精确匹配的利好形势。协同创新是以知识增值为前提，在企业、教育院校、政府部门和用户等之间形成的一种跨越式资源整合的创新组织网络。

一、协同创新理论的形成与发展

伊戈尔·安索夫（Igor Ansoff）是战略管理的鼻祖，他于1965年正式提出协同是战略的基本要素之一，协同作用的实质是通过独立个体之间签订协议，从而成立一个拥有共同目标的临时组合。哈肯（Haken，1971）在借鉴前者关于协同概念的基础上，认为整个系统中不同子系统之间会同时存在相互合作和相互影响的关系，整个组织内系统的整体协同作用大于个体元素的单独作用，最终可以实现由相互整合作用带来的整体效果高于各元素单独呈现效果之和的成效，这便是整体系统联合作用的结果。

约瑟夫·熊彼特（Joseph Schumpeter，1912）提出的创新理论架构认为，创新就是要把从未结合过的生产要素和生产条件融入产品生产工作中，增长和发展资本主义经济。此后，学术界借鉴约瑟夫·熊彼特的理论和基本观点对创新理念进行了延伸。弗里曼（Freeman，1987）将创新由线性模式转入网状模式，并认为创新网络是一种用来应对系统性创新的基本制度安排。

随着后续研究的深入，协同理论和创新理论开始相互融合，麻省理工学院斯隆中心的研究员彼得·葛洛（Peter Gloor）在2006年第一次提出了协同创新，成员之间构成小组，构建集体意愿，通过网络了解大家的状态和想法，进而实现最初的愿景。协同创新是以增加知识价值为核心的企业、教育机构、用户和中介机构等，为了达到科技创新的目的而启动的资源整合的创新组织模式。协同创新不仅包括知识协同，还包括战略协同、动力协同、组织协同等方面，它的根源是合作创新（陈劲，2012）。协同创新理论的形成与发展代表着学者对创新的研究从单系统转向多系统、复杂环境系统。

二、协同创新概述

1. 协同创新的概念

协同创新是指使人才、信息、资本和技术等要素得到充分整合，通过打破创新主体间的障碍，将创新要素和资源进行深度融合，以营造创新的氛围，实现资源共享和价值提升创造的过程。协同创新的关键是创新，途径是协同，利用已有的优质资源，进行思维的转变，通过来自多领域的创新主体进行资源整合和深入合作，从而发挥“1+1 ＞ 2”的协同效应。

2. 协同创新的内涵

（1）运行机制。

协同创新是基于一致的约定协议，围绕统一达成的目标，包括协同创新机制、培训机制、沟通机制等，自行运转系统的过程。

（2）创新主体。

以研究院所、合作厂商、高等院校、消费者、政府、金融机构为主要创新主体，以知识、技术、沟通、信息、组织、管理为辅助元素。

（3）构建目的。

实现资源的共享、信息的互通、成果的交流，使各自的优势资源得以价值最大化。

3. 协同创新的特征

（1）强调参与成员或利益相关者的协同。

协同创新强调参与成员或利益相关者的协同。在一项工作的进程中，虽然参与协同的成员来自各界人士，但他们之间都被一根相同的细线牵连着，即同处于一个利益联盟体，通过明确权利和责任，实现强项的互补，进而实现最初的联盟意愿。

（2）强调创新愿景和目标的协同。

协同创新强调创新愿景和目标的协同。利用协同创新的类型、动机和时间可以确立基本目标和意愿，在信息技术和数字经济高速发展的助力下，创新愿景和目标提供了创新活动的明确发展方向，在实现规模效应的同时，造就了主体之间合作共赢的局面。

（3）强调多个元素的协同作用。

协同创新强调多个元素的协同作用。通过多个要素之间的并轨和配合，实现资源互补和共享，提高优势利用效率。在每一次协同创新活动中，差异化的元素——人才、资本、技术、系统和专利，是达到协同的重要资源。

（4）强调复杂非线性活动过程的协同。

协同创新强调复杂非线性活动过程的协同。协同活动过程包括经济、技术、知识和社会等多种因素的融合，同时采用多种协同机制和方法，注重知识创新和组织的整体运行效果。

三、协同创新的构成要素与结构模型

1. 协同创新的构成要素

协同创新的构成要素包括协同生产、协同消费、技术协同、组织协同和知识协同。

（1）协同生产。

协同生产可根据环境和目标的改变进行生产特点的重新组合，呈现为分布式、多代理的网络化协同生产体系。

（2）协同消费。

协同消费是合作或互利消费的一种经济模式，客户利用多种途径进行连接，打造租赁、使用、交换物品和服务等方面的合作关系。

（3）技术协同。

技术协同是指将收购企业的专利、技术优势等知识产权类无形资产融入目标企业，助力目标企业降本增效，并打造优质产品，使目标企业和收购企业发挥最大的协同作用。

（4）组织协同。

组织协同就是协同多个业务和职能系统，实现跨部门的战略分布，执行统一的组织战略，打破组织结构内部壁垒，提升组织结构的竞争力。组织协同强调组织各部门之间的相互协同和系统创造组织新的价值，即整体价值大于单个系统之和的效应。

（5）知识协同。

知识协同是知识应用与管理的高级阶段，组织部门可以通过社区、社团等形式进行知识的分享和交互，在恰当的时间和范围内将信息精准传递给恰当的人群，具有时间上的准时性、知识传递的多向性、对象的精确性等特性。

2. 协同创新的结构模型

协同创新的结构模型和发展进程，如图 5-1 所示。

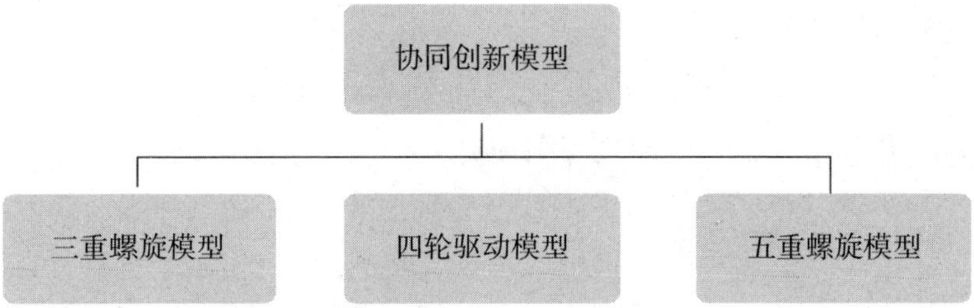

图 5-1 协同创新的结构模型

（1）三重螺旋模型。

在政府、高校和市场三者之间互利共赢、相互协调的关系得到更多重视后，当代创新研究领域的杰出学者亨利·埃茨科维兹（Henry Etzkowitz）提出了三重螺旋模型。该模型指出，在经济和科技创新的进程中，高等学府应该承担更重要的职责，同时提倡利用"政产学"这一合作模式促进知识更新迭代和产业化发展。但是，在技术创新和成果转化的进程中，该模型中的合作机制没有考虑市场导向与科研机构的助力效应。

（2）四轮驱动模型。

随后，其他学者在三重螺旋模型的基础上，提出了新的创新主体协同方式，即四轮驱动结构——"政产学研"合作模式（孔祥浩等，2012）。该模式提出，协同创新包括企业、大学（或科研机构）、政府和产业四个核心要素，各方通过机制规章来实现协同发展，相继促成相互交叉、相互影响的有利局面。

（3）五重螺旋模型。

在协同创新理论模型不断完善后，又产生了"官产学研用"的五重螺旋模型，通过构建较完善的"官产学研用"集群，使五方协同发展。该模型将实践运用加入合作系统，经后期实践证明，不失为产学研合作的一种新途径。

四、协同创新的分类

基于企业协同创新的特征以及协同创新合作主体间关系的复杂性，可以将其分为协同创新要素、协同创新内容、协同创新层面、协同创新实现路径四种方式。

1. 协同创新要素

按照协同创新要素，企业的协同创新可以分为技术协同创新、融资协同创新、市场协同创新、信息协同创新、人才协同创新、管理协同创新、文化协同创新等。创新要素不断地从单一要素向多要素组合的形式创新发展，如何将企业拥有的不同创新要素进行高效组合早已成为企业能否提升创新绩效的关键。另外，企业的协同创新要素主要分为技术要素和非技术要素，其中技术要素包括核心技术和非核心技术，非技术要素包括融资、人才、信息、组织、文化、战略、制度、管理等。融合技术要素与非技术要素的各种协同创新资源，对企业的创新绩效具有重要的影响。

2. 协同创新内容

按照协同创新内容，企业的协同创新可以分为文化传承创新、研发前沿创新、区域发展创新和行业产业创新升级四种类型。文化传承创新拓宽了我国文化的国际影响范围，提升了国家文化软实力；以自然科学为核心的研发前沿协同创新，使国内科学研发基地不断建立，我国人才创新水平持续提升；区域发展的协同创新是以地方政府为主导，大力促进当地重点企业组织与高校院所的深入合作与沟通，推动区域的产业创新及区域经济的发展；助力行业产业升级的协同创新是以工程技术为核心，使传统产业持续升级转型，同时紧随技术发展，快速构建新兴产业链，促进国内各个产业的发展和核心技术的研发与应用。

3. 协同创新层面

按照协同创新层面，企业的协同创新可以分为组织内部的协同创新、组织层面的协同创新、群体层面的协同创新。可以在不同层面实现组织协同创新活动，从个体、团队、组织直到组织联盟。在个体与群体之间、组织与组织联盟之间存在着不同层面，而各个层面间的协同创新就是从员工个体到整个群体间的协调合作和相互配合。

4. 协同创新实现路径

按照协同创新实现路径，企业的协同创新可分为内部协同创新与外部协同创新。内部协同创新是从企业内部视角出发，整合企业内部的创新要素，发挥其协同效应，实现创新管理。首先，识别企业内部协同创新的影响要素；其次，搭建企业内部不同层级或者部门间的协同创新桥梁与纽带；再次，开展内部协同创新模式类型的探讨；最后，构建企业协同创新过程中的模型。而实现外部协同创新的路径又分为横向和纵向两个维度。其中横向维度主要是指组织与各参与方如其他企业、国内外高等院校、科研院所等，在知识文化链上相互影响和交融；纵向维度是指在产业链、供应链或价值链的基础上，企业与其他对象如供应商、竞争企业、客户等之间的协同创新。

企业协同创新专栏 5-1

PingCAP：协同创新实践者

在信息技术快速发展的时代，软件是企业竞争的核心，而利用数据库进行数据的交互是大规模数据分析和应用软件得以正常运行的首要前提。所以，数据库作为跨技术领域应用最多、最复杂的关键性基础软件，对所有产业的重要性可想而知。

1. 企业简介

PingCAP 是平凯星辰（北京）科技有限公司旗下品牌，于 2015 年创立，提供开源分布式数据库产品、解决方案与咨询、技术支持与培训认证等服务。其一直以开源社区为背景，聚焦于为所有用户提供高效、安全、开放与兼容的数据基础设施，打造全球化的产业链生态。2022 年 8 月，PingCAP 入选福布斯中国发布的 2022 中国创新力企业 50 强榜单。

2. 协同创新的实践之路

（1）形成市场为主导的区域协同创新网络。

PingCAP 从客户的角度出发，提升产品的“易用性 + 敏捷性”。用户要办理的业务无论是分析型处理还是事务型处理，在数字化转型过程中，一套 TiDB 系统就可以满足大规模、随时处理的要求。在使用数据库产品时，易用性是大范围商用的前提，可以让用户轻松地熟悉操控产品，尽最大可能降低对使用者掌控技能的要求。在技术的路径选择上，TiDB 的开放式架构能够很好地管理系统的复杂性，因此成为多数用户的第一选择。同时，TiDB 数据库的产品稳定性和内核性能得到了精进，因而用户业务的敏捷性也得到了保障，给了使用者顺滑的技术体验，成为同行业其他企业产品创新的追随对象。

PingCAP 构建了专业的服务支持体系，致力于为企业级用户提供最优质的服务，如自动诊断调优团队、金融架构师团队等。在全球已有 3000 多家企业选择了 TiDB，覆盖游戏、互联网、物流等行业。自主开源是 PingCAP 迈向数字化转型的核心战略，TiDB 的发展模式借助了开源的高效协作特征，形成了体系化的优势。

（2）构建产学研一体化发展的创新机制。

TiDB 项目聚集了上千名人才，他们来自多个国家和地区，其中近 1/5 为企业高管团队，涵盖电信、制造、金融和互联网等领域，通过不断的使用、更迭、优化，打造了 TiDB 最核心的迭代速度和自我净化能力。在学术研讨方面，PingCAP 与全球数百所高等院校实现了学术互助关系，这种良好的学术氛围为分布式数据库的完善和进步贡献了不可小觑的力量。目前，PingCAP 与中电金信、神州数码等生态协作伙伴携手成就了 PingCAP 多元数据生态的成绩单。

因此，PingCAP 的日益壮大得益于多方的合作与交流，碰撞出了产品思维的创新和数据库领域的火花，使 TiDB 项目在更迭中不断地被完善和被用户接纳。未来，PingCAP 还将集聚多方的力量，在 DB 微服务化、云原生、智能化等领域持续精进和升级，继续引领数据服务的演进方向。

（3）强化创新资源的整合与共享。

PingCAP 依托源代码不断开发优化人才、社区、开源的生态。PingCAP 的商业模式与传统软件企业大不相同，其一直坚持 TiDB 数据库的开放、共享，致力于帮助更多有需求的人解决难题。在通过开源模式构建的星系式合作伙伴体系中，所有用户都可以通过 TiDB 的开源社区连接在一起，享受技术咨询拜访、重点项目驻场、独家知识库、高优先级故障排除等服务。另外，网络上或技术圈广泛的技术和产品心得分享也是 PingCAP 创新和树立品牌的宝贵资源。所以，整个开源社区形成了一个良性循环，即平台用户登录的频率越多，发现的漏洞越多，修复的漏洞就会越多，从而造就了 PingCAP 产品极强的适用性，同时增强了其修复能力。

3. 发展与总结

在经济形势变幻莫测和数字化转型加速的背景下，如何应对不确定性带来的风险成为数据驱动企业的首要任务。因此，PingCAP 还要适时地追随数字化、智能化、网络化融合发展的趋势，充分发挥拥有完善的数据产业这一优势，做精基础软件布局，进一步提高数据库的安全性，不断优化核心体系，持续加大数字化体系、基础设施设计和应用的投入。

资料来源

1. 陈辰 .TiDB 开源社区最佳实践 [J]. 软件和集成电路，2021（12）：56−57.

2. 金根同 . 开源数据库的发展趋势 [J]. 软件和集成电路，2017（11）：84.

第二节 协同生产："数字—智能—智慧"进化

作为"十四五"规划的开局之年，相关部门在 2021 年的规划中一再重申要坚定不移地建设数字中国，持续为实体经济助航蓄力。积极着手新型智慧工厂的建设，已成为社会发展新趋势和提高核心竞争力的有力武器。此次的升级换代是跨行业、跨部门的技术应用与体验的融合，可以最大限度地释放潜能和凝聚各方力量，推动社会经济迈向高质量发展道路。

一、“数据 +”：协同生产的新机遇

为了在日益激烈的市场中增强自身的竞争力，企业往往通过协同生产方式完成复杂产品的生产。在数智化时代，数据的真正价值并非体现在数据的规模体量上，而是从海量的数据库中探寻相对有价值的数据信息，因而在面对大规模数据资源时要进行相当细致的筛选、分类和整理。之前的研究是如何把数据库从小规模变成大规模的过程，而如今数据赋能的重点在于数据“从厚到薄”的变化。

“数据 +”的迅速发展对协同生产的重要影响，主要体现在以下四个方面。

1. 业务流程互通

大数据对协同生产的影响表现为在生产制造过程中的业务流程互通。大数据技术能够实时感知和监测设备的运行情况，在发生故障时进行响应，这使得生产流程得到了优化，有效提升生产情况的可视化运营效率，推进实施资源优化调整和预测性生产。

2. 内部动态协同生产

大数据对协同生产的影响还表现为系统组织内部的动态协同生产。在数字化、可视化和智能化的助力下，企业组织内部的各个环节实现了相互关联，包括研发设计、生产制造、存货管理、产品销售等。在协同生产模式下，数据赋能突破了企业内部信息孤岛的束缚，构建了平台内的共生关系，让企业内部控制和生产管理更为透明、企业的战略决策更为精准，极大地提升了系统组织内部的运营效率。

3. 组织外部联通

大数据对协同生产的影响表现为企业与销售链和上下游产业链的组织外部的联通。基于大数据技术、智能化协作和平台化共享，大数据渗透到利益相关组织，实现了与供应商、经销商、第三方物流等的协同合作，消除了合作双方的信息不对称性，信息的交互变得通畅，使产品生产任务的分配趋向合理，在成本和效益方面可以达到相对的平衡，因而各方都在为共同的最终目标而倾尽全力，最终形成了大数据智能制造的联盟。

4. 产业生态融合

大数据对协同生产的影响表现为以制造业为中心的产业生态融合。在制造业产业生态系统中，一方面，制造业内部企业形成以信息技术平台为主导的企业群落，平台为重要的数据、技术集散中心，具有共享特征，平台将各要素捆绑形成溢出红利，驱动企业群落内部突破信息孤岛的束缚，形成平台内的共生关系。另一方面，大数据推动制造业和其他产业融合，打破平台孤岛的约束，构建信息互通、资源共享、能力协同、互联共赢，创新驱动的产业生态圈，促进生态圈内各元素交互共创，激活各要素的创新活力，最大化地释放潜能和凝聚各方力量，推动制造业迈向高质量发展道路，并由此形成一种开放共享、生生不息的新商业生命体。

二、逆向供应链：协同生产的关键

逆向供应链最早出现在消费品领域。电商有很多逆向供应链的需求，因为电商有很多退货，这些退货就成为逆向供应链的范畴，把退货进行重新销售，不能重新销售的，则降级在二手市场处理。

1. 逆向供应链的必要性

逆向供应链是一个由多方构成的分工组织网，首先需要从用户端回收废旧产品，然后对收回的产品进行检测、分类，最终由相关企业或部门进行处置或再次利用。

逆向供应链既是响应环保政策而采取的一种措施，也是一种新兴的商业模式和盈利策略。简单来说，就是通过废品集合中心对回收品进行统一处理，可以同时实现降本增效的目的。很多知名的大型企业也是通过构建逆向供应链管理体系开辟了新的市场路线，拓展了企业产品的应用场景。

2. 逆向供应链的运营流程

逆向供应链的运营流程主要包括产品获得、逆向物流、检测分类、再处理、分销和销售五个部分，如图 5–2 所示。

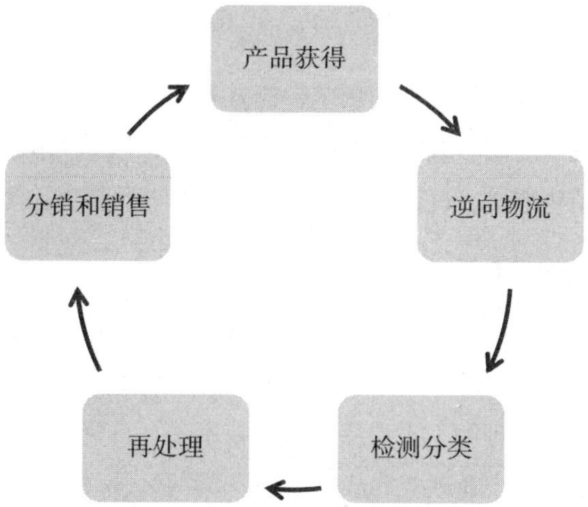

图 5-2　逆向供应链的运营流程

（1）产品获得。产品获得可通过正向供应链、废旧品回收和已建立的逆向供应链三个途径实现。其中，正向供应链是指商品因自身问题的集中召回和商品的退货；废旧品回收主要是再次处理拥有剩余价值的废旧物；已建立的逆向供应链就是现有的回收体系。

（2）逆向物流。逆向物流是逆向供应链中的关键运输节点，即将产品从供应链的下游转移到上游。

（3）检测分类。检测分类主要是针对回收的废旧物进行剩余价值的鉴定与检测。

（4）再处理。再处理就是对回收品进行再次加工。

（5）分销和销售。若回收品不需要进行再次加工，就可以直接使用或者再次出售。此外，还可以对回收来的废旧产品进行升级，进而提升其价值。

总的来说，逆向供应链是由多个组织组成的交易网络，各环节企业之间存在知识协同与生产协同的显著需求。知识协同可以极大地压缩回收物的处理时间，实现供应链中的资源价值最大化；生产协同可以大大提高回收效率，实现各司其职、各尽所能，在最大限度上节约回收成本。因此可以说，逆向供应链是未来循环经济的有力支撑。

三、平台生态：C2B 的黏合剂

在网络时代，企业可以充分利用平台模式构建生态系统，通过企业与机构之间、企业与高等院所之间、线上与线下之间的合作，形成一种全新的企业经营模式、产品或服务销售形式，进而使企业在重新整合下获得更加美好的发展前景。

1. 平台生态的构成要素

平台生态系统是平台各方参与者为了实现自己的价值诉求，通过平台上流动的知识和资源的组合构建的一个商业生态系统。平台生态系统的构成要素可以从平台和生态两个层面来理解，平台层面包括技术平台、资源平台和服务平台，生态层面包括商业联盟、产业联盟和战略联盟。

2. 平台生态与 C2B 模式

平台生态是开放创新的催化剂和放大器，为用户创造价值是构建平台思维和产业思维的首要前提。从这个角度来看，在企业生态系统中，为了使规模收益最大化，吸引用户以及实现市场的主导地位，企业间的关联会逐渐演变成去中心化的网状结构。

B2C 是一种以互联网为支点的新技术企业经营模式，从某种意义上说，它是通过产品供给刺激消费需求的一种模式。企业平台生态系统的强大传播能力使各种信息可以实现高效、快速的流转，交易成本得到有效降低，各领域呈现出社会化大生产的发展趋势。以用户需求为中心，借助平台生态整合各方资源，并以多方合作形式实现产品及服务落地的方式，获得了社会各界的一致认可。

在需求端维度上，平台生态系统使消费者与商家信息不对称的弊端被彻底消除，顾客在充分了解国内市场中产品信息的同时，也能够知悉海外市场中的产品信息，提高了消费者在产品交易过程中的主导地位和话语权，进而使 C2B 这种商业模式逐渐在社会经济中兴起。

第三节　协同消费：玩转“WE 众经济”

凭借互联网技术的助力，出现了以使用权和所有权分离为特点的产品和服务分享的新兴交易形式，这就是协同消费。协同消费整合社会上闲置分散资源、快速实现供需双方目标匹配、满足消费者差异化需求的优势，促进了国内“WE 众经济”的高速发展。具体来说，众筹、众扶、众智、众创、众帮、众设加上分享、协同、交互，就可能形成“WE 众经济”。“WE 众经济”的核心思想是人们的积极融合参与、协同创新创造，它是一种全新的连接方式、新颖的关系模式、独特的合作规则及其结构的经济表现形式。协同消费是以协同为基础，即个体与个体之间、个体与物之间的协同，所以，协同消费可以说是“互联网 +WE 众经济”的结合体，反过来，协同消费的发展又不断地影响和推进“WE 众经济”的持续稳定发展。

一、分享经济：网红经济、社群经济与共享经济

近年来，分享经济已经进入黄金时代，在社会经济可持续发展、增加就业、改善生态、协同合作、文化传播等方面都产生了积极的影响。简单来说，分享经济是指将闲置的、碎片化的、尚有价值的物品和服务，汇集在相关平台上，通过精确地与供给和需求相匹配，使其多次被使用，从而推动社会经济发展，实现社会价值再创造的新形态。“使用资源而不占为己有”和“未被使用就是一种浪费”是分享经济的两个核心观念。

分享经济火爆的原因是其拥有“三驾马车”的助力。

1.“三驾马车”之一——网红经济

信息技术的极速发展产生了电商，也成就了网红，基于互联网基因的高效结合，出现了一种新兴的经济现象——网红经济。对于网红经济而言，最重要的主体就是网红，网红也可以大致理解为网络红人，是指在网络生活中或者现实中由

于自身的人设和特质被网友关注而走红的人。网红作为一种商业的媒介，他们的商业价值不可小觑。网红经济最本质的特征是信任经济，任何一个网红都有属于自己的社群，这个社群中都是被自己的特质吸引来的追随者，这些追随者会出于对网红的认可和信任，进而对其分享或者推荐的产品和服务产生浓厚的兴趣，激发他们潜在的购物需求，不断增加成交量，最终商家会在较短的时间内达到预期的业绩目标。

2."三驾马车"之二——社群经济

如今，社交行为无处不在，而社群形式的产生极大地改变了之前的商业模式及传播现象。从宽泛化的角度出发，可以将社群理解为在某些边界线、地区或者领域内发生作用的一切社会关系。以社会学的视角分析，社群可以表示一个关系相互交织的网络，包含社群情感或社群精神。同在一个社群的人会因某些共同的特征而相互联结，不处于同一社群的人则相互隔离，随之而来的是社群经济的产生，社群经济也可以称为粉丝经济。与之前的经济模式不同，社群经济有着独有的运营模式，首先其需要凭借大数据的助力，充分挖掘有潜在购物需求的顾客，在掌握了有消费意向的消费者之后，以吸人眼球的营销模式或者优质的产品和服务来吸引用户，然后通过一系列的运营手段提高线上与线下粉丝之间的黏度，不断扩大用户规模，让他们主动融入这个社群中。如今，社群经济已然成为企业壮大过程中的一股中坚力量。

3."三驾马车"之三——共享经济

共享可以简单理解为分享，而由其衍生的共享经济，正是当下的热门话题。所谓共享经济，是指利用现代信息技术最大化地整合和分享闲置分散的资源，实现这些资源的经济价值和社会价值的创新和再生，满足差异化需求的经济活动的总和，进而从中获取可观回报。所以，共享经济的本质就是互助互利、实现双赢。

在"三驾马车"的鼎力相助下，分享经济在国内外都得到了快速的发展及广泛的普及，包括空间、资金、知识技能、服务、生产制造等领域。实体企业与分享经济在产业、专利、数据等多个层面逐渐进行深度融合，而分享经济不仅是针对个人的分享，机构和政府所掌握资源的运用和调度也可以采用分享经济的理念。

企业协同创新专栏 5-2

字节跳动：分享经济新业态

近年来，由于受大环境的影响，很多企业的业绩受到了巨大的冲击。随着社会媒体时代的到来，“电商 + 直播”营销模式的盛行让大众意识到在互联网时代流量变现存在巨大的市场潜力，进而拥有一定粉丝基础和资质的带货主播如雨后春笋般涌现，在抖音短视频上逐渐形成了“电商 + 直播 + 网红带货”的新兴商业模式，极大地解决了企业优质产品销路难、库存严重积压、社会失业率不断上升的难题。

1. 企业简介

北京字节跳动科技有限公司（以下简称字节跳动）始终以构建全球创作与交流平台为企业愿景。凭借领先的技术优势，企业的规模得到了快速壮大，在全球拥有多款影响深远的产品，如西瓜视频、今日头条、抖音等。

2. 分享经济下字节跳动的新尝试

（1）依托互联网，布局网红经济战略。

在网红经济下，网红成为直播带货的主力军，在拥有鲜明的个人魅力和强大的推广能力同时，网红背后一般都有一个十分专业的团队。平台在这些专业团队的运营下，可以最大限度地掌控和占有用户的碎片化时间，在给产品贴上极具意义的标签后，又高效地引领平台上粉丝的价值取向和消费选择，进而深度挖掘用户潜在的消费意愿。此外，在大数据的精准推送下，平台形成了黏度较高的粉丝社群后，变现能力自然而然地增强，在很大程度上突破了传统平台的壁垒和限制。这一足不出户的消费模式，打破了传统消费的空间限制，进而使网红直播带货的营销模式带动平台经济的效果更为明显。

（2）优质内容加持，社群用户状态活跃。

今日头条是一款以数据挖掘为基础，为用户推荐信息、提供连接人与信息的服务的产品。稳定发展的平台生态，充分展示了分享经济的内涵。首先，大量的优质内容是平台生态健康发展的根基。有高质量文章、视频、微头条等板块的加持，呈现鲜明的内容特征，在平台的内容边界不断被拓宽的同时，整体上呈现的思想性、可读性、知识性塑造了一个“重要且优质”的今日头条。其次，由于集聚了不同类型和特点的人，加上创作者也来自不同的领域，因此在平台上出现了不同兴趣之间的碰撞与融合的局面。多样性是健康生态发展的另一个重要条件，与优质同样重要。创作者的创作领域触及“三农”、健康、饮食、金融、运动、汽车、育儿、房产、情感、美妆等多个领域，充分迎合了用户的阅读兴趣，同时也激发了阅读者潜在的多元的兴趣，进而极大地提高了平台的活跃度，同时也形成了多元化的内容消费生态。

（3）聚焦社会需求，实现实时分享。

懂车帝汇聚了全国众多汽车内容优质创作者和汽车经销商，是一款汽车信息共享与服务的平台。其可以不间断地为用户解答和分析包括汽车购买咨询、汽车行情和试驾体验等选买车内容，此外，还可以为用户带来时效性强的多样有趣的资讯，提供方便有效的选车工具，从而充分满足了用户对汽车选购的多样化需求。平台始终致力于打造真实、专业、有趣、优惠、实用的社群氛围。其中，平台汇聚了汽车测评达人专业真实的体验、客观专业的原创内容，内容板块丰富，包括直播、图文、小视频等，极大地激发了用户的阅读或观看兴趣，实现用户3D看车的个性化内容需求。另外，集团大数据技术、优秀的技术研发团队、顶尖的个性化推荐算法同样传承给了懂车帝，因而平台能够智能掌握用户的行为意向，适时转变营销战略，快速推进促使完成购车意向的下一阶段，最后力争让任何一个人都能在懂车帝找到自己感兴趣的车。

3. 发展与总结

字节跳动旗下的产品已涵盖视频、办公、泛娱乐、营销等各个方面，在成立之后的十几年间迅速做大做强，让我们真真切切感受到了流量市场的无限潜能。在未来，字节跳动将不断拓展自身的业务边界，持续丰富自己的业务类型，致力于更好地服务客户、服务流量。

资料来源

1. 刘璐瑶，李佳欣，张桓森．字节跳动的生存机遇与发展问题分析——以抖音为例 [J]. 现代商业，2022（25）：103-105.

2. 彭春霖．个性化推荐算法下的“信息茧房”效应探析——以“今日头条”为例 [J]. 中国传媒科技，2022（6）：61-63.

二、兴趣电商：用户价值的核裂变

1. 兴趣电商概述

兴趣电商是指以大众对美好生活的憧憬为起始点，迎合顾客的潜在购物需求，提高顾客生活质量的电商形式。具体来说就是，大数据系统可以根据你的兴趣给你推荐商品，从而促使双方达成交易。兴趣电商平台收集的数据来源于消费者浏览过的各种图文、短视频、观看过的直播，平台会基于这些记录进行分析，了解并记录消费者的兴趣和习惯。兴趣电商有以下三个特征。

（1）深度挖掘大众的潜在需求。

兴趣电商平台与传统电商如淘宝、京东、拼多多等平台的搜索电商或货架电商模式有着显著的不同。传统电商是根据消费者的消费需求主动地去搜索商品，然后选择适合你的商品，从而达成交易。而兴趣电商恰好与之相反，是平台大数据了解到潜在顾客的兴趣和习惯，主动给你推荐你需要的产品，省去了消费者的搜索过程，从而在较短时间内达成交易。

（2）长尾效应十分显著。

在传统电商的搜索模式下，搜索页面出现的产品一般都被成交量大的商家垄断，小型商家即使拥有优质的产品和服务也无法展示，而兴趣电商就很好地挽救了这一局面，极大地改善了头部商家与中长尾商家流量的分布，市场垄断式的局面、流量聚集头部商家的困境得以打破，从而带给了其他商家获取流量的机会。这便是所谓兴趣电商滚雪球式增长的逻辑内涵，不仅对整体社会的生态平衡有着重要的意义，而且消费者差异化的、小众的潜在需求也将得到更好的满足。

（3）同时具备人、货、场三大核心要素。

兴趣电商同时具备人、货、场三大核心要素，且紧密结合。传统电商省去了人的成本和流程，而兴趣电商则是将人放在了首要位置，人在商品交易中的作用是最关键的，另外吸人眼球的点是“场”，转向依托消费者兴趣偏向来布局卖货场景。所以，兴趣电商逐渐兴盛的原因是抓住了经营秘诀——以客户为中心，所有的货物排列、宣传员、讲解员都是从客户的角度出发，一切以吸引客户的兴趣为宗旨，充分实现用户价值。

2. 聚焦于用户价值裂变的兴趣电商

用户价值，意味着用户是互联网的立业之本。在如今的互联网大数据时代，用户是最挑剔的也是最终的裁判员，所以，要想在激烈的博弈和竞争中取胜，关键在于最终的用户满意度和给顾客创造的价值。

而逐渐兴起的兴趣电商可以精准地获取消费者的兴趣点，然后给其推送物美价廉的商品，激发其购买欲望，提高其黏性，使用户价值得到最大化的体现。兴趣电商精确地发现了传统电商未关注的客户的潜在需求，通过连接消费者需求和商家产品，在节省消费者时间的同时提高了商品的销售速度，激活了全新的市场增量。

无论企业规模大小，在顾客面前展示自己优质产品的机会都是等同的，任何一个组织都应充分利用用户的价值，得到用户积极的回馈和支持，从而得到快速发展。相反，如果忽视消费者的需求和不满，那么用户价值就得不到发挥，进而阻碍企业的快速成长，并有可能被竞争对手所取代。

三、私域流量：IP+ 内容 + 社群 + 爆款

总结各企业的实践，私域流量可以从 IP、内容、社群和爆款四个方面来构建。

1.IP 与内容

私域流量聚集的首要条件是形成一个独特且有意义的 IP，即企业连接流量的方式是要构建一个对用户形成强大影响的 IP。然后，再将其变成有温度、有鲜

明特征属性的人，渗透到相应平台。这个人的人设可能是智者、领袖等，无论是何种角色，都要以优质的内容为支撑，否则所有的人设都是空洞的。此后，就可以充分发挥角色的作用，如帮助大众了解商品、增强企业品牌效应、引领社会行为、宣扬优秀文化等。

2. 社群

私域流量的一个典型特征是社群效应明显，这意味着私域流量的拥有者还是主要存在于个人账号。频繁地进行一对一的精准信息推送、一对多的社群运营管控，可以直接接触到流量，进而充分挖掘用户的潜在需求。所以，只有运用好私域社群，才能使所拥有的社会资源发挥最大的效用、产生更大的价值。

要想运营好社群，挖掘用户的核心需求，保持社群的活跃度，重点要关注以下四个方面。

（1）社群定位。

社群定位是企业利用社群效应的关键一步，也是首要步骤。社群定位就是确定社群在目标市场上所处的位置，可以从用户定位、文化定位、方向定位和规模定位四个方面来实现。社群定位三要素包括做社群的目的、社群里面都需要哪些人、每天在社群里干什么。

（2）社群仪式感。

社群仪式感是社群效应的重要法则之一，是在社群中将日常行为仪式化以赋予其意义的行为，也是新社群将意义带入每一个用户生活的有效工具。社群仪式感强化了某件事情的重要性，从而暗示社群成员重视这件事。

（3）运营能力。

运营能力是指进行社群运营的人所具有的能力。高质量的社群运营需要高效的运营能力，如运营规划能力、观察沟通能力、活动策划能力以及资源整合能力等。

（4）群规制定。

社群的群规在整个社群的运营过程中起着重要作用，也会对社群效应的发挥产生影响。群规的制定不能太宽泛，也不能太严苛，可以遵循立足社群实际情况、制定流程化规则、借助社群管理工具等原则。

3. 打造爆款

爆款打造是构建私域流量的必经之路。爆款打造贵在阶梯式推进，先刷新和拓宽商品的消费场景，再以个人 IP 化属性战略推动产品的高曝光、快销售。打造爆款的目的不仅是刺激现有社群内客户的消费，更是吸引新群体，引进新的潜在客户，进一步拓宽私域流量运营的社群，扩大企业产品的知名度。

打造爆款一般包括四个步骤：首先，定位强需求产品、聚焦小众人群；其次，打造高颜值产品，同时保障品质优良、安全可靠，用户的口碑宣传是让产品火爆的最佳捷径；再次，在创新、实用等方面打造极致的用户体验，制造用户的“爽点”；最后，快速抢占聚焦人群的心智资源，即需要给产品进行定位，使其能快速地进入目标人群的视野，进而一步步地实现最终目的——打造满足 80% 目标消费者需求的高性价比产品。

在新媒体信息十分冗杂的时代，内容质量是人们愿意为之买单的重要因素，通过新颖、优质的内容，可以不断加固企业与消费者的联系，激活社群的活跃性。同时，要让社群变成一个有温度的购物中心，即使客户不进行购买活动，也可以收获情感的认同，从而提高客户的忠诚度和黏度，为企业的运营活动奠定坚实的基础。

企业协同创新专栏 5-3

完美日记：借力私域流量完美出圈

1. 企业简介

完美日记创立于 2017 年，是广州逸仙电子商务有限公司旗下品牌。完美日记主要经营护肤品、化妆品、化妆工具。近年来，完美日记巧妙地迎合了网络营销的火热契机，适时利用各种营销手段如多方平台宣传、直播讲解互动等，同时发挥国产美妆的优势，极大地吸引了民众的视线，提高了品牌的知名度。

2. 借力私域流量打造“完美”品牌

（1）专属IP打造，开启私域流量矩阵。

创立伊始，完美日记就选择在小红书上发布推广宣传内容。截至目前，完美日记在小红书上共发布了30余万篇笔记，更是拥有了数百万名粉丝。除此之外，众多美妆博主还通过平台账号发布了自己使用本产品的真实体验，广受好评。

完美日记在私域流量运作过程中，第一步是建立IP人设，企业在微信创立了名为“小完子”的品牌推广账号，其主人公是一位20多岁的女生，热衷美妆和美食，喜欢记录生活感受，发表的文案充分表达出对生活的热爱，充满了正能量，展现出来的这些信息无疑与品牌核心受众高度重合。大众被这个积极阳光的形象所吸引，消除了品牌端与顾客端的距离感，使人们很容易和与自己理想的生活状态或习性相近的人产生情感上的共鸣。

（2）借力优质新颖内容，吸引精准流量。

在产品宣传方面，“小完子”每天都发布自家彩妆新品、护肤、试用等多类型产品的使用教程和宣传推广内容，从一个普通女孩的视角出发，为大众悉心介绍产品的使用体验和感受，给受众展示产品的使用场景，讲解产品的魅力，从而在生活的方方面面赋予产品价值，增强了用户的购买意向。

除了个人朋友圈，品牌专属公众号也是内容打造的场所之一，每块业务都有对应的微信公众号账号，细致地划分了不同消费需求和渠道的用户。完美日记有多个关联的微信公众号账号，例如完美日记玩妆手册、完美日记好物社、完美日记种草课堂等，而引流是完美日记开设这么多细分公众号的最终目的。

（3）社群营销，让裂变更容易。

完美日记首先将个人社交账号的流量留存后，接下来即开始搭建品牌的社群体系。完美日记开设了“小完子完美研究所”微信群，给了有共同兴趣爱好的用户一个互动的平台，加入群聊的大多是热衷护肤彩妆、对产品有消费意向的人群，所以社群成为私域流量变现的主要场所。随后，完美日记通过社交圈、社群，实现了一天内可多次触达目标客户，同时给新入群的用户提供福利，保持社群的活跃度。社群发布的信息主要有产品介绍、促销信息、限时优惠、抽奖等内容，比如“买一送一”“指定款7折”等。完美日记社群的构建，汇聚起了众多有相同购物需求的人群，极大地增强了用户的购买欲望，将之前的商家与客户的“弱关系”

打造成现如今的“强关系”，提升了社群成单率和同一客户的可持续性消费。

（4）联名爆款“火出圈”，品牌知名度提升。

完美日记的爆款众多，其中最为人熟知的是完美日记与 Discovery 联名的动物眼影盘，根据大熊猫、斑虎、小鹿等不同的动物设计了不同的主题和色系，其主题风格非常突出，使用户眼前一亮。这一爆款成功的秘诀在于：一方面，该产品将受众瞄准“95 后”“00 后”人群，随着大众消费水平的逐渐提高，这一人群对美妆有着浓厚的兴趣；另一方面，精致的眼妆已成为受众日常生活的一部分，完美日记这款动物眼影盘抓住这一契机，打造出了多款高颜值的联名款与节日款。

3. 发展与总结

作为国内新兴美妆品牌，完美日记深刻地了解国内消费者群体的特点和需求，充分发挥了本土品牌的竞争优势。未来完美日记将持续推动产品的创新和品牌的长久发展，争取早日以稳健的步伐走出国门，迈向更加广阔的国际市场。

资料来源

1. 陈倩婷，何练．浅析美妆产品私域精准营销及其实现路径——以“完美日记”为例 [J]. 中国商论，2023（2）：65−67.

2. 李晨宇．完美日记：营销应塑造品牌，推动产品创新 [J]. 国际品牌观察，2022（7）：12.

第四节　技术协同：引爆数字经济

数字经济是指依托数字技术，将知识和信息相互融合，以现代化信息平台为关键媒介，使经济社会逐渐向网络化、信息化、智能化、数字化转变。数字经济的两大发展核心是数字产业化和产业数字化，在加大数字基础设施建设的背景下，离不开二者的紧密融合。目前，数字经济全要素发展体系的构建为全社会营造了健康、良好的发展氛围。

一、技术协同的“0 → N”进阶

从近几年的数据来看，国内许多企业都在进行产业升级转型，随之而来的是国内企业并购的意向和规模都出现了飞跃式的增长。通过整合其他企业的先进或顶尖技术，从而提高自主研发能力，最大化地实现技术的跨越融合和产业的转型升级。

多方之间要实现技术协同，就要以形成共生共赢的局面为最终目标，而非想着利用技术让自身做大做强，然后吞并另一方。企业在严格保密双方合作的技术专利和明确合作研发的成果分配和收益分成之后，首先要进行体制机制创新，推动研发平台的创新发展。要始终坚持以企业为主体，结合产学研其他主体，洞悉市场需求，制定研究方向和内容。其次要组建全流程技术研发团队，以信息智能为协同驱动力，实现去中心化，进行多方一体化融合发展。另外，外聘企业专家加强协同创新对突破关键共性技术障碍、构建深度融合的产学研创新联盟也同样重要。最后要结合动态变化的市场环境，统筹企业的发展规划，加强内部平台的创新与企业外部研发基地建设。

实现技术协同的前提是寻求知识技术相匹配及研发工作的同等高度。创新风险的分散、研发成本的降低、组织边界的渗透、组织知识的流动、规模经济效益的提升，在技术协同的过程中都可以同步得到实现。

二、数字产业化

1. 数字产业化的内涵

数字产业化是指全方位地应用现代信息技术，助力数字产业的形成和发展。科技创新的真正内涵不只是在实验室里得到的研究结果，更是将科技创新成果转化为推动社会经济发展的内生动力。简单来说，数字产业化就是由数字技术产生的服务和产品，都是拥有了数字技术后才兴起的产业，同时为数字经济发展提供产品、技术、服务和解决问题的方法等。数字产业化涵盖了以下四个领域，如图5-3所示。

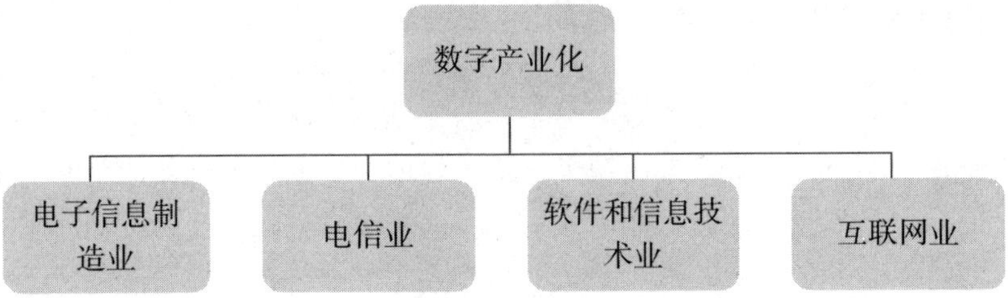

图 5–3 数字产业化所涵盖的领域

2. 数字产业化的特征

（1）广泛性。

目前，先进的信息技术和数字科技的应用场景具有广泛性、技术迭代的持续性以及在应用领域促进创新等特征，所以，数字产业化不但能广泛应用于各个领域及行业中，也会给各行业带来颠覆性变革，例如在产品形态、产业业态、商业模式、生产流程、管理方式以及治理机制等多个方面。

（2）创新频率高。

与传统产业相比，数字产业化呈现出创新频率高的特点。传统产业的技术突变少，发展较为完善成熟，新技术与原技术存在较大的相似性和演进上的连续性，当颠覆性技术开始显现并成为传统行业的主导技术时，会进入较长时间的技术稳定期。而在数字产业化中，会持续不断地有新的数字技术成熟并融入产业化阶段，产生新产品、形成新服务或新的商业模式，所以数字产业化具有创新频率高的特征。

（3）专业化平台经济超速成长。

在数字产业化的不断推动下，大数据数字平台产业快速发展，平台经济成为新型生产组织形态。平台连接了用户和产品服务供应商，为他们提供了信息交流和商品交易的空间，形成了一种真正意义上的双边市场。此外，越来越多的大数据数字专业化平台产业开始收集消费者信息，来进行产品的研发或项目的开发、生产和维护，极大地加速了社会化生产模式的形成进程。因此，专业化平台经济已经成为数字经济领域中拥有稳定发展优势的组织形态。

数字技术带来的新兴行业并不是要把传统行业推翻，而是赋能传统产业，助力其进入数字化时代。例如，出租车行业很早就出现了，而在数字产业化的助力下重新整合了社会的资源，扩大了出租车的主体，新增了其他车辆资源，然后通过大数据平台的精确算法，发挥了网络的协同作用，从而使社会资源达到供需相匹配的程度，提高了社会运行效率，节约了时间成本。数字产业化的目的正是将数字化的信息和知识转化为核心生产要素，借助信息技术，进行商业模式创新、管理模式创新，从而逐渐演变成新的模式、新的产业、新的业态，产业集群化和数字产业链自然而然就诞生了。

三、产业数字化

1. 产业数字化的由来

在产业链上下游全方位、全链条式的升级与改造背景下，主要的工具是现代先进的信息化技术，这就是所谓产业数字化。具体来说，就是将传统的产业融入发展较为完善的区块链、人工智能、大数据等技术，升级优化了产业结构，去中心化的业务合作模式逐渐形成。在此过程中，有价值的数据建立了共享、溯源和验证机制，抓住了共赢的合作机遇，多方之间形成了坚实的信任基石。

在打破陈旧的管理体系同时，产业数字化最关键的是建立协同创新的开放体系，放大了现代信息技术对社会经济发展做出的贡献。产业数字化还重建了决策机制和生产进程，极大地提升了流水线车间的智能化和自动化水平，降本增效的作用十分显著，个性化服务、精准化营销的效果也极为亮眼。此外，区块链、大数据等技术在行业生产制造过程中的广泛应用极大地降低了企业组织合作的交易成本，使产业链的上下游实现了深度的融合与协同创新。

2. 产业数字化的应用领域

产业数字化转型催生了多样的新模式、新业态（见图 5-4）。在产业数字化进程中，政府推动了数字基础设施建设和合理布局，塑造了协同高效的数字化生态系统。近年来，我国的传统制造业陷入绿色环保监管严格、劳动力成本大幅增加、产能与需求严重不匹配等一系列的困境中，因而传统制造产业产能优势逐渐减小，市场份额也不断被压缩。传统行业迫切需要新的发展模式与成长机会，快速迭代的数字科技给了传统行业转型升级一个支撑点，同时也为数字科技创新提供了重要的应用场景。所以，从目前的状况来看，积极推进产业数字化改革显得尤为关键。数字化转型可以优化生产环节、减少人力投入、提高设备工作效率、激发产品市场需求的潜能。

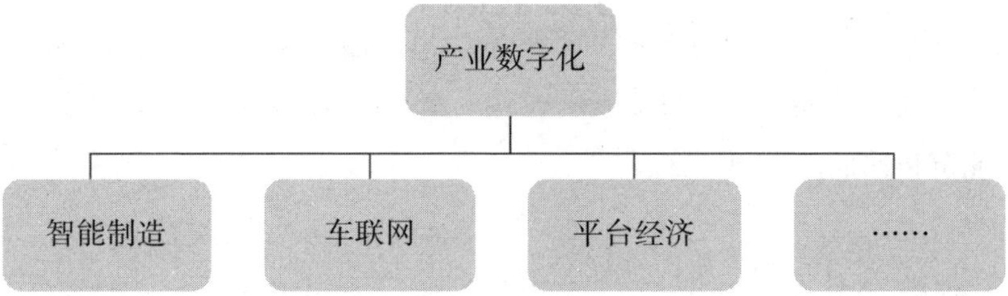

图 5-4　产业数字化的应用领域

综上所述，大力推进数字产业化和产业数字化的高效结合，已成为刺激我国经济增长、实现高质量发展的新引擎、新活力。

企业协同创新专栏 5-4

英矽智能：加速产业数字化转型

1. 企业简介

英矽智能科技（上海）有限公司（以下简称英矽智能）于 2019 年在上海成立。英矽智能是一家由端到端人工智能驱动的临床阶段生物医药企业，实现了 AI 与生物医药的双向赋能，为传统制药行业带来了重要的变革。英矽智能致力于纤维化、免疫、癌症等领域，正大力推进并加速相关疾病创新药物的生产研发。

2. 数字化转型多措并举

（1）广泛开展技术合作，为产业数字化布局。

英矽智能的 Pharma.AI 集成平台，已经覆盖药物制作加工全流程，形成了强大的技术壁垒。它与世界顶尖的创新医疗企业赛诺菲实现了意义重大的合作，将利用英矽智能由人工智能驱动的 Pharma.AI 药物发现平台，聚焦基于不超过 6 个创新靶点的候选药物研发。这是我国企业在 AI 药物研发领域首次携手境外制药巨头，不仅彰显了我国药物研发领域的超强实力，也体现了国内药物研发企业在国际上的认可度在逐步提高。此外，英矽智能还与复星医药合力研究开发创新药物和疗法的不同搭配组合，此项战略合作具有里程碑式的重要意义，超前一步实现了点到点 AI 驱动的药物研制平台与临床研究的完美结合。

技术协同打破了原先的组织关系理念，逐渐由单线竞争模式向生态共赢转变。通过多方的技术合作，英矽智能已经完成了 30 多个新药研发项目，包括自主研发和合作研发两种形式，并且有信心、有能力将针对全新靶点的管线推进到临床试验。

（2）数字科技赋能产业数字化转型。

传统项目研发正在面临着研发费用高、成功率低和研发周期长的困境，而人工智能的助力解决了这些瓶颈，起到了降本增效的目的。目前，英矽智能正在通过搭建内部团队和构建战略合作等行为强化自身的 AI 技术和能力，在不久的将来，AI 技术作为生物医药行业的强劲引擎，将稳步推动产业研发与创新。企业已经发现了 8 款临床前候选药物，包括由 AI 发现全新靶点并针对该靶点设计的全新化合物，基本可以做到“端到端”药物研发。英矽智能在自动化技术和 AI 算法的赋能下，将汇集更多数据，构建先进的多模态 AI 引擎，进而不断提升药物研发效率。

同时，英矽智能经过多轮融资，在很大程度上缓解和巩固了自己的财务状况。融来的资金将用于新药研发管线布局和完善人工智能平台建设，同时全自动化的 AI 机器人基地也投入建设，产品全球化发展的战略布局有望提前实现。

（3）资源的共建、共享、共生，成为产业数字化转型的关键。

近年来，英矽智能积极响应“创新无界·联动共生”的号召。一方面，上海高水平的学术机构不断涌现，当地政府和投资人都更积极、主动地投身到生物医药的制造中，另一方面，英矽智能在药品研发合成、测试和试验等方面的优势逐渐显现，从而使整个医药生态系统展现出共建、共享、共生，积极健康的发展态势，生物制药产业基础扎实，人工智能技术资源丰富。英矽智能构建了开放融通的生物医药产业创新格局，生物计算的发展前景也变得十分广阔，“从无到有”的本土研发能力是国内创新的新活力，将加快推动科研成果转化为创新药物，最终惠及患者。

3. 发展与总结

英矽智能坚持走 AI 药品研发的道路，召集更多 AI 和自动化人才，扩大项目数量，让尽可能多的项目走到临床阶段，最终造福患者。如果想要更好地服务于病患的需求，英矽智能还需持续探索科学奇迹，更好地将科研成果转化为临床药物，同时提高运营效率，降低新药生产研发的风险，力争更快地服务于患者，提供更经济、更有效、更多样化的药品。

资料来源

1. 贾聪聪，王子溪，黄传强 .AI 技术在医药物流行业的应用研究 [J]. 信息与电脑（理论版），2020，32（21）：22-23.

2. 俞陶然 .AI 制药兴起，“弯道超车”有望 [N]. 解放日报，2022-01-12.

第五节　组织协同：开启“心”的人本管理

随着组织结构的不断发展，组织内任务流程的冗杂性也随之增加，这意味着跨团队、跨组织的协作与沟通形式将会盛行。当前世界正在逐步迈入物联网时代，面向各行各业持续转型升级的形势，组织的着重点必须由之前的从组织外部寻找机遇，迅速将眼光转移到组织内部的协同上来，打破原来组织中各个板块的边界。但是，如何在组织内部实现高效的协同，是每个企业都要面对的难题。无论是组织中的普通一员还是管理者，都不仅要追求局部业绩的最优，即团队的高绩效或个人的高绩效，而且要追求整体的最优，即组织的有效运营。

组织协同不仅可以强化组织运作的流程意识，还可以提升成员的归属感和成就感，这充分体现了人本管理思想。与以往管理模式“见物不见人”或把人作为实现目的的手段的理念大相径庭，人本管理是在深刻意识到人在社会经济活动所扮演的重要角色的前提上，形成以人为中心的管理模式，发展人，为人谋福利，在管理中突出人的领导地位。

具体来说，人本管理主要包括以下几个层面。

首先，明确组织和企业运营的经营宗旨是要从基本认知上尊重每一个人。普通员工和组织领导人都具有独立的人格，只有他们的工作和人格被充分尊重，他们才会严格要求自己，从而竭尽全力去扮演好组织中不可或缺的角色。

其次，依靠人。随着社会的不断发展，组织管理者逐渐意识到，决定一个社会发展和一个企业成长的是人们所拥有的智慧、知识、勤劳、才能和技巧。归根到底，任何经济行为都是由人来操控的；人缺乏活力，企业就同样缺乏活力和核心竞争力。

最后，明确组织和企业运转的关键任务，即发现成员的潜能。其中首要前提是解放生产力，对成员的全面解放、调动组织成员的工作热情、挖掘其潜在优势、使其以无穷的创造力和饱满的热情完成自己的职责是组织管理的最终任务。

我们可以发扬光大人本管理中含有的“天人合一”的思想。组织内的高效协同以一系列现代科学的方法和手段提升员工的社会价值和自身价值，以持续培养、开发和使用促使人力资本转化为人才资产。人本管理对企业发展和社会需求都极为重要，已被越来越多的企业所重视和使用。

一、组织权力：失控与有序

权力是维系社会稳定、促进社会发展的核心力量，而组织权力是整个社会权力的重要组成部分，是统筹各部门的成员实施影响他人或者集体行为的权力。

1. 组织权力的失控

权力设计的方法主要有授权和控制两个方面，并由此产生出相应的集权和分权。集权与分权虽然同样必不可少，但组织中几乎普遍存在一种集权的倾向。而过度的集权行为会让权力处于边缘地带，其主要表现是一些岗位和组织部门的权力集中化，权力的设定制衡机制不合理，从而产生工作权责划分不明确、权力分解程序缺失、制度缺乏规范性、权利行使难以受到监督制约的情形。另外，过度集权还会导致权力行使和运用程序的不规范和不透明，可能引发以权谋私的恶性行为。权利运行的不规范是指权力在运行的过程中没有清晰、具体的规章制度加以约束，同时没有构建互相衔接、互相监督的权力和责任网，因此管理层自主裁定和决策的范围就会变得过于庞大。当权力运行的机制和流程对外披露的程度不高时，可能会产生权力行使不透明的现象，很难对管理者的不合理行为进行有效的监督与制止。这些做法对组织本身不利、对组织成员不利、对组织的利益相关者各方不利。如果将组织简单地看作仅仅追求利润最大化的“经济人”，而不将其看成一个拥有多维度的社会有机体，势必会造成组织权力的失控和组织局面的溃败。

2. 平衡权力的举措

随着社会主义市场经济的深入发展，越来越多的管理者意识到权力的平衡和建立一个有序的组织权利机制对于组织长久健康发展的重要性。

（1）明确管理者权限。

组织要明确权利拥有者的职责、管理目标，规范其权限，使其权责统一。只有明确了管理者的各项权限，才能使管理者更好地各司其职，防止权力逾矩。

（2）完善监督机制。

组织内部要完善制约和监督机制，对行权不合理或过失之处应予以一定的惩罚措施，力争把权力关进制度的笼子里。

（3）建立披露制度。

组织还需要建立权力运行的披露制度，让权力的实施过程和实施结果受所有人的监督。

二、组织边界：层级与宽度

在数字化进程的驱动下，组织中成员的职能和角色、组织边界的层级和宽度已悄然发生改变。组织边界让组织与周围环境形成了一种既分离又紧密连接的局面，这是基于环境与发展需求发生交互联系的互动领域。而组织正是通过这条界线，达成了组织与环境的平衡与互动。组织边界一直被视为一个处于不断变化中的概念，即它会随着时间的推移而发生变动。

1. 组织边界的订立

一般来说，组织边界的订立与组织的内部化、完整化和集中化密切相关。内部化是指运作一个组织要整合其内部的资源，若缺少资源内化的能力，组织就无法正常地运转。由于企业组织运作建立在整合内部资源的基础上，因此组织必须具备完整的功能和资源配置能力，而且这些功能和资源不能分散。于是，完整化的特点减弱了组织分散运作资源的能力，集中化的特点缩小了整合组织资源的范围。所以，正是这些局限性成为约束组织无限发展的边界。

在传统企业的内部运转中，组织结构主要包括层级和宽度。组织中的层级即"垂直边界"，主要体现在组织中的等级制度上，即内部的职称等级或内部彼此层次的不同，其明确了组织中地位、权利和权威的差异。组织中的宽度即"水平边界"，表明了组织运营过程中不同的职能部门及规章制度的区别。

2. 重塑组织边界的举措

一般来说，可以从下五个方面来重塑团队的组织边界，如图 5–5 所示。

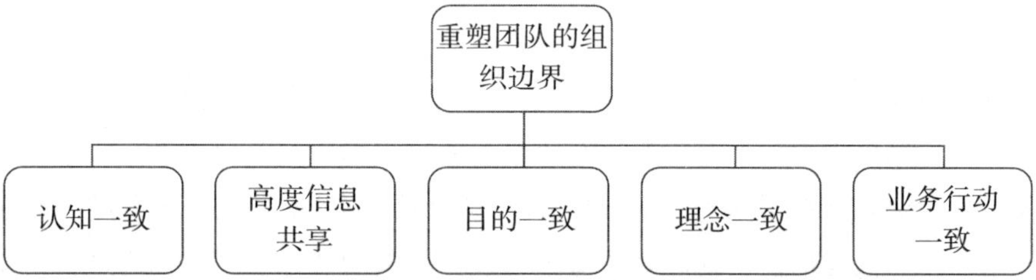

图 5–5　重塑组织边界的举措

现代的企业或者组织管理者可以通过调整边界、减少边界冗余，或者尝试跨界合作，来提高组织的管理效率，推动企业高质量发展。通过跨界合作，有助于构建有形的组织与无形的边界的生态结构，最大化地实现资源的有效配置和价值的再生。

三、团队文化：虚拟与协同

如今，经济全球化进程仍在加速推进，跨部门、跨地域合作日益频繁，项目团队虚拟化成为越来越多的组织提高自身竞争力、应对经济和竞争环境变化的新选择。

1. 虚拟与协同形式下的团队文化建设

虚拟项目团队是一种特殊的项目团队，其成员可能来自同一组织的不同职能部门，也可能来自不同的组织。团队成员利用先进的通信技术，跨越时间、空间和组织边界开展工作。它不仅保留了很多项目团队的优势，还打破了时间和空间限制，使资源配置更合理、组织合作更广泛、工作方式更柔性、应对环境变化更迅速，在企业战略形成、客户价值创造等方面有卓越的表现。在虚拟团队以及协同背景下，团队文化建设有着很大的必要性，其原因有二。

（1）知识型员工占比较大。

知识型员工占比较大是首要原因。在虚拟项目团队中，成员因工作原因聚集在一起，他们可能来自不同的组织，拥有不同的社会背景和文化特质，不可避免地会出现各种摩擦或冲突。此时，“团队文化”一词逐渐进入人们的视野。其源于成员通过共同的工作经历产生的联结，是团队内部形成的特有的文化。

（2）内外部环境充满极大的不确定性。

组织一直在积极拓展新兴领域的业务，业务规模也同时在扩大，传统的组织管理经验和模式已经不能再满足项目管理的需要。因此，为了在短时间内提高沟通效率、建立彼此信任、提高合作水平，统一成员的业务思维和行为逻辑，团队文化建设成为摆在虚拟项目团队管理者面前迫切而艰巨的任务。

2. 团队文化建设的举措

总的来说，企业可以从以下四个方面来培育团队文化。

（1）营造良好的氛围。

良好的氛围可以为企业团队文化的培育提供较好的环境和土壤。良好的氛围就像正能量磁场，能够感染到团队内的每位员工，同化与该正向磁场有所违和的人，进而凝聚群体力量成为组织磅礴且高效的驱动力。

（2）建立内部交流平台。

建立内部交流平台是畅通企业内部沟通的重要渠道和方式，通过内部沟通渠道，团队成员能够及时、高效、准确地与其他成员进行沟通协作，塑造团结、和谐的团队文化。

（3）构建学习型组织。

构建学习型组织有助于企业形成学习、勤奋、上进的文化氛围，塑造整个团队的学习气氛，充分发挥员工的创造性思维能力。这样的团队具有持续学习的能力，具有高于个人绩效总和的综合绩效的效应。

（4）保证团队内部的信任。

信任是团队文化的重要组成部分，保证团队内部的信任，减少在工作中的摩擦，有利于提高组织绩效，构建企业内部具有正向激励作用的团队文化。

总之，和谐的团队文化对维系团队的协同性意义非凡，同时可让组织成员形成对任务目标的归属感，提高相互之间的认可度。团队文化在成员的相互合作中会产生文化的协同增效作用，促成高效的沟通，快速在团队内建立信任，从而实现组织成员自觉地通过合作来完成任务。

第六节　知识协同：交织技术与文化

知识协同是一个复杂的动态过程，是企业或组织内部创造新知识的必然途径，更是消除知识流转屏障的重要手段。知识协同主要从组织的整体战略出发，以知识和流程为主线，汇聚、创造、共享、融合知识并运用到组织的日常运转中，通过科技手段把成员的工作、交流、决策交织在一起，同时高效地应用到实际生产经营活动中，从而达成降本增效的战略目标。企业间的知识传递、知识的获取、相互学习影响着组织绩效，使知识得到不断的更新，直到帮助企业实现创新目标，激发企业内部的创新活力。在这个过程中，知识获取、转移和创造发挥着积极的作用，可以将知识更好地利用，促进知识的有效流动，进而为创新提供更多的可能，最终影响新知识的产生和组织创新的成果。

知识协同的创新过程大致沿着社会化、外化、整合、内化的流程进行。通过构建知识协同模型，找出企业创新行为影响知识协同的因素，能够帮助企业提高经济收益。

知识协同并不仅限于组织内部的知识共享，更强调组织内外之间知识的协作与交流，这样不仅能充分发挥组织的知识协作效应，还可以提高整个社会的知识协作效应，从而为整个社会创造价值。建立透明、有序的团队信息共享机制，探索更多垂直化的协同联动，打造结构化的知识创作团队并形成有效的团队协作，可以极大地助力组织进行知识协同，实现更多有序沟通，同时也可以营造轻松流畅的、全新的工作体验氛围。

一、工匠精神：极致创新

回顾我国的历史长河，一代又一代的能工巧匠用智慧和勤劳的双手创下了一个又一个文明的奇迹，工匠精神一直是我国传统文化的核心元素。

1. 工匠精神对创新的激励作用

一直让大众引以为傲且作为我国的一张闪亮“名片”的中国高铁，始终秉承工匠精神，追求品质，凭借精湛的技术生产出先进的产品，从而赢得了国际市场的高度认可。“一口清”“一手精”“实名制”等充分体现了动车组制造的高标准，这是对工匠精神最好的诠释。员工务必非常流利地背诵职位操作流程，即“一口清”；工作标准的严格执行和每个环节的高质量完成，是“一手精”；所谓“实名制”，是指在完成的每个环节后写上操作员的名字。正是基于严格的标准和完美的执行，造就了我国高铁的大国工匠精神。

当前，我国进入振兴实体经济的高质量发展阶段，各行各业的战略追求都转化为优化升级产品结构，研发产品技术。新时代社会企业的转型需要更多的科学技术支撑复杂劳动，传统的简单劳动和简单技术已经无法满足人类的需求和社会的发展需求。这些微观层次的企业价值目标需要大批的创新驱动型人才来接力实现。工匠精神对于新时代所需要的人才来说在精神上是一种巨大的激励，在宏观上激励人才爱国精神的形成，在微观上激励人才职业素养的形成。

2. 发扬工匠精神，力争极致创新

进入 21 世纪以来，工匠精神成为推动企业或组织转型发展和提质增效的关

键因素，同样也是供应链或产业链由中低端向高端进阶的关键助力因素。为了实现这些目标，企业应在生产经营管理全过程中融入工匠精神，从多维度、多节点发力，为其产品的更新迭代提供孵化土壤。

（1）创新。

从创新的视角来审视新时代的工匠精神，应该扩展到更大的范围和更广泛的分工。

（2）提升质量管理水平。

应以工匠精神为导向来完善规章制度，用制度保障质量安全，从而实现组织质量的高标准水平。

（3）延伸产品的品牌价值。

品牌的知名度决定其产品的市场渗透力和能否在激烈的市场环境中存活下来，这要求组织中的每一位成员都必须坚守工匠精神，力争极致创新，从而实现品牌价值的市场效益最大化。

二、知识联盟：创新梦工厂

在多方实现知识协同的过程中，知识联盟这一组织形式是合作的必然产物。在这一联盟中，知识可以实现在多方间的共享、流动和创造。

1. 知识联盟的内涵界定

由于学者的研究视角存在差异，因此对知识联盟的定义不尽相同，目前尚没有统一的定论。被广泛接受的一种观点认为，知识联盟是企业之间结成战略联盟的一种形式，形成知识联盟的目的是更好地促使知识和信息在整个产业集群内的流动，以提升整个战略联盟的总体收益。持这一观点的学者认为，知识是技术创新活动的基本要素，缺少知识的积累，技术创新则无从谈起，而知识不应该是孤立存在的，知识体系中的信息孤岛只有彼此之间发生有机的串联才能发挥知识真正的功效，并为技术创新提供有力的支持。产业集群内的不同企业虽然存在市场竞争关系，但是如果能够从整个战略联盟的大局出发，将不同企业所掌握的知识进行高效率的交换和利用，就能够发挥“2+2 > 4”的协同作用，在彼此的合作与竞争中实现共赢。

2. 构建知识联盟的途径

一般来说，企业或组织构建知识联盟的途径有以下四种，如图 5–6 所示。

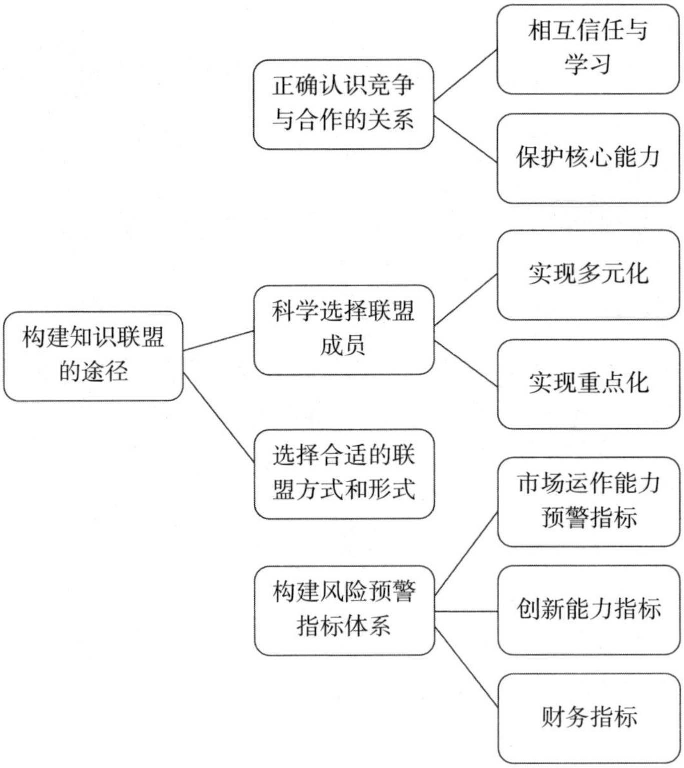

图 5–6　构建知识联盟的途径

（1）正确认识竞争与合作的关系。

目前，企业的组织边界不断地被打破，构建知识联盟还需要正确认识竞争与合作的关系，展开协同与合作，从竞争走向竞合，从单赢走向多赢。一方面，企业要信任合作伙伴，并且不断地从合作伙伴身上学习，实现进步；另一方面，企业要保护自身的核心能力，这是由于知识联盟具有一定的灵活性，通过保护自身的核心能力可以避免竞争带来的负面影响。

（2）科学选择联盟成员。

企业应当科学地选择联盟成员。一方面，企业在选择联盟成员时应当遵循多元化原则，选择不同类型的企业作为合作伙伴；另一方面，在多元化的基础上，企业应实现重点化，保证与重点合作伙伴的密切联系。

（3）选择合适的联盟方式和形式。

企业在知识联盟中与其他合作伙伴的联盟方式和形式十分重要，应当根据自身需求以及合作伙伴的特点，协商一致，选择合适的联盟方式和形式，例如产权合作、合约与协议等。

（4）构建风险预警指标体系。

风险预警指标体系是知识联盟正常运行、有效规避风险的重要保障，可以从市场运作能力预警指标、创新能力指标和财务指标三项指标进行构建。

在一定的协作机制下，知识联盟中的企业将各自的核心知识进行整合，通过知识传递、知识分享等互动过程相互学习，以学习和融合合作企业的知识体系和创新能力，以实现与知识联盟内其他企业共同分享新知识所带来的更大收益。可以说，知识联盟的直接目标是学习合作伙伴的知识，并创造新的知识，其根本目的是获取企业外界的知识与信息资源，通过企业知识结盟的方式共同创造新的价值。在这个过程中，不仅作为产业集群内基本主体的企业得到了发展，整个产业集群的整体竞争力和生产力水平也得到了提升。

三、协同文化：智慧风口

在这个急剧变化的时代，蕴含着巨大的挑战与机遇。要想充分发挥协同的作用，构建协同的文化理念是必不可少的。

1. 智慧风口下协同文化的关键性

对于组织而言，要摒弃单打独斗的形式而走向协作共赢的关系意味着一场全新的革命，其中与多方之间建立协同文化战略关系是这场革命的开始，从而能够更多地发掘知识资源、获取知识资源并实现知识共享。

协同文化应有利于协同组织与团队成员形成相互信赖、密切协作的关系，形成尊重知识、鼓励团队成员勇于创新的良好氛围，从而有利于形成一个开放、平等、自由、宽容的知识创造环境。协同文化的思想理念只有深深地扎根于团队成员的头脑中，才能发挥最大的协同效应。以发展与巩固的协同文化为前提，使合作双方对任何一个项目的进展情况都能及时全面地了解，可以极大地促进彼此之间的知识共享与协作交流。

2. 构建协同文化的路径

构建协同文化，还需要在企业内部的协同精神和核心理念上入手，具体来说，有以下两种路径。

（1）建立协同思想，凝聚协同精神。

构建协同文化，要建立协同思想，凝聚协同精神。企业要通过各种途径和机会宣扬组织的协同理念，强调组织之间和员工之间需要实现协同。同时，还可以分享组织协同的成功案例，以此营造协同文化的氛围。

（2）保障组织核心理念的协同。

协同文化要与组织文化的核心内容相融合，更要相互培育和发展，而在具体实操中，要将工序协同、内外协同、服务协同、专业协同深度融入战略目标、发展愿景、核心价值观等内容，贯彻到组织运营协同中。

在产业转型升级不断加快的背景下，协同文化的核心不仅是融入新的产业主体并实现要素的有机结合，更重要的是推进主体间的文化协同，让其遵循协同的根本信念和认知，同时形成协同创新文化。实现协同创新是消除文化藩篱、突破技术壁垒、推动产业转型升级的重要路径之一。

章末案例

凯赛生物：多重协同促发展

1. 企业简介

上海凯赛生物技术股份有限公司（以下简称凯赛生物）是我国生物制造行业的先行者。凯赛生物坚守科技兴邦的创业理念，在产品研发方面加大投入力度，建立了全球领先的研发、工程和产业化团队，扩大了生物丁醇、长链二元酸等多个板块的产业化规模，成为科创板上市企业。

2. 与西门子实现技术协同，携手打造生物制造智能工厂

西门子是将“数字化双胞胎”技术运用到生产制造、研究开发、工厂管理完整价值链中的企业之一，先进的数字化企业的理念和技术，助力其创新速度的加快、生产流程的及时优化、工厂生产效率的提高。凯赛生物与西门子在新疆乌苏项目展开了密切的合作，项目任务是建设先进的智能工厂。所以，当西门子将“数字化双胞胎”技术应用到凯赛生物的产品生产流程和工艺监测后，帮助凯赛生物在生产过程中同步优化了整个生产流程。具体来说，在智能工厂的运营方面，主要依托西门子运营管理平台，助力凯赛生物实现了集生产流程、库存信息、生产效益信息、品质检测、能源监控和研发信息管理系统于一体；在中央运营指挥系统方面，凯赛生物以合作方营运智能平台为依托，使生产决策、追踪溯源、预测趋势与全盘信息实时展现。

此外，在双方实现企业数字化的合作进程中，西门子提供的技术解决方案涉及纺丝、生物制药和农产品加工等行业，加上凯赛生物自身对生物转化过程中内在参数的导出手段和深度分析的优势，因此超前实现了其建造先进工厂与打造智慧生产的企业愿景。所以，此次协同合作无疑极大地帮助凯赛生物实现了端到端的数字化转型，同时可以高效、快速地采集海量数据资源，并极力挖掘其中的价值，改善产品生产设备的性能，从而使大规模生产成为可能，最终实现高效的柔性生产，增强了企业持久竞争力，提高了新产品的面市速度。

3. 多学科协同攻关，深耕合成生物学

发展低碳经济是实现生态系统可持续发展的重要战略目标。在努力实现“双碳”目标的驱动下，凯赛生物自创立以来，就一直专注于合成生物学范畴。简单来说，合成生物学就是通过DNA基因层面的设计，生产想要的各类产物。然而，当生物制造形成一个庞大的产业时，原料的来源要转向依靠生物质，尤其是生活垃圾、秸秆以及非粮作物。因此，为实现生物质能源高效利用，凯赛生物以知识协同的方式集多方力量合力研究。合成生物学与传统的化工制造有很大的区别，合成生物学主要以工程学为核心理念，同时还汇聚了工程学、化学、生命科学、计算机科学等多个领域的知识，相互渗透和融合，并且在全过程中与机器学习等智能算法以及生物数据库的完备程度密切相关。由此，凯赛生物打破了之前

各学科间鲜明界限的束缚，促进了企业稳定运营中多学科的交叉协同，构建了符合新时代发展的完整的知识创新体系。

此外，凯赛生物在生物化工、高分子材料与工程、细胞工程等多个学科领域拥有经验丰富的技术和研发团队。借助地处沿海经济发达地区的优势，凯赛生物构建了新的研发基地，大范围引进先进研发设施和领域精英，积极进行科研交流，从而最大限度地整合优化人才、技术、设备设施等各项资源。企业通过合成生物学来生产生物化学品，如将微生物、植物、有机废料转化为多种生物基组件和产品，主要应用于化学工业等领域。凯赛生物正试图通过设备自动化和数据化的方式，建立起涉及合成生物学各学科的高通量研发系统，同时开展以生物废弃物为原料来生产乳酸的项目研究和产业化示范的长期战略，其产成品的成本有望比粮食原料更具竞争优势。就目前的进度来看，凯赛生物已经具备了生物化工领域从基因工程培育到产品应用开发的完整产业布局。凯赛生物发挥各学科之间的跨领域协同作用，使当前合成生物学的研究方法论逐渐趋于完善和成熟，而在具备先进的基础科学技术和设备的前提下，在产品质量和成本优势方面都取得了显著的效果，为提高合成生物的研发效率和深度研究打下了坚实的基础。

4. 与多方实现协同生产，响应国家“碳达峰、碳中和”号召

一直以来，生物质转化为化学品这项技术因使用的原料碳排放量低、原料可再生等绝对优势，被看作开拓更广阔市场的利好信号，另外，随着分离纯化等工艺的创新发展，DNA 合成技术、基因测序与编辑技术的不断精进，凯赛生物的合成生物技术也迎来了发展的高峰，其产品的需求量得到进一步扩大，同时也倒逼企业持续加大产品设备的供应力度。于是，凯赛生物与上海东庚化工技术有限公司（以下简称上海东庚）达成合作意愿，上海东庚成为凯赛生物合成生物项目的主要设备供应商之一。上海东庚长期专注于新材料和新能源等环保低碳领域，以绿色科技理念闻名，在聚合技术和生物基材料纯化行业拥有出色的业绩，因而被凯赛生物选择为设备供应合作伙伴，对双方的效益发展都是难得的机遇。上海东庚为凯赛生物提供高质量的设备与服务，通过新工艺、新技术和新设备在整个产业链两端的融合，以史无前例的效率实现生产工业化和科研产业化。凯赛生物依托此次合作机会，在减少二氧化碳排放，实现可持续性的生态文明方面做出了

重大的贡献。

在可再生资源和工业应用方面，凯赛生物的“生物替代化工”项目仍然面临众多难点。而上海东庚提供的解决方案几乎涵盖所有领域，包括生物燃油、生物聚合物和其他生物基化学品的高效生产。凯赛生物已经与上海东庚在研发平台实现合作，建立并完善了测试及模块化装置的整个服务体系，已经应用在丁二酸、乳酸等领域。

此外，凯赛生物还与西藏矿业实现高效合作，共同创立电池科技有限企业，致力于以最大优势整合锂电领域的上游资源。在原有设备和技术的基础上，企业的锂电材料研发项目进程顺利，进行盐湖高附加值产品生产、研发是联合实验室的终极目标，有望在未来建立全产业链闭环，打通盐湖提锂、材料制造、资源回收环节的障碍，扩大盐湖更广阔的利润空间。新材料陆续落地投产，国产替代了国外引进，为凯赛生物的持续性发展贡献了卓越的业绩。目前，磷酸铁锂和三元正极材料已开工建设和投产，锂电池材料的研发工作正式开展。借助电池科技企业的成立，全企业内部的资源将进一步得到整合，对外着重抢占稀缺市场，充分弥补了没有上游锂资源的不足，从而实现了全产业链的融会贯通，为未来PC生产规模的扩大打下坚实的基础。

经过多年耕耘，凯赛生物利用协同生产，保障其产能平稳有序地增长，赋能其高质量发展，已经具备年产7万吨产能的长链二元酸，能够充分满足市场需求。凯赛生物作为该产业领域的引领者，逐渐实现大规模生物制造、“碳中和”绿色可持续发展战略目标，未来市场前景十分可观。

5. 建设创新平台，助力产品应用场景的开拓

目前，凯赛生物已在太原成立了合成生物研究院，拟构建研发、中试、工厂相结合的研发平台，聚焦合成生物山西省重点实验室的建设工作，已与多所高等院校达成战略合作，大力整合丰富的研发经验和研发资源，为行业未来发展培养人才和技术。凯赛生物在利用协同效应迅速扩大产能的同时，还积极向产业链下游延伸，加强与下游客户的合作来开拓产品及挖掘客户的潜在应用。最初，凯赛生物的长链二元酸等核心产品的主要客户为境外客户，仅仅涵盖全球知名的化工企业和医药企业。近年来，企业通过协同国内下游客户进行生物法长链二元酸的

应用场景的拓展研究，成功地打开了更加广阔的国内市场，国内的销售收入占比逐年提高。

目前，凯赛生物的“明星”生物基聚酰胺产品——泰纶，在不同应用领域的加工性能和实用性方面都做到了顶尖水平，获得了市场的高度信赖。这得益于凯赛生物以市场需求为导向与下游客户对泰纶产品的开发和技术创新，共同挖掘产品在不同应用领域的特殊要求，始终以提升产品的应用性为目的。

6. 发展与总结

在努力实现“双碳”的大环境下，凯赛生物运用多方的协同作用，拓宽了下游领域的布局并突破了新材料领域的创新瓶颈，形成了优越的产品性能，成本优势显著，扩大了企业核心产品的市场销售规模，逐渐形成了领导地位。未来，凯赛生物将围绕多个核心技术持续推进生物基产品及技术的精进和创新，助力国内乃至世界生物制造产业及合成生物学的发展，与行业合作伙伴共同引领技术和行业的可持续发展。

资料来源

1. 易芳，梁莉萍 . 凯赛生物凭生物基聚酰胺成功打开市场 [J]. 中国纺织，2022（Z3）：80.

2. 薛敏敏 . 凯赛生物公司扩产生物基新材料产能 [J]. 合成纤维，2018，47（12）：51.

本章小结

协同创新并非一蹴而就，而是一个漫长的多方进行磨合的过程。在此过程中，首先各参与方要有同等维度的知识认知和对对方组织文化的认可，其次在一个重新整合过的组织内部，要坚持以人为本的初衷，重新构建组织的层级和宽度，最后才能实现技术的协同与生产能力和规模的协同发展。在后续的营销策略中，可以搭乘互联网高速发展的“顺风车”，利用流量变现思想，实现协同消费。各参与方在这一个个重要环节的紧密配合下，协同创新的局面才有望形成。

第六章

价值共创：维系用户忠诚

互联网、大数据、人工智能等技术的快速发展，催生了一种新的价值创造方式——价值共创，并得到广泛运用。价值共创强调以用户为中心，重视用户的体验，通过和用户保持联系、交流互动，让用户和企业达成合作关系，用户加入企业创造价值的流程中，从而实现价值的共同创造。社群经济、粉丝经济、私域流量和平台型企业都是基于价值共创的逻辑发展的，平台是价值共创的载体，用户是价值共创的主导者，企业是价值共创的合作者。同时，价值共创还可应用于大数据领域，最大限度地发挥数据的价值。

我们坚信，科技创新进步带来的利益应该能被大众轻易共享，互联网精神的本质是透明、高效以及平等普惠。

——小米创始人　雷军

开篇案例

中控技术：上下游忠诚把控

1. 企业简介

浙江中控技术股份有限公司（以下简称中控技术）成立于1999年，业务对象是流程工业。制造工业一般分为流程行业和离散行业两类，流程行业主要包括石油、化工、冶金等，都是国民经济的支柱产业。中控技术专注于解决流程工业企业的自动化、数字化和智能化需求，立足于核心技术创新，积极服务于工业3.0和工业4.0时代，目前已经成为国内领先的流程工业智能制造整体解决方案提供商，其核心产品集散控制系统（DCS）已经连续11年位居国内市场占有率第一。

2. 以流程工业自动化为基础，发展流程工业数字化、智能化

1999—2006年是中控技术的起步阶段，以DCS作为业务起点不断研发新产品，获得了一批中小企业客户，形成了初步的积累，逐渐提高DCS系统的市场占有率。2007—2015年是中控技术大力发展的阶段，企业拓展了产品线，增加了自动化系列产品，企业的顾客规模也在逐渐扩大，由中小企业发展到中石化、中海油等大型国有企业，形成了较完善的工业流程企业自动化解决方案。2016年至今是中控技术的转型阶段，随着我国工业流程自动化程度越来越高，企业拓展了工业软件、智能制造解决方案等业务，从自动化向智能化、数字化转变，从一个自动化系统提供商发展成为提供整体服务和解决方案的平台企业。

以智能制造为核心、工业软件为载体的工业4.0是建立在工业3.0基础之上的，在流程工业企业中，自动化控制系统发挥着领导、指挥、控制等功能，仪器仪表发挥着测量、观察、传递信息等功能，而工业软件则是用来武装自动化控制系统，为自动化控制系统提供“知识”。中控技术在自动化控制系统领域做到了行业顶尖的地位，在工业软件领域做到了行业领跑的地位，在未来的工业智能化

阶段具备了夯实的基础和多重优势。2021年，中控技术的DCS占据了超过33%的市场份额，在化工领域甚至占据了超过一半的市场份额，是国内市场该领域绝对的头部企业，产品得到国内众多企业的认可。同时，企业在工业软件方面的核心产品——APC的国内市场占有率达到了28.6%，成为行业第一。

3. 外需+内需，市场前景广阔

目前，我国正处于经济转型期，制造业以智能制造作为发展方向，加大对技术改造工程的投资，促进了产业转型升级。2021年，制造业技改投资比2020年增加了13.6%，超越了制造业其他投资增速。2022年，国家发展改革委强调启动石化工业等高碳行业的降碳技术改造工程，各地积极响应，扩大节能低碳投资。智能制造作为行业发展方向，能够提高企业的运行效率，帮助企业节能减排，实现绿色化，契合国家的发展要求、时代的发展方向。

除了政策的推动外，企业自身的需求也在不断增加。以中石化为例，智能工厂的改造使企业整体的劳动生产率提高了超过10%，对生产数据的自动采集率超过95%，全面覆盖了重点环境排放点，实现实时监控和及时预警。智能工厂的建设全面提高了中国石化的数字化、智能化水平，极大地提升了企业的效率和效益。智能制造是未来企业的必然趋势，企业也越来越意识到这一点，因此企业对智能化转型升级的内生需求不断扩大。

外在的政策驱动以及企业内生需求的增长使智能制造的发展前景十分广阔，中控技术作为流程自动化的龙头企业，积极把握这一发展机遇，持续发力工业智能化领域，不断完善智能制造所需的仪器仪表、工业软件等产品，凭借企业在工业3.0时代积累的技术优势和客户资源，已经领先于其他企业，未来也将大有作为。

4. 技术实力雄厚，客户基础深厚

自成立以来，中控技术就将技术研发放在一个十分重要的位置，经过长期的技术深耕和沉淀，企业已经具备行业顶尖的技术水平。到2022年6月底，中控技术拥有1905名研发人员，占企业总人数的33.66%，并且逐年增加投入，仅2022年上半年，企业研发投入就达到2.74亿元。企业拥有国家级和省级研发中

心、重点实验室，到 2022 年 6 月底，企业拥有专利 456 项、计算机软件著作权 555 项。中控技术在研发方面持续投入，二十几年深耕核心技术，核心产品占据国内市场领先地位，替代了海外产品在国内市场的主导地位。

中控技术打造了全新的“5S 店 +S2B 平台”线上服务模式，将线上和线下相结合，充分满足了客户的需求，提高了客户黏性。中控技术在各大工业园区内都设有一个 5S 自动化管家店，在客户有需求时就能及时赶到现场进行解决，想客户所想、急客户所急。并且还开发了一个 S2B 线上服务平台，有力地促进了销售和服务的结合。

凭借过硬的技术和创新的服务模式，中控技术的产品得到了众多企业的认可。截至 2022 年上半年，中控技术拥有流程工业领域两万六千多家客户，包括大型国有企业中石油、中海油等。

5. 积极开拓海外市场

中控技术在自动化领域已经积累了多年的经验，大力投入研发使企业的产品已经达到了国际水平，甚至核心产品 DCS 已实现了部分超越，已经具备了开拓海外市场的技术实力。中控技术的海外市场战略是直接走高端路线，专注国际顶级客户和标杆项目。2021 年，企业中标了壳牌、埃克森美孚公司等世界巨头的智慧工厂项目。2022 年，中控技术正式成为沙特阿拉伯国家石油公司的供应商，实现了海外市场的进一步突破，国际化竞争力得到了进一步提高。通过积极开拓海外市场，中控技术不断提升自身的研发、营销、服务水平和能力以应对国际化的挑战，海外市场的打开有利于扩大企业的业务面和市场地位，提高品牌影响力。

6. 发展与总结

在数字化、智能化的转型升级期，中控技术凭借流程工业自动化基础、多年的核心技术研发实力和优质的客户资源，取得了巨大的竞争优势。中控技术积极创新，完善“线上 + 线下”的销售、服务模式，线下建立 5S 自动化管家店，及时服务客户，线上打造销售、服务一体化平台，增强客户黏性。同时积极发展海外业务，布局国际化市场，与国际接轨，在智能制造的发展中始终走在国内企业的前列。

资料来源

1. 钱菱潇，谢雨轩，陈劲 . 自动化技术驱动的管理模式创新——以中控技术为例 [J]. 清华管理评论，2022（6）：50-56.

2. 于静 . 中控技术劫后进击 [J]. 中国企业家，2021（11）：26-31.

第一节　认知价值共创

价值共创是一种新的价值创造方式，改变了传统的以企业为主导的价值创造过程，突出消费者和企业以及其他利益相关者之间的互动、合作，共同创造价值。由于互联网、大数据技术的出现和逐渐成熟以及消费者需求的改变，价值共创越来越成为企业管理和营销过程中的重要思想方法。价值共创的发展经历了四个主要阶段，内容越来越丰富，涉及领域越来越多。借助价值共创理论，企业可以实现新的发展模式和盈利模式。

一、价值共创理论的形成与发展

1. 商品主导逻辑和服务主导逻辑

价值创造一直是经济学和管理学领域的研究热点。在价值创造研究领域，有两条逻辑主线，一是商品主导逻辑，二是服务主导逻辑。

商品主导逻辑起源于工业经济时代，在那个时代，学者普遍认为企业通过生产产品向消费者传递价值，将企业生产过程和消费者消费过程区分开来，企业掌控价值创造的流程，顾客消费企业创造的价值。随着服务在经济交换中的重要性显现，服务经济的兴起让学者认识到顾客可以加入企业的价值创造过程，顾客不仅具有消费价值，更能发挥创造价值的作用，价值共创思想由此发展起来。由此，价值共创理论也形成了两个明显的分支：一是基于消费者体验的价值共创理论，二是基于服务主导逻辑的价值共创理论。前者是由美国管理大师普拉哈拉德（C.K. Prahalad）和文卡特・拉马斯瓦米（Venkat Ramaswamy）于 2004 年提出的，其指出价值是由企业和顾客合作创造的，双方通过资源的交换、整合，实现共赢，突出了顾客在价值创造过程中发挥的作用；后者是由杰出的市场营销学教授斯蒂芬·瓦尔戈（Stephen Vargo）和罗伯特·卢施（Robert Lusch）于2004年提出的，其核心理念是，服务是一切经济活动的基础，将服务视为过程，顾客参与价值创造过程，提高了服务的使用价值。

2. 价值共创的理论发展

拉斐尔·拉米雷斯（(Rafael Ramirez，1999）首先提出了价值共同生产的概念，指出企业和顾客可以通过合作共同生产价值。之后普拉哈拉德和文卡特·拉马斯瓦米提出了价值共创理论，强调企业要积极与消费者进行互动，参考、利用消费者的想法和经验，发挥消费者价值创造的作用。同一时期，斯蒂芬·瓦尔戈和罗伯特·卢施提出了基于服务视角的价值共创理论，他们重新定义了服务的概念，将一切经济统统视为服务经济，认为价值是在消费者使用服务的过程中产生的，消费者是价值创造者之一。

芬兰市场学家克里斯琴·格罗路斯（Christian Gronroos，2014）扩充了基于服务主导逻辑的价值共创理论，将供应商服务逻辑也纳入其中，形成了消费者和供应商的双重服务逻辑。克里斯琴·格罗路斯的理论不再将价值共创局限于企业和消费者两者之间，而是扩展到企业、消费者和供应商。他认为，可以搭建一个价值共创的平台，促进服务提供商和消费者之间的互动，维系与消费者的关系，更好地把握消费者的价值创造。保罗·马格里奥（Paul Maglio）和吉姆·斯波勒（Jim Spohler）于2008年提出了基于服务系统的价值共创理论，服务系统包含供应商、企业、消费者和利益相关者等多个主体，他们深入剖析了服务系统的相关知识，指出服务系统价值共创的核心是信息共享、知识共享、资源共享、风险共担等，因此服务系统需要拥有超越单独个体的信息资源优势，才能更好地进行价值共创。

詹妮弗·钱德勒（Jennifer Chandler）和斯蒂芬·瓦尔戈于2011年提出了基于宏观视角的多层次价值共创理论，指出市场的发展来自不同微观主体之间的互动调和，将研究重点从微观的个体行为上升到宏观的市场发展。

综上所述，价值共创主要经历了四个阶段的发展（见图6–1）。第一阶段是早期的基于消费者体验的价值共创，强调企业要积极与消费者互动，发挥消费者创造价值的作用，从而开创了价值共创时代。第二阶段是基于服务主导逻辑的价值共创，突出了服务是一切经济的基础这一概念，让消费者在服务的使用过程中创造价值。第三阶段是基于双重服务逻辑的价值共创理论，是对上一阶段的拓展，将供应商也加入价值共创的过程中，强调了价值共创主体的多样性。第四阶段是基于宏观视角的价值共创，将更多主体纳入一个服务系统中，通过服务系统内资源的共享和相互作用促进价值共创，并且指出市场在价值共创过程中发挥的作用。

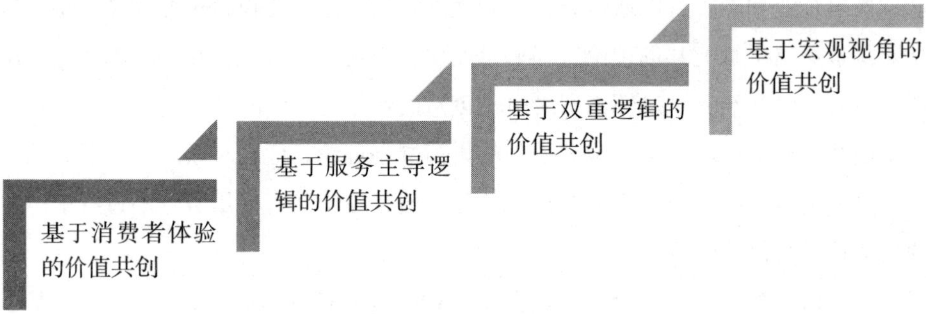

图 6–1　价值共创理论发展的四个阶段

二、价值共创概述

1. 价值共创的概念与内涵

经过长期的发展，价值共创的概念与内涵不断得到丰富和完善，学者们从不同视角出发定义价值共创，不同定义之间相互关联、互为补充。拉斐尔 · 拉米雷斯认为，价值共创就是企业和消费者合作生产。斯蒂芬 · 瓦尔戈和罗伯特 · 卢施将价值共创的过程进行了延伸，不仅要与顾客合作，还要与价值链上的其他利益相关者合作，共同创造价值。埃弗特 · 古默森（Evert Gummesson）和梅莱（Mele）于 2010 年将价值共创简单划分为主体互动和资源整合两个过程，指出价值共创的基础是各种资源的优化配置。

价值共创的内涵有狭义和广义之分。狭义的价值共创将主体限定于企业和消费者两者之间，通过企业和消费者之间的交流、联系改善产品或服务，从而创造新价值。而广义的价值共创主体包括企业以及其他利益相关者，只要是与价值创造过程相关的主体都可以参与到价值共创的过程中，多个主体之间进行资源共享、知识共享、信息共享，形成交互与合作，达成价值共创的目的，实现共赢。

2. 价值共创的特征

根据价值共创的概念与内涵可以提炼出价值共创的六个特征：共享、互惠、互动、体验、个性化和关系。价值共创是一个完全开放的过程，企业、消费者和其他利益相关者为了一个共同目标，进行知识、资源等的共享，通过想法的交流与碰撞，互相影响、互相作用，形成互动，通过与消费者合作，维护与消费者的关系，让消费者参与到价值创造的过程中，为消费者提供个性化的产品与服务，提升消费者的体验感，最终达成互惠、共赢的局面。

三、构成要素与结构模型

1. 价值共创的构成要素

（1）用户价值共创。

用户价值共创的概念来自互联网企业，是指企业和消费者在价值创造过程中进行互动与合作，消费者参与到企业产品或服务的研发、设计、生产、销售等流程中，帮助企业提供更符合消费者需求和喜好的产品或服务，消费者也可以在这个经历中获得成长和利益分配，达成共赢的局面。

（2）产品价值共创。

产品价值共创的目的是创新产品、提高产品的价值、塑造产品品牌、提升消费者的产品使用体验。

（3）平台价值共创。

随着时代的发展，基于互联网框架和数字技术的平台成为价值共创的一条重要途径，平台的特点是开放性、主体多元性、参与方式多样性等，因此在平台上可以是用户生产内容，也可以是专业组织或职业人士生产内容。

（4）数据价值共创。

数据价值在现代社会的重要性日益凸显，利用数据可以获得极具价值的信息，但数据的开放、获取、传导、共享可能带来数据安全隐患，如何保证数据安全是一个尚待解决的问题。

（5）创新价值共创。

创新价值共创是价值共创的前提，政府需要创新机制制度，市场需要进行资源整合和适配，企业需要进行技术创新和商业模式变革，社会需要保证产学研的协同创新。

2. 价值共创的结构模型

目前的观点认为，价值共创主要作用在三个领域（见图 6–2）。首先是生产领域，企业邀请消费者参与产品的设计、生产等环节，更好地满足消费者的需求，创造更高价值；其次是消费领域，消费者是价值共创的主导者，消费者的体验是核心，消费者通过整合资源创造价值；最后是互动融合领域，企业和消费者可以通过直接互动，进行合作，共同创造价值。

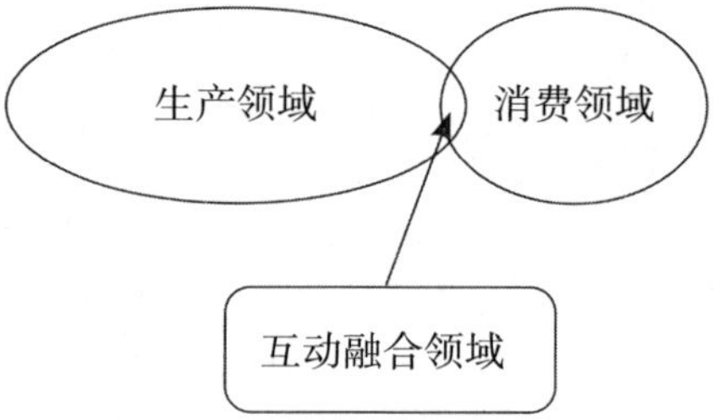

图 6–2 价值共创的结构模型

四、价值共创分类

可以按照作用、方式、发起人三种不同的标准，对价值共创进行分类。

1. 按照价值共创的作用分类

（1）基于生产领域的价值共创。

基于生产领域的价值共创是指顾客参与到企业产品生产的一系列流程中，帮助企业生产更符合顾客需求的产品，顾客也能从产品中获得更多的价值。

（2）基于消费领域的价值共创。

基于消费领域的价值共创中，顾客是该领域价值共创的主导者，提升顾客的体验感是价值共创的目的。在产品售出后，顾客通过和企业的互动合作，利用自身掌握的知识、技能等提升所能获得的使用价值，企业是该过程的支持者。

（3）基于交互领域的价值共创。

基于交互领域的价值共创中，交互领域是生产领域和消费领域的交叉融合，在该领域，企业和顾客可以进行直接的互动，顾客将自身的诉求告诉企业，从而影响企业的生产过程。与顾客直接交流的是企业员工，企业员工发挥了桥梁的作用。

（4）基于虚拟品牌领域的价值共创。

基于虚拟品牌领域的价值共创是在互联网时代产生的。虚拟品牌类似一个社区，在这个社区里，顾客、企业以及品牌的粉丝可以互相交流、广开言路、取长补短，进而促进价值共创。

2. 按照价值共创的方式分类

（1）基于服务主导的价值共创。

基于服务主导逻辑的价值共创强调服务是一切经济活动的基础，在服务过程中，顾客和企业可以进行互动，通过二者之间的互动共同创造价值。

（2）基于顾客主导的价值共创。

在顾客主导逻辑中，顾客是价值共创的主导者，企业是价值共创的合作者。价值共创过程是顾客结合自身资源帮助企业提升产品价值。

（3）基于服务科学主导的价值共创。

基于服务科学主导的价值共创是由保罗・马格里奥和吉姆・斯波勒在2008年提出的，是指通过服务系统内的信息共享、资源共享实现价值共创。

（4）基于服务生态系统的价值共创。

基于服务生态系统的价值共创是对服务科学理论的进一步扩展，服务生态系统包含多个主体，通过多元化主体之间的资源交互，结合信息技术促进价值共创。

3. 按照价值共创的发起人分类

（1）发起型价值共创。

发起型价值共创是指发起者是企业或虚拟品牌社区，其邀请消费者或社区成员参与到产品或服务的设计、研发、生产、销售过程，主导者是企业或虚拟品牌社区。

（2）自发型价值共创。

自发型价值共创是指顾客自愿参与价值共创，顾客利用自身拥有的知识、技术等与企业或者虚拟社区内的成员进行互动交流，提升产品的使用价值，主导者是顾客。

第二节　消费侧与供给侧协同：触发用户价值共创

用户价值共创是消费侧和供给侧协同的过程。供给侧提供产品和服务，消费侧消费产品和服务，用户价值共创即位于消费侧的用户进入供给侧的价值创造过程中，帮助供给侧进行创新，提供更符合消费者需求和喜好的产品和服务，同时，用户也可以在这个过程中获得自己需要的东西，如物质奖励、关注、认可等。在这个过程中，消费者聚集在一起形成社群，产生社群经济，企业可以牢牢地抓住这些消费者，提高消费者的黏性，将其培养成品牌的粉丝，从而产生粉丝经济，最终发展形成自己的私域流量，实现消费侧和供给侧协同，共同创造价值。

一、社群经济

社群经济产生于用户至上的互联网时代。简单来说，社群就是一群有相同兴趣和价值观的人借助社交平台聚在一起，进行知识的分享、信息的交流以及其他社会活动，常见的社群形式有微信群、贴吧、豆瓣小组等。社群经济由社群而来，在社群不断扩大影响力形成一定规模之后，就会吸引普通消费者，社群成员之间的互动、交流也会对品牌形成反哺，从而产生经济效益。社群经济是一种消费侧和供给侧协同的结果，社群属于消费侧，企业属于供给侧，社群成员的活动是围绕企业的产品或服务展开，社群和企业是合作互惠的关系，社群的行为主要包括传播口碑和参与生产，帮助企业进行产品宣传以及利用成员的智慧和能力改进产品和服务。

1. 社群经济的特征

（1）去中心化。

在社群中，成员之间具有平等的话语权，每个人都可以自由地发表意见，平等地互动、交流。社群中存在一个意见领袖，其作用主要是管理成员、组织活动等，但并不具备更高的话语权，其中心地位被无限弱化。

（2）情感联结。

社群成员之间的关系主要依靠情感联结，一群陌生人主要是因为有共同的兴趣、统一的价值观等情感价值的传播而聚集到一起。

（3）圈层式传播。

社群成员通过互动、交流产生优质内容，然后分享至社交平台，吸引更多人的加入，利用每个人的社交资源形成圈层式传播。

（4）形成价值共创是社群的关键。

社群作为一种组织形态，为了保证正常运转必须产出内容、创造价值。社群通过与品牌形成合作关系，参与到品牌价值创造的各个流程中，帮助品牌提升价值，实现价值共创。

2. 社群经济的商业模式

社群经济的商业模式是消费侧和供给侧协同的结果，消费侧和供给侧的协同体现在生产、营销、销售等企业创造价值的流程中，主要包括用户参与的生产模式、品牌社群的营销模式和体验至上的消费模式。

（1）用户参与的生产模式。

在生产方面，一般由企业发布关于产品的话题，社群成员提出自己的想法和建议，企业据此对产品进行升级和创新，生产出更符合消费者需求的产品。社群成员不再是简单的消费者，而是集消费者、生产者双重角色于一身，企业让社群成员参与到企业产品的研发、设计、生产等过程中，帮助企业提升产品或服务的价值，更符合消费者的需求，使营销更加精准、高效。

（2）品牌社群的营销模式。

在营销方面，社群成员之间的活动能够帮助企业扩大知名度，加快产品传播速度，企业不需要对产品做过多的广告宣传，借助社群的影响力能够快速、高效地打开市场。与传统营销相比，品牌社群的营销模式是多种营销方式的组合，包括关系营销、情感营销、体验营销和口碑营销，其突出特点是具有实时互动性和高参与性。企业借助社交媒体可以和社群成员实现实时互动，社群成员提出的疑问、建议和需求，企业员工可以在线浏览并解答，提高了社群成员对品牌的情感。社群成员通过积极发挥创造力，参与企业产品的生产、销售过程，提高了社群成员的参与感。

（3）体验至上的消费模式。

在销售方面，社群成员是一群潜在的消费者。企业对社群的运营注重提升成员的体验感，体验感不仅存在于消费过程中，而且贯穿于企业产品的设计、生产、营销等整个流程，包括产品功能体验、情感体验、消费情境体验等。企业通过和社群成员的联系、互动，保证了成员的参与感和体验感，提高了成员对品牌的情感依赖，根据成员的个性化需求进行精准服务，在这个过程中，社群成员通过亲身体验加深了对品牌的认同感和忠诚度。企业维护好与社群之间的关系，与社群建立情感联系，社群成员就会很容易转化为产品的消费者，并且吸引更多的消费者。

二、粉丝经济

粉丝经济是指利用粉丝对被关注者的感情刺激消费，从而产生经济效益，其最早出现于音乐、影视等娱乐产业，例如粉丝购买偶像的专辑、代言的产品等。现在，粉丝经济已经扩展到多个领域，企业品牌、主播带货等都有自己的粉丝群体。社群经济可以看作粉丝经济的延伸，它们的区别在于，粉丝经济以被关注者为中心，粉丝之间可以没有交流，而社群经济没有中心，成员之间通过平等的交流、互动形成联结。粉丝经济主要依靠偶像或品牌的个人魅力凝聚，拉动消费，而社群经济则是依靠社群成员之间的共性相互吸引、聚集，产出内容。粉丝经济和社群经济创造价值的过程相似，都是消费侧和供给侧协同的结果，粉丝位于消费侧，偶像或品牌位于供给侧，粉丝与偶像或品牌之间形成情感联系，粉丝会自发地进行宣传、营销并且具备强大的购买力，助力偶像的事业和品牌的发展，偶像或品牌更多的是为粉丝提供精神力量和情感羁绊。

1. 粉丝经济的特征

（1）粉丝群体较为年轻。

年轻人由于接受度强、爱好广泛、时间较为自由，容易成为粉丝群体的一员。

（2）粉丝群体黏性强。

消费者黏性是指客户忠诚度，即消费者出于对品牌的喜爱和认可，产生多次、重复购买的行为，甚至对品牌产生依赖。粉丝群体正符合这一特征，粉丝出于对偶像或某一品牌的极度喜爱，不需要经过营销，就会自愿购买与其相关的产品或服务，只要粉丝的情感不变，其就具备极强的用户黏性。

（3）粉丝自发进行口碑营销。

粉丝与被关注者之间是通过情感联结的，这种驱动力具有极强的辐射效应。粉丝为了支持自己的偶像或者喜爱的品牌，会积极地向身边的亲朋好友推荐，或者在朋友圈等社交媒体自发宣传形成口碑传播，熟人推荐容易让人产生信任感，从而带动消费，形成辐射效应。

（4）发展模式多样化、消费方式多元化。

粉丝消费的方式并不局限于购买偶像的专辑、活动或演出门票，还会购买各种周边产品，具有发展模式多样化、消费方式多元化的特征。

（5）产业链条延长化。

互联网的普及推动了粉丝经济的发展，使这条产业链不断延伸，造就了 IP 开发、周边产品售卖等产业的兴起。

2. 粉丝经济的商业模式

粉丝经济的商业模式从人、产品、内容三个角度出发，粉丝不再是简单的消费者，而是参与到供给侧的价值创造过程中，通过自发宣传、跟随购买、创作内容与供给侧实现联动，承担了供给侧生产、营销、销售的部分功能，通过消费侧和供给侧协同发挥了更大的经济效益。

（1）依赖“人－人”情感的粉丝经济。

这种类型就是比较传统的基于对偶像的情感形成的粉丝经济。粉丝出于对偶像的喜爱购买其代言、推荐的产品，并且在自己的社交圈内进行宣传，拉动消费。

（2）基于“人－产品”情感的粉丝经济。

粉丝和品牌或产品之间的感情往往需要经过培养和经营，一般是粉丝对品牌或产品产生认同，认为其符合自己的需求、品位、文化追求等，从而成为某个品牌或产品的粉丝。

（3）基于“人－内容”情感的粉丝经济。

粉丝经济还有另一种生产力就是粉丝自己进行同人创作，凭借自身的知识和创造力产出内容，例如在电视剧热播时经常能看到粉丝创作的同人小说、二次剪辑的视频等，也能吸引巨大的流量，产生一定的经济效益。

三、私域流量

私域流量的概念是相对公域流量而言的。公域流量是指任何客户都可以在公开平台（如抖音、淘宝、知乎等）获取的流量，企业要想从公域流量吸引消费者往往需要付出一定的成本，如广告费、推广费等；私域流量是指企业可以不花费成本，与客户直接联系，如企业自己的微信公众号、App、会员群等。企业发展私域流量的目的是实现消费侧和供给侧协同，通过和消费侧建立联系，拉近消费侧和供给侧的距离，更进一步地与私域流量内的用户交流、互动，帮助企业改善产品和服务，实现协同创造价值。

1. 私域流量的特征

（1）封闭性流量池。

与公域流量的开放性、人人可得性不同，私域流量是一个相对封闭的流量池。

（2）由企业或个人自主控制。

公域流量是掌握在平台手中，需要付出一定成本才能使用，而私域流量是由企业或个人自主掌控，例如企业可以自主管理自己的会员群，提供各种服务。

（3）私域流量可以免费、多次使用。

私域流量一旦建立，则意味着这个领域内的消费者对企业的黏性较高，企业可以免费在其中进行宣传推广，消费者的消费意愿也较高。

（4）直接接触客户。

企业建立私域流量后，就可以和客户直接交流、互动，了解客户的需求与喜好，提供个性化的服务。

2. 私域流量的优势

（1）流量更可控，性价比更高。

公域流量掌握在平台方手中，企业和用户无法直接接触，企业需要付出一笔不菲的费用，并且吸引的大多是一次性消费者。而私域流量由企业自己掌控，企业可以选择为用户提供各种服务、福利，提高用户黏性，并且无须支付广告费、推广费等，用户还会自发地帮助宣传，拉动消费。

（2）用户稳定性更高。

企业通过私域流量的运营和管理，例如提供个性化的服务以及专属的会员待遇和福利，与用户建立情感联系，从而提高用户稳定性。

（3）有利于塑造品牌和个人 IP。

私域流量的建立可以拉近品牌与消费者的距离，向消费者传递品牌文化和价值，获得消费者的认同，扩大品牌的影响力。随着互联网的发展，个人的私域流量也越来越受重视，例如抖音上的博主，他的账号及其粉丝就属于个人的私域流量，其可以通过运营账号获得一批粉丝的喜爱与信任，树立个性化的形象和提供个性化的内容，打造自带流量的个人 IP。

认知价值共创专栏 6-1

小红书："种草"式营销

1. 企业简介

小红书于 2013 年 6 月在上海成立，是行吟信息科技（上海）有限公司旗下品牌。小红书最开始定位于一个用户分享生活的 App，后来逐渐拓展业务，发展成为一个成熟的社区电商平台。截至 2022 年 1 月，小红书的月活跃用户超过 2 亿人，连续三年跻身"胡润全球独角兽榜"。

2. 小红书私域流量的生成

（1）"社群 + 电商"的商业模式。

小红书最开始的主营业务包括两个部分：一是用户分享原创内容，交流购物心得等；二是海外购物平台，采用直营而非代购的方式。彼时的电商市场存在淘宝、京东等该领域的龙头企业，竞争非常激烈，小红书没有直接加入这场竞争，而是采用"用户原创内容 + 直营海淘"的模式，吸引了大批用户，积累了初期流量。在完成初步的积累之后，小红书在进军电商行业时已经拥有了一批忠实用户。小红书的每个用户都可以平等地分享自己的购物心得、好物推荐、避坑指南等，这些分享来自用户的亲身体验，相同类型的消费者形成社群，社群成员之间可以直接互动、交流，建立情感联系，提高了用户的消费意愿。就这样，小红书从"用户原创内容 + 直营海淘"发展为"社群 + 电商"的模式，凭借差异化的定位，避开了红海竞争，开辟了属于自己的发展之路。

（2）社群构建。

消费者在网上购买商品时，由于看不见、摸不着，往往借助购买过该产品的消费者的评价进行判断，但在淘宝、京东这类电商平台上，消费者的评价一般较为简单、笼统，参考意义不大，而小红书打造了独具特色的内容生态圈，有共同需求的消费者聚在一起分享、交流购物经验，形成了社群。小红书还允许用户进行内容共创，并为用户提供了便捷的内容创作工具，使人人都能创作内容，分享自己的消费体验，增加用户活跃度。目前，小红书拥有自营和第三方电商平台两种购物渠道。借助大数据技术，小红书将用户分享的内容进行分类，将相同类型的内容归入一个社区，用户在使用小红书时可以选择感兴趣的社区，平台就会为其精准推荐想看的内容，或者通过用户的搜索为其推荐同类型的社区，这些内容非常丰富和详细，还有一些权威人士的专业测评和分享，为用户的消费决策提供了重要参考。

小红书的社群成员聚焦于都市年轻群体，消费能力强。截至2022年3月，小红书30岁以下的用户占了八成以上，女性用户占了大约九成，一、二线城市的用户占比超出九成，其用户群体呈现出女性用户较多、年轻化、具备一定消费能力的特征。淘宝、京东等头部企业是综合性平台，已经拥有了极大的流量，因此小红书将眼光聚焦于细分市场，凭借时尚化、个性化的标签吸引了年轻都市群体的关注，并且不断创造话题，持续引领潮流，在这一细分市场站稳脚跟。年轻都市群体在消费时更加关注时尚、个性化、消费体验和潮流，并且消费能力强，小红书每天产生大量的相关内容分享，允许用户之间交流、互动，邀请明星入驻，分享明星好物，满足了年轻都市群体的需求，保证了用户的高黏性。

（3）社群运营。

小红书的运营方式是以用户为中心，用户才是小红书的核心价值。小红书的社群运营主要包括两点：一是精准把握社群成员的个性化需求；二是线上和线下实现联动。小红书的内容推荐是基于大数据分析技术，根据用户平时观看和搜索的内容，对用户需求进行推理，从而实现精准推荐。精准推荐可以让用户更快地找到自己感兴趣的社群，有利于社群纳新壮大。除了线上运营用户以外，小红书还多次联合品牌方举办线上线下联动的营销活动，有助于社群成员之间、社群和品牌之间建立、维系感情。

3. 发展与总结

小红书凭借“社群＋电商”的商业模式异军突起，发现了市场的需求痛点，开辟了一条新的电商出路，利用“运营＋生态”双轮驱动发展，取得了如今的成就。在数字化时代，营销方式越来越多变，流量的竞争越来越激烈，小红书的

“种草”式营销包含口碑营销、品牌营销和内容营销，吸引了一批忠实用户，发展了社群经济。在小红书平台上，用户原创内容传播形成口碑，明星达人的入驻带来影响力和号召力，社群的发展带动了巨大的消费需求。未来，小红书还需要加强对平台的监管，保障用户权益，保证内容的优质、真实、可靠，防止用户流失，确保健康可持续发展。

资料来源

1. 张明 . 小红书从“种草”到“拔草”[J]. 企业管理 ,2022（8）：48–53.

2. 路倩 . 内容型社区平台的商业模式研究——基于小红书的案例研究 [J]. 中国报业，2022（14）：56–57.

第三节　用户体验升级：塑造产品价值共创

产品价值共创的目的在于提升产品价值，使用户体验升级。在互联网时代，竞争越来越激烈，创新成为经济增长的主要驱动力，企业要积极拥抱互联网技术，将创新置于发展的首位，通过提升品牌价值、进行品牌价值创新塑造企业的好口碑，帮助企业获得可持续发展。直播带货改变了传统的商品销售途径，让消费者足不出户就能沉浸式购物，深受消费者的喜爱。水平营销是近年来新的营销理论，符合时代的要求，有利于企业在竞争激烈的现代社会找到生存与发展的空间。

一、品牌价值

品牌价值将自身和其他同类型的竞争品区分开来，是品牌管理中最核心的一部分，提升品牌价值意味着提升企业的竞争力，增强消费者的购买意愿。品牌价值增长的关键点，包括以用户为中心、和用户建立情感联系、提供差异化的产品和服务。

（1）以用户为中心。

目前，企业的营销理念逐渐从以产品为中心转向以用户为中心，用户的地位越来越突出，用户的体验感越来越成为营销的关键词。以用户为中心首先要了解用户的基本情况，了解目标用户的消费需求和行为特征，深刻理解用户需求的变化，把握用户心理，提供符合用户需求的产品和让用户感到满意的服务。

（2）和用户建立情感联系。

在互联网时代，品牌能够更方便地通过网络与消费者产生联系，与消费者互动，提供个性化的服务，建立品牌的私域流量或者社群组织，与消费者建立情感联系，从而提升消费者体验感。品牌也可以定期举办线下活动，和消费者面对面交流，企业用心对待消费者，消费者也会察觉并且回报企业。

（3）提供差异化的产品和服务。

前两点专注于提升、优化用户的体验感，企业还可以通过提供差异化的产品和服务为用户带来不一样的消费体验。目前的消费者受网络时代的影响，追求新鲜感和个性化，企业要积极创新，开发新产品和升级服务手段，给消费者提供全新的体验。

二、口碑宣传

口碑宣传是指通过消费者的口口相传，将产品或服务宣传出去，让更多人知晓。在以前，口碑只能在一个小范围内传播，但在如今的互联网时代，由于社交媒体和各种平台的发展，消息很容易传播得又快又广，消费者在潜移默化中加深了对品牌的印象，口碑宣传就能以较低的成本，达到爆炸式的宣传效果。

1. 口碑宣传具有亲和力，更容易让消费者产生信任感

口碑宣传一般是消费者体验过产品后，在自己的社交圈内谈论产品，通过媒体平台传播，接收者更容易信任与自己有关系的人的推荐。与普通的广告相比，广告是单向传播，容易让消费者产生抵触心理，而口碑宣传让谈论者之间可以互动、交流，传播者和接收者之间距离更近，因此更具亲和力，更容易获取消费者的信任，让消费者在认知品牌的过程中获得良好体验。

2. 口碑宣传有利于和用户建立情感联系

在大平台上投放广告一般费用极高，而且冷冰冰的海报或者视频，要么吸引到的是一次性消费者，要么直接被消费者无视。口碑宣传通过和用户建立情感联系，让用户自发讨论产品，引起热度，并且向自己的社交圈传播，形成圈层式传播，这种传播方式不易引起消费者的反感，甚至消费者不容易察觉其中的营销属性，有利于提升消费者的营销体验。为产品口碑而来的消费者一般满意度较高、具有较强的黏性，运营维护这些群体的成本要远远低于开发新用户的成本。

三、直播带货

随着短视频平台和直播网站的兴起，直播带货成为一种新的平台经济增长方式。直播带货是指主播在直播间向消费者展示并推荐各种商品，一般还会附上购买链接。

1. 直播带货的分类

直播带货总体上可以分为三类：一是网红、明星直播，直播间内包括各种类型、品牌的商品；二是企业直播，主播一般是企业的工作人员，只售卖该企业的商品；三是前两者的结合，企业请网红或明星来直播，但是也只售卖本企业的商品。直播带货促进了电商行业的进一步发展，越来越成为一种主流购物方式。直播带货为消费者提供了在家也能沉浸式购物的新体验，带来消费者体验的升级。

2. 直播带货的优势

（1）抢购氛围浓厚。

直播带货中的产品价格低、福利多、让利大，而且一般产品和福利限时限量，营造抢购的氛围，容易让消费者下单购买。主播为了吸引消费者进入直播间购买产品，一般都会采取比官方旗舰店低的价格或者赠送大量赠品，并且有些大额优惠力度是限时限量的，需要观众拼手速，营造一种火热的景象，刺激消费者的购买欲望。一些头部主播凭借自身的带货能力，能向从不降价的大牌商家争取同款正品作为赠品的福利，对于消费者来说是极大的诱惑。直播带货时主播可以现场讲解、展示如何获取优惠，方便消费者理解、操作，有助于提升消费者购物的体验感。

（2）实时互动，满足消费者的各种需求。

主播在直播带货时，可以向消费者全方位展示产品、试用产品、现场测评等，如服装类产品，消费者可以直接看到模特的上身效果，根据模特的身高、体重、穿着效果决定是否购买及购买的尺码等。同时，消费者可以发送弹幕、评论与主播实时互动，提出建议、要求和疑问，主播都会为消费者一一解答、尽量满足，让消费者有种身临其境的感觉，实现消费者在家也能沉浸式购物的体验。

四、水平营销

菲利普·科特勒于 2005 年提出了营销学领域的一个创新理论——水平营销。传统营销只是对现有的产品或市场进行优化、更新，但随着互联网时代的发展，企业之间的竞争越来越激烈，企业需要采用新的营销方式保证可持续发展。企业采用水平营销的目的是跳出原有的产品和市场的局限，通过创造性的思维开辟新市场和新的消费增长点。在体验经济时代，体验感是客户消费的重要动力，企业应用水平营销要突出升级用户体验的重要性，为用户提供新的体验，以帮助企业持续占据市场份额，获得长远发展。

水平营销的重点在于找到营销活动中的空白领域，挖掘其中的价值，其最终落脚点是创造新的价值，为消费者提供新的体验。现如今，消费者在消费时最注重的是体验感，包括产品使用的体验感、售后服务的体验感等，因此，基于水平营销的思维逻辑，企业应该专注于发现消费者体验不足的领域，通过创造性的方式升级消费者体验。例如，针对产品，发掘新功能，可以让用户有不一样的使用体验；针对价格，采取新的定价策略，可以让用户有不一样的购买体验；针对服务，提供其他同类型企业没有的服务项目，可以让用户有不一样的消费体验等。

认知价值共创专栏 6-2

喜茶：国内新式茶饮的崛起

1. 企业简介

喜茶是深圳美西西餐饮管理有限公司创立的一个品牌。2021 年 7 月，喜茶突破了中国新茶饮融资估值纪录，估值达 600 亿元；2022 年 1 月，喜茶门店已经遍布全球各大城市，总数突破 800 家，开辟了中国茶饮的新时代。喜茶的主要目标消费群体是都市年轻人，有一定消费能力，追求时尚、个性化，重视产品质量，其产品定价略高于传统奶茶店。喜茶开创了芝士茶这一新的品类，坚持使用真奶、真果、真茶制作产品，以优质的产品起家，配合喜茶的营销策略，受到了消费者的追捧。除此以外，供应链的雄厚实力保障了喜茶的产品品质，持续进行数字化升级，使其成为国内新式茶饮品牌中的佼佼者。

2. 注重提升用户体验

喜茶将提升用户体验贯穿于企业经营的各个方面，尤其是体现在产品、营销、服务和门店四个方面。

（1）产品创新：为用户提供新的消费体验。

2020 年，喜茶平均 1.2 周就会推出一款新品，根据季节也会推出应季的产品，而且产品不局限于饮品，还有各式甜点。喜茶没有采用市面上已有的传统茶饮配方，而是建立自己的产品研发实验室，专注研发新产品、提升产品口感、升级顾客体验。“芝士茗茶”系列产品一经推出，就成为网红爆款，深受消费者的喜爱，为喜茶积累了一批忠实的客户。喜茶凭借众多优质的原创产品，吸引了消费者的目光，征服了消费者的味蕾，并且不断创新优化，持续给消费者带来惊喜，赢得了消费者的喜爱。优质的产品也为喜茶形成了良好的口碑，一些顾客在社交软件上分享品尝过的喜茶产品，引起潜在消费者的购买欲望，通过口碑相传，形成了圈层式传播，提升了喜茶的知名度。

（2）营销方式：注重增强用户体验感。

由于市场竞争激烈，即使是好的产品也需要好的营销方式进行推广。喜茶准确把握消费者心理，注重提升消费者体验感，使其俘获了众多消费者的心。喜茶的营销方式包括口碑营销、饥饿营销、品牌跨界营销等。喜茶在各大社交媒体平台上都开通了品牌账号，如微信、小红书、微博、B 站等，鼓励消费者分享自己购买喜茶的经历及其对产品的评价等，众多的好评造就了喜茶的好口碑，使潜在的消费者慕名而来，这种营销方式没有很强的广告痕迹，更加亲和，使消费者的体验感得到升级。饥饿营销是喜茶常用的一种营销方式，抓住了消费者的从众心理，通过营造排队购买的氛围，撩动消费者尝试一把的想法。喜茶还多次推出联名产品，打破行业界限，开展跨界营销活动。

（3）数字化技术：升级服务，优化用户体验。

在数字化时代，传统零售业受到了较大的冲击，喜茶积极把握这一机遇，持续进行数字化升级，把握线上和数据两个关键点，为喜茶的不断扩张和可持续发展武装力量。2018 年，喜茶开通了微信小程序——喜茶 GO，支持线上点单、预约点单、外卖等，大大缩短了消费者的排队等待时间，提升了消费者在购买过程中的体验感。而企业也可以利用小程序内的客户数据，追踪客户的消费习惯以及市场需求情况，优化客户的消费体验。此外，喜茶还推出了会员系统，会员门槛低，并且有众多福利和特权，只要会员在小程序内消费就可以积累经验和积分，兑换权益和福利。

（4）打造特色门店：让用户感受到差异化的消费体验。

为迎合目标消费群体时尚化、个性化的需求，喜茶的门店装修为消费者打造了差异化的消费场景，带给客户独特的消费体验。门店是直接与消费者接触的场所，门店的设计风格能够影响消费者对品牌的印象。例如，广东省深圳市的一家喜茶门店以“白日梦计划”为主题，设计风格简约、慵懒，空间设计符合不同人群的社交需求，可以让消费者在忙碌的生活中享得片刻宁静。

3. 发展与总结

喜茶作为中国新式茶饮品牌的佼佼者，其优势来源于差异化的特色门店为线下消费者提供了良好印象，持续创新的产品抓住了消费者的需求点，多样的营销方式提高了品牌知名度和影响力，积极进行数字化升级，增强了企业在数字化时代的竞争力，其核心思想是提升消费者体验感。但是，中国新式茶饮行业竞争激烈，竞争对手数量多、实力强，喜茶要保持领先地位就必须继续扩大优势，更加注重创新和把握时代机遇。

资料来源

1. 陈相合 . 新式茶饮品牌的营销策略研究——以喜茶为例 [J]. 中国食品工业，2022（20）：41−42.

2. 黄嘉陶 . 喜茶的商业模式分析——基于价值论视角 [J]. 中国市场，2022（23）：118−120.

第四节　内容价值变现：实现平台价值共创

随着互联网和数字技术的发展，各种平台也纷纷兴起，例如短视频平台抖音、生活分享平台小红书等，这些平台具有开放性、主体多元性、交互性等特征，由此产生了与以往不同的价值创造方式，由企业创造内容变为由企业、用户或消费者共同创造内容，通过内容变现实现价值变现。多数平台有三种基本的内容生产模式，即用户生产内容（User Generated Content，UGC）、专业生产内容（Professionally Generated Content，PGC）和职业生产内容（Occupationally Generated Content，OGC），这三种模式可以相互组合，优势互补，帮助平台更好地发展。

一、UGC

内容变现的核心是为用户提供有价值的内容，让用户心甘情愿地产生付费行为，UGC 就是其中的一种内容创作方式。由于互联网技术的发展，众多平台兴起，用户渐渐由单纯的浏览者变成内容创作者，他们可以在平台上创作文字类、图片类、视频类等各种形式的内容，通过创作内容积累粉丝和流量，获得消费者的认同，让消费者产生付费行为，实现内容变现，形成了全新的盈利模式。通过UGC实现内容变现有两种方式：一是获得平台奖励，实现内容变现；二是吸引新用户，实现内容变现。

1. 获得平台奖励，实现内容变现

UGC创作者借助平台的优势发布内容获得奖励，实现内容变现。内容变现最主要的方式是广告和知识付费，这两种途径都需要内容创作者有一定的粉丝基础，内容质量高，才能引起用户的付费行为。UGC创作者一般是普通用户，没有粉丝基础，内容质量也很难与专业的内容创作者相比。因此，UGC创作者可以借助平台的优势，使用平台提供的创作模板或者方便创作的工具等，如很多操作简单的剪辑软件和修图软件，非专业人士也能很快上手，以及平台上自带的内容输出模板，用户不需要多加思考就可以跟随创作。大平台需要大量普通用户的内容输出引流，而UGC创作者希望获得内容变现，所以平台会发起各种话题和任务，完成即可获得奖励，鼓励UGC创作者加入创作，UGC创作者可以通过完成任务获得奖励，实现内容变现。

2. 吸引新用户，实现内容变现

平台利用用户创作内容吸引新用户，不断扩张，通过广告和付费衍生服务实现内容变现。由于普通用户数量大，各自有感兴趣的领域，平台通过用户的搜索、浏览记录等对用户进行画像，然后精准推荐该领域的相关内容，用户可以在该领域内和其他有相似兴趣爱好的人沟通交流、互动合作，从而丰富创作场景，越多的用户参与创作，创作内容就越多元，就越能吸引各个领域的新用户。此外，平台鼓励UGC有利于增强普通用户的参与感和体验感，形成对平台的感情和依赖，容易发展成为平台的忠实用户。用户数量足够大之后，品牌就会与平台进行合作，在平台投放广告，利用平台的流量扩大品牌知名度和培养潜在消费者，平台通过收取一定的广告费实现内容变现。平台拥有一定的用户基础之后，还可以推出一系列付费衍生服务，如会员、周边产品等，让用户产生付费行为，实现内容变现。

二、PGC

PGC 是指由某一领域的专业人士产出高质量的专业内容。PGC 创作者一般有一定的粉丝基础和流量基础，发布的内容优质，能够获得消费者的认可，让消费者愿意为 PGC 创作者的知识和提供的服务买单，凭借一定的粉丝数量和曝光度，PGC 创作者还可以与品牌合作，进行广告宣传等，收取广告费，从而实现内容变现。

1. 知识付费

随着时代的发展，消费者需求越来越多样化，除了娱乐消遣，还有学习、欣赏等需求，而且消费者版权意识不断增强，愿意为知识付费、为优质内容消费。因此，PGC 创作者作为某一领域的专业人士，可以提供付费咨询服务、有偿的知识分享，也可以提供教学类作品或者教学指导，满足用户的学习需求，通过知识付费和提供服务实现内容变现。

2. 流量变现

专业生产内容一般是由一个团队合作生产，例如产出的内容是一条视频，那么需要有大量素材、剧本、演员、摄影、剪辑师、后期等，才能完成一个制作优良、内容有深度的视频，而且专业人士在该领域内有一定的知名度和影响力，优质的内容会让消费者提升体验感，加深对 PGC 创作者的信任和感情。视频发布后首先会有粉丝的观看和自发推广，形成口碑宣传，从而扩大影响力，吸引更多流量。目前，流量变现方式主要是电商和广告。内容创作者可以和电商合作，通过直播带货等途径将流量变现，也可以与广告商合作，在自己的创作内容中植入广告，一方面可以将广告精准投放至产品受众，另一方面可以避免观众对广告的反感情绪。

三、OGC

OGC 是指某一领域内的职业人士创作内容，并领取相应报酬。OGC 创作者一般以内容创作为职业，内容产出质量更高，侧重于营销、推广，更具商业性，其实现内容变现的方式也更具多样性和综合性。具体而言，OGC 实现内容变现有四种方法，如图 6–3 所示。

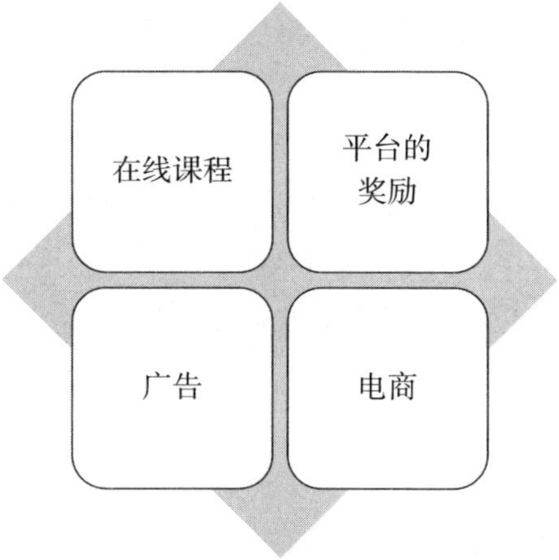

图 6–3　OGC 实现内容变现的四种方法

1. 在线课程

OGC 创作者自身拥有某一领域的专业知识和能力，凭借自身的职业背景，可以将该领域内的知识进行整理，制作成视频课程，购买者可以随时购买，实现内容变现。同时，OGC 创作者可以为购买者提供在线咨询、一对一指导等衍生服务，一方面可以吸引更多的购买者，切实为购买者答疑解惑、解决问题；另一方面可以培养粉丝，形成私域流量，促进粉丝与创作者之间的互动交流，加深粉丝与创作者之间的感情，提升粉丝忠诚度，从而提高粉丝的复购率和续购率。

2. 平台的奖励

平台为了扩大流量，需要优质的内容创作者入驻，持续输出内容，吸引粉丝，所以平台为了鼓励创作会给优质的内容创作者丰厚的奖励，甚至和创作者签约，提供高昂的签约费。OGC 创作者以内容创作为职业，很大一部分的变现都来源于此。

3. 广告

OGC 创作者凭借优质的内容能够吸引流量和粉丝，品牌方通过寻找对应产品受众领域的 OGC 创作者进行广告投放，可以精准定位消费者，刺激消费者的购买欲望。例如，售卖宠物用品的品牌商可以找创作内容与宠物相关的博主打广告，这类博主吸引到的粉丝都是有宠物或者爱宠物的人士，针对性强，广告投放效果好。

4. 电商

OGC 创作者在积累了一定的流量和粉丝之后，可以和电商合作进行带货，由于已经获得了粉丝的信任，粉丝的购买意愿会更强烈，或者自己开店，创建自己的品牌，凭借自身的影响力给产品带来极大的曝光率。

认知价值共创专栏 6-3

喜马拉雅：有声阅读平台的“领头羊”

1. 企业简介

上海喜马拉雅科技有限公司（以下简称喜马拉雅）于 2012 年在上海正式成立，2013 年上线喜马拉雅 App。喜马拉雅是中国有声阅读平台的“领头羊”，主营业务包括有声内容、直播、智能硬件等，适用人群包括从少儿到老年人的全年龄段。作为国内发展最快、规模最大的有声阅读平台，喜马拉雅的优势主要体现在内容生产、产品设计、营销模式、盈利模式四个方面。

2. 主要优势

（1）PUGC 生产模式，生产内容多样且优质。

自上线起，喜马拉雅就坚持“PGC+UGC”的生产模式，PGC 模式是由某一领域的专业人士产出高质量的专业内容，内容多为精品，并且部分专业人士拥有一定的粉丝群体，可以保障音频内容的关注度和播放量。UGC 模式是由普通用户和业余爱好者产出内容，平台通过“我要录音”“我要直播”功能激发每一个普通人的内容创作热情。二者结合，形成 PUGC 的生产模式，保证了内容生产的优质且多样。平台的生产内容包括有声书、相声、音乐、人文、商业财经等

26个频道，每个频道又细分了多个小类，内容涵盖广，适合不同年龄、不同需求的人群，并且还签约了众多专业的配音演员和专业团队，保证了内容的质量，用户不仅可以在App上进行娱乐，还可以学习自己感兴趣的领域中的知识。

（2）人性化界面设计和多重互动结合。

喜马拉雅App的界面布局和内容排版考虑了用户的使用习惯和偏好，并且不断优化升级。首页采取宫格式布局，分为几个版块供用户选择，页面采用列表式布局，方便用户选择自己想听的内容。在播放页的作品都会附上相关简介、目录、时长等，用户可以获取自己想要的信息决定是否继续听。平台的字体、字号也可以根据个人习惯选择。用户可以在作品下面评论，发表意见，与作者或者其他听众一起互动交流，也可以在“直播交友”版块和主播在线互动。喜马拉雅还经常举办线下的互动活动，例如粉丝见面会、邀请幸运粉丝到现场和主播互动等。这些互动活动拉近了作者和听众之间的距离，既为作者增加了热度，也为平台增加了用户活跃度，提升了用户的体验感和忠诚度。

（3）明星营销+广告营销。

喜马拉雅首先通过邀请明星和网红等有一定粉丝基础的主播入驻，吸引流量。同时，由于喜马拉雅涵盖内容广、涉及领域多，一些小众领域的网红也被喜马拉雅关注并邀请入驻，使得喜马拉雅的用户基础更加广泛、受众群体更多。这些专业主播带来的粉丝效应，促使喜马拉雅快速发展。除了明星主播，喜马拉雅还积极孵化草根主播，支持普通用户的音频创造内容，提供主播培训，并且和高校合作推出“新声计划”，寻找优秀的草根主播。在广告营销方面，喜马拉雅在线上利用各大平台投放广告，吸引新用户的加入，在线下建设了标志性的公共设施增加用户印象，并且举办“主播培训基地”活动，吸引播音业余爱好者的关注，同时将营销活动和节日结合，引起用户的情感共鸣。

（4）盈利模式多样。

传统有声领域主要通过广告盈利，盈利模式单一，喜马拉雅在盈利模式上进行创新，组合了多样的盈利模式，包括广告盈利、内容付费、智能硬件盈利等。在广告盈利方式方面，除传统的页面广告、音频广告外，喜马拉雅还创建了品牌电台这一新的广告方式。品牌电台是品牌方发布信息、宣传产品和品牌粉丝聚集的地方。喜马拉雅利用明星、网红主播的粉丝效应，将某些热门精品内容设置成收费内容或者会员免费，刺激用户消费。例如《好好说话》这档栏目，开播首日销售额就逾500万元。除此以外，喜马拉雅还拓展了智能硬件业务，开发了小雅AI音响、故事机、车载声音伴侣等，将喜马拉雅上的声音内容应用到其他场景中，满足用户多样化的需求。

3. 发展与总结

喜马拉雅将逐渐被互联网时代淹没的传统广播进行发展，通过数字化转型和创新的运营策略，占据了国内有声阅读平台的绝大部分市场份额，成为行业"领头羊"。但是，平台也面临着发展中的一些困境，例如音频行业的内容同质化严重，喜马拉雅并不具备独特性，可能导致用户流失，另外，对作品进行二次创作等容易发生版权纠纷，平台要加强监管，避免由于版权纠纷带来的损失。未来，喜马拉雅需要加强优质内容的创作，培养专业的主播，扩大粉丝经济带来的效益，同时拓展有声内容的使用场景，积极开发周边产品，让喜马拉雅嵌入用户的生活，提升用户黏性的同时丰富平台的盈利方式。

资料来源

1. 江晓 . 有声阅读平台的运营策略研究——以喜马拉雅 FM 为例 [J]. 新闻世界，2021（9）：19–24.

2. 王小海 ."互联网 +"时代传统广播的融合发展与经营模式探索——以"喜马拉雅 FM"耳朵经济为例 [J]. 贺州学院学报，2021，37（2）：116–120+141.

第五节　数字经济升级：黏合数据价值共创

在大数据时代，数据的价值渐渐显露，受到企业的重视。数据亦是数字经济的基础，数据的价值体现在识别、锁定目标，描述目标，通过数据的变化趋势预测未来，通过加工数据产出信息等。企业利用数据可以提升业务能力，进行风险预测，提高决策的准确性，通过数字化转型升级，改变商业模式，促进企业可持续发展。数据只有使用了才会产生价值，所以价值共创也包括数据这一要素。数据价值共创包括数据价值传导、数据价值重构、数据价值共享、数据价值安全四个环节，如图 6–4 所示。

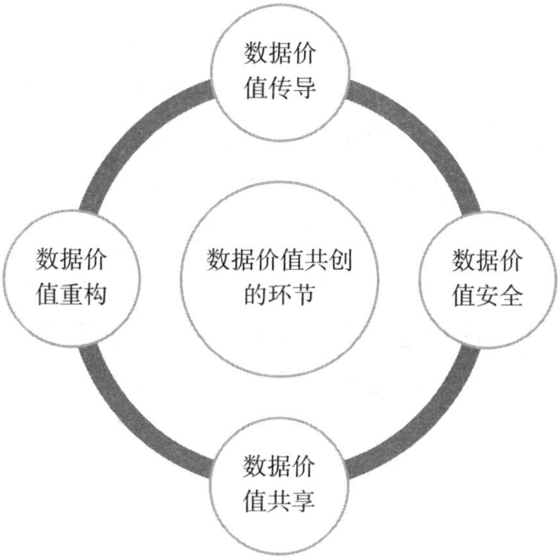

图 6–4　数据价值共创的四个环节

数据价值传导是通过数据可视化将数据转化成有价值、可利用的信息，供企业使用，是展示数据价值的过程；数据价值重构是发挥数据价值，利用数字化技术升级传统的商业模式，发展数字经济，是应用数据价值的过程；数据价值共享是让更多的企业可以更便捷地获取数据，提高数据资源利用率，实现更优的数据资源配置，是扩大数据价值的过程；数据价值安全是保障数据本身的安全以及数据处理过程的安全，是保护数据价值的过程。这四个环节形成一个数据价值共创的闭环，数据经由传导、重构发挥出价值，共享使数据应用范围更广，不同企业利用共享的数据可以最大限度地挖掘、利用数据价值，并需要数据价值安全为整个过程保驾护航。

一、数据价值传导

数据价值传导是向用户展示数据处理和分析后的结果，是数据可视化的过程，也是传导数据价值的过程。通过数据可视化传递价值主要有以下三种方法。

1. 表格、图形、地图

数字经济即信息经济，通过表格、图形、地图等呈现数据分析的结果，可以清晰、直观地传达信息。表格能够保留原始数据，也能直观地呈现部分对比关系；图形的种类丰富，可以根据需求选择折线图、散点图、柱状图等，呈现出数据的不同特征；地图在现代社会的作用十分重要，包括热力地图、泡泡地图、染色地图等，能够提供准确、详细的地理信息。将不同的数据可视化方法混合，可以形成用于指挥和管理的大屏。据此，企业可以清晰地得到自己想要的信息，例如将消费者行为的相关数据可视化之后，企业可以得到消费者的购买频率趋势、消费者更加偏好哪款产品等重要信息，从而为企业的生产、营销提供参考。

2. 人机交互

初级的人机交互只允许用户使用一些既定的功能，如小范围内的查询，而高级的人机交互允许用户根据自身需求更改、调整数据呈现效果。虽然收集的数据是过去的数据，但是经过处理和分析后，通过用户的探索可以发现其中存在的规律和趋势，从而预测未来的情况，发现新的市场机遇。

3. 数据

通过数据可以展示企业整体的运营情况、销售情况、财务状况等，企业可以利用这些数据及时调整、优化企业的人员结构、营销策略、生产情况等。借助这些数据提供的信息，可以使企业大幅提高决策效率和管理效率。

二、数据价值重构

数据价值重构是指利用数字化技术进行产业变革，用数据赋能企业，提升企业的数字化能力，最终实现企业价值增长，发展数字经济。数据价值链与传统价值链不同，其利用全过程收集的数据进行处理和分析，然后输送到其他价值活动，为其赋能，将传统的企业价值链进行重构，突出数据在经济活动中发挥的关键要素作用。数据价值重构的目的是调整生产关系，促进企业生产力的提升，利用数据、互联网技术将传统经济变革为数字经济。树立数字化理念、数据赋能业务以及加强人才管理，是促进企业数字化转型、发挥数字经济推动作用的关键要素。

1. 树立数字化理念

树立数字化理念，加快企业的数字化转型。企业的任何变革转型首先需要改变员工的观念，只有员工认同此次变革，变革才可能成功。目前，数据已成为数字经济的生产要素，数字化转型也是企业的趋势，因此，企业要将数字化理念深入企业的运营过程中，潜移默化地改变员工的传统观念。另外，要提供数字化技术的相关培训，帮助员工了解、应用数字化技术，跟上时代潮流，克服抵触心理，让员工参与到企业的数字化转型建设过程中，加强员工对转型的体验和理解。

2. 数据赋能业务

数据赋能业务是企业数字化转型的重要步骤。通过对企业全流程的业务数据进行分析、处理，将业务数据化，可以提高业务效率。数据赋能有工具式赋能、资源式赋能、服务式赋能和知识式赋能四种常见的类型。数据赋能业务首先是利用数据生成各种指标，清晰量化业务情况，实现全流程的数据监控；其次是利用用户数据分析需求痛点、利用产品数据分析产品卖点、利用营销数据分析营销难点等，找出问题，再根据问题寻找解决方案。通过数据赋能业务，能够帮助企业及时发现危机、找到机遇，提高企业的运营效率。

3. 加强人才管理

加强人才管理，培养和引进数字化领域的人才队伍。企业的数字化转型离不开专业技术人才队伍的支撑，目前数字经济正在快速发展，人才市场竞争激烈，企业要注重人才管理，培养企业内部的数字化人才队伍，持续开展技能培训和强化活动，提升人才队伍的整体素质和能力。除此之外，企业也可以引进外部的专业力量，利用其在数字化领域的超前发展助力企业的转型升级。

三、数据价值共享

数据价值共享是指在不同地方使用不同设备的用户可以使用他人的数据并进行处理、分析等操作，共同分享数据的价值。数据价值共享能够减少数据收集、存储、管理上的重复和浪费，提高资源利用率，节约社会成本，让企业将更多的精力放在研发上，而不是浪费在寻找数据的环节上，从而达到更优的资源配置。数据共享程度越高，社会的信息化程度越高，社会生产效率越高，建立在数据基础上的数字经济就发展越快。提高数据共享程度，促进数字经济发展，可以从以下三个方面入手。

1. 完善信用机制

数据蕴含着巨大的价值，如果没有完善的信用机制，企业就无法评估数据共享对象是否可靠，也无法控制数据共享对象如何使用数据。因此，要加快搭建基于大数据的企业信用评估机制，在统一的数据平台上形成动态的企业信用报告，保障企业之间的数据共享合作。

2. 规范数据交换的标准，统一原则

由于我国的数据价值共享程度不高，对数据共享过程中的格式、质量、可用性等特征没有形成统一的规范和要求，而数据又分散在企业和政府手中，严重影响了数据共享的水平和质量。因此，政府和企业需要推动研究和建立数据共享过程中的统一原则，规范数据交换的标准，提高数据共享水平。

3. 建设数据服务平台，完善数据交易机制

支持大数据企业建立可以为公众和企业提供数据服务的平台，促进企业之间的数据交换，鼓励技术探索和创新，最大化发挥数据的价值。数据经济是网络经济，它利用互联网促进数据、信息、知识的流动、对接和融合，优化传统的生产关系，从而极大地提高生产效率。

四、数据价值安全

随着互联网技术的发展，数据发挥出了越来越大的价值，数据资源是数字经

济的关键要素，数据安全也成为数字经济发展过程中的重点问题。数据安全是指利用必要的措施和手段，保护数据本身的安全以及数据处理的安全。数据安全有三个特点：机密性、完整性、可用性。机密性是指数据不被他人获得；完整性是指数据在传导过程中没有被破坏和篡改；可用性是指数据使用者可以利用数据的价值。加强数据安全是数字化时代的基本要求，也是保护国家安全的措施之一，因此，需要政府监管部门、企业、科研单位等共同努力，保障数据安全，促进数字经济又快又稳地发展。

1. 出台和完善数据安全相关法律法规

由于数字技术快速发展，而相应的法律法规还未建设完善，监管不够到位，导致一些灰色产业的出现，可能是外部攻击者窃取数据进行贩卖，也可能是平台之间兜售数据进行商业变现，这些都严重地破坏了数据安全。因此，亟须出台和完善数据安全相关法律法规，依法惩治破坏数据安全的行为。

2. 落实互联网平台企业保障数据安全的责任

由于互联网平台企业的业务都是依靠数据驱动，用户使用该业务，就会留下"痕迹"，互联网平台企业借此可以收集到大量的用户数据，有的企业为了获取更大利益，滥采滥用数据，出现大数据杀熟、强制获取非必要的权限等现象，从而对企业造成不良影响。鉴于此，互联网平台企业一定要珍惜发展的来之不易，维护好用户口碑，落实企业保障数据安全的责任。

3. 大力促进保障数据安全相关技术的研究和探索

大力促进保障数据安全相关技术的研究和探索，如隐私计算、区块链技术等，从源头上避免数据泄露、信息泄露。

4. 提高企业的数据安全工作能力

提高企业的数据安全工作能力，建设一体化的数据安全体系，结合企业的业务特点，设计科学的数据风险指标，实时监控企业的数据安全工作。

认知价值共创专栏 6-4

神策数据：数据赋能企业

1. 企业简介

神策网络科技（北京）有限公司（以下简称神策数据）成立于2015年，总部位于北京。神策数据的主营业务包括大数据分析和数字化营销两大模块，企业致力于最大化发挥数据价值，无论是互联网企业还是传统企业，都能为其提供针对性的大数据业务，实现数据价值传导和数据价值重构，帮助企业完成数字化转型。2022年，神策数据完成了D轮融资，金额达两亿美元。

2. 数据价值共享赋能企业

目前，神策数据的核心产品可以总结为“两云一平台”。“两云”是指“神策分析云”和“神策营销云”，即对应企业的两大业务——大数据分析和数字化营销，通过数据分析技术为企业决策提供参考，利用数据赋能企业的营销，构建数字化营销体系，履行数据价值重构的功能；“一平台”是指由原先的主打产品“神策分析”演变而成的“神策数据基础平台”，可以实时采集企业的业务数据进行存储、管理，并向企业提供数据展示和查询服务，是企业大数据业务的基础，履行数据价值传导的功能。

数据已经成为现代经济的生产要素之一，神策数据洞察市场发展趋势，顺应数字化浪潮，为企业提供最大化利用数据价值的服务，承担了数据价值传导和重构的功能，借助多元化的产品矩阵，帮助企业完成数字化转型的闭环。

（1）重视大客户经营，服务至上。

在现代社会，服务也是一种产品，能够提高企业的市场竞争力、提升客户体验、增强客户黏性。神策数据在发展产品的同时注重提升企业的服务水平，其服务的宗旨是客户成功，只有帮助客户获得更高价值，企业才能持续发展。神策数据拥有专业的服务团队，服务时间贯穿交付环节和交付完成后的维护环节。交付环节为客户设计好解决方案，客户拿到产品后简单易上手；交付完成后，提供培训服务、运营服务和跟踪反馈，全面掌握客户使用情况，及时提供帮助。基于产品和服务的双重优势，神策数据的业务对象专注于有实力的大企业。大企业续约率更高，更容易形成口碑宣传，但对产品和服务的要求也更高，这也倒逼了神策数据的成长。

（2）市场推广和营销促进业务效率提升。

大数据行业正处于快速发展阶段，竞争激烈，因此市场推广和营销活动必不可少。作为创业型企业，神策数据刚开始的市场推广主要依靠官网和个人。官网相当于企业的缩影，客户可以从官网上了解企业的各种信息，因此，官网的设计能够直接影响客户对企业的兴趣。神策数据的创始人兼 CEO 是数据处理技术专家，其利用个人影响力在社交平台上进行内容分享，吸引客户的注意力。随着企业的发展，又引入专业的咨询企业开展各种营销活动，进一步扩大了知名度和影响力。目前，神策数据建立了专业的销售团队，并且不断优化升级，通过流程化和工具化提升团队效率，精准把握客户需求，并进行跟踪拜访，提高老客户的复购率，打开新客户的市场。

（3）文化是企业长久发展的基石。

文化是一个企业的软实力，是决定企业能否长久发展的基石。因此，神策数据一直都很重视企业文化建设。在神策数据有一个文化建设委员会，通过委员会的宣传活动，使得企业文化不再是冷冰冰的说教，而是深入员工内心，成为神策数据员工行动的准则和做人的风格。同时，神策数据还创办了自己的刊物——《神策军》，通过文化故事影响员工。神策数据企业文化的主要内核包括用科学的方法提升效率、为客户带来价值和追求卓越，这些理念渗透在企业的产品、服务、营销等各方面，是企业保持竞争力的关键。

3. 发展与总结

展望未来，大数据行业还将继续发展，企业的数字化转型将形成巨大的市场需求，神策数据作为大数据业务提供商和服务商，仍将面临旺盛的市场需求和激烈的红海竞争，因此，神策数据要及时关注市场变化，不断地创新产品和服务，不断地为客户创造价值，从而帮助企业实现自己的价值。

资料来源

1. 刘璐．大数据行业趋势性机会分析 [J]. 质量与市场，2022（19）：178-180.
2. 郑劼．数字化为用户运营神助攻 [J]. 汽车观察，2021（9）：35-36.

第六节　四方创新整合：达成创新价值共创

价值共创最初产生于营销管理领域，不同视角的价值共创理论其核心观点都是参与价值创造的不同主体之间互动合作，共同整合资源以产生新价值。随着价值共创理论的发展和创新，该理论的思想被应用于众多领域。政府通过创新机制制度应用价值共创思想，优化政府治理模式，提升政务服务水平，发挥政府对民众、企业、市场、社会的引领、促进作用。市场资源整合和适配过程就是一个价值共创过程，资源整合者和被整合者之间通过互利合作，创造价值，达到共赢的效果。企业通过技术创新和商业模式变革提升关联主体间的价值共创效率，技术创新为价值共创提供平台和应用手段，商业模式变革为价值共创提供实现逻辑和变现机制。产学研协同创新的社会氛围激发了价值共创的活力，价值共创在产学研协同创新的过程中发挥着重要作用。

一、政府：机制制度创新

价值共创作为一种价值创造的方式，随着互联网技术的发展和消费者观念的转变，应用范围越来越广，政府和民众、企业之间的合作方式也可以应用价值共创。政府既是价值共创的推动者也是价值共创的受益者，一方面政府通过制度创新促进价值共创的应用，另一方面政府可以利用价值共创提高办事效率，优化政府治理模式。具体而言，政府机制制度创新方式包括共创性政策学习、政府开放数据价值共创以及政务服务共创三种方式。

1. 共创性政策学习

政策学习指围绕政策议题、政策范围和政策目标进行讨论、协商，达成一致的过程，最终结果是政策的变迁或者新政策的产生。传统的政策学习过程由政府主导，但随着政府治理环境的复杂多变，仅凭政府主导已经不能满足需求，因此，共创性政策学习应运而生，将价值共创理念运用到政策制定领域，由政府发起政策议题，民众通过在线平台参与，自由发表意见、想法，相互学习，政府起到引导、协调的作用，最终形成政策方案。共创性政策学习能够促进政府和民众之间的互动，了解民众的真正需求，制定符合民心的政策。

2. 政府开放数据价值共创

数据价值的重要性不言而喻，开放数据，允许数据价值共创能够最大限度地发挥数据的价值。而政府掌握着大量的基础数据，因此政府可以通过开放数据平台，允许各方主体获取、利用各类数据，共享资源和信息，创造价值活动，从而形成一个生态良好的数据共享和价值共创平台。政府各部门之间的数据开放平台要互相合作，避免各自为政，以有利于数据的多样性和用户的流动，实现更多价值共创活动。

3. 政务服务共创

互联网技术的发展优化了政务服务模式，政府可以推出政务服务平台，民众通过在线平台办理各项业务，也可以利用在线平台与政府沟通交流。政府通过政务服务平台公开信息，向民众咨询政策意见以及对政务服务的建议，促进民众参与到政府治理中。二者形成互动合作，民众获得了便利，减少了办事障碍，政府提高了服务效率，决策更加民主、科学，双方实现价值共创。

二、市场：资源整合与适配

一个人拥有的资源是有限的，但通过合作可以扩大资源、取长补短，使不可能成为可能，因此资源整合与适配是一项极其重要的能力。资源整合的核心理念是优势互补、合作共赢，适配是资源整合的原则，通过资源整合与适配可以提高市场效率，激活价值创造各要素，最大限度地发挥价值共创的效用。

资源整合与适配首先要有一个明确的目标和清晰的认知。目标是一切行动的向导，没有目标就没有行动的必要；清晰的认知是准确了解自己拥有的资源和需要的资源，这些是资源整合与适配的前提和基础。实现市场资源整合与适配的关键在于以下三个方面。

1. 互动促进资源整合与适配

合作的前提是相互了解，相互了解的过程需要通过互动实现。资源整合与适配是一个双向的过程，需要不断协作、互相沟通，才能达成合作，实现资源整合和适配。互动也是促进价值共创的必要条件，资源整合与适配的最终目的是创造价值，通过不同资源拥有者的优势互补，提高企业价值创造的能力。

2. 提高市场开放程度

市场将拥有不同资源的主体集合起来，不同主体可以通过市场机制参与价值创造过程，而提高市场开放程度有利于促进不同主体之间相互合作、资源共享，最大限度地激活价值创造过程中的各要素，形成价值共创，从而提高资源配置效率，各主体之间优势互补，提高市场竞争力。

3. 自身具备优势资源

资源整合是双方资源共享和利用的过程，要想整合他人的资源，首先自身要具备优势资源，让他人有利可图，才能进行资源整合。因此，企业要在开放的市场上展示自身具备的资源，吸引其他企业的注意，达成合作，再整合、利用其他企业的资源扩大优势。

三、企业：技术创新与商业模式变革

在互联网时代，大数据、人工智能等技术越来越成熟，技术的更新迭代激发了商业模式变革，商业模式变革创新了价值创造方式。企业从传统的以产品为中心、注重生产，转向以消费者为中心，注重研发、生产、营销等各个环节。随着时代的进步消费者的需求在不断变化，越来越追求个性化和体验感，企业为了生存和发展必须要创新商业模式，改进价值创造方式，允许消费者和利益相关者参与到企业的价值创造过程中，实现价值共创。具体而言，企业商业模式变革方式有以下三种。

1. 创新技术发展

商业模式变革和价值创造方式的改变离不开技术的支持，是技术的创新造就了变革的发生。移动互联网让“在线”成为常态，云计算大幅提高了企业资源配置效率，大数据让决策更科学，人工智能、物联网等技术让传统企业经历转型升级，也导致一批新兴企业的产生，多方协作可以突破时间、地域的限制，企业和客户之间的互动交流几乎没有障碍，价值共创成为主流。

2. 平台型商业模式的创新

目前，数字技术的逐渐成熟催生了众多平台型企业，如抖音、小红书、喜马拉雅等，平台型企业将用户、各方利益相关者连接起来，通过平台交流互动，实现价值的共同创造。传统的商业模式已经无法满足现代社会的需求，数字化、平台化是大势所趋，平台型商业模式将价值创造活动由企业内部扩大到企业边界，平台是连接多方主体的中介，不同主体之间资源互补、合作共赢，共同创造新的价值。

3. 企业的服务化转型

随着技术和需求的双重转变，企业需要向服务化转型。当前，消费者的需求更偏重体验感、口碑，注重情感关系，因此，企业需要将营销重点放在和消费者建立联系、培养感情上，通过提高服务水平和全程的跟踪服务提升消费者体验感，通过社群和生态的运营，建立私域流量，形成口碑宣传。

四、社会：产学研协同创新

产学研是企业、高校和科研机构的简称，产学研协同是指三者达成合作，资源共享、优势互补，企业为高校和科研机构提供研究所需要的各种资源，高校向企业和科研机构输送人才，科研机构进行技术研发，帮助企业转型升级和可持续发展。产学研构成一个利益共同体，风险共担、利益共享，有效提升资源利用效率。产学研协同能够促进知识在高校、科研机构和企业之间的转移、共享和应用，知识是价值创造的基础，成果转化是价值创造的实现，三者协同创新是价值共同创造的过程。如何促进产学研协同创新，需要做好以下三个方面。

1. 建立完善的协作制度

产学研协同创新的基础是三方合作，涉及利益和风险，因此，完善的协作制度是保障。首先是目标一致、方向一致，才能达成合作；其次是厘清企业、高校和科研机构之间的利益分配关系，明确各自的权力和责任，形成公正合理的合作契约；最后是管理科学，科学地分配资源、整合资源、利用资源，实现价值最大化。

2. 搭建产学研协同创新平台

由于互联网技术的发展，借助平台可以减少多方主体之间交流与合作的障碍，突破时间和地域的局限。平台是产学研协作的中介，高校、科研机构和企业之间需要经常联系、深入交流，深刻理解各自的需求。搭建产学研协同创新平台，借助平台功能，企业可以了解科研机构的研究进展，科研机构、高校之间的人员流动、知识流动更加方便和快捷，将有助于产学研的深度合作。

3. 突出企业在三者中的主导地位

企业是产学研协同创新的主导者，高校和科研机构的研发活动是以企业的需求为导向，因为企业面对的是市场，企业的需求代表的是消费者的需求，研发活动的最终目的是创造价值，如果研发的成果与市场需求不匹配，也就没有价值。企业应该是产学研协作中的组织者和创新资源整合者，高校、研发机构与企业紧密合作，参与到企业的价值创造活动中，形成价值共创。

章末案例

固德威：紧跟市场创造价值

固德威技术股份有限公司（以下简称固德威）创立于2010年，总部位于江苏省苏州市。固德威的经营范围聚焦于新能源领域，主要产品包括光伏逆变器、储能逆变器和智慧能源配套产品。固德威由逆变器起家，随着数字化、物联网等技术的发展，固德威将目光转向了智慧能源，致力于将每一座电站数字化、智能化，目前业务已经覆盖家庭、工商业用户及地面电站，为其提供智慧能源管理等整体解决方案。2017 年，固德威通过工业和信息化部品牌列名，成为政府推荐品牌。2018 年，企业在全球光伏逆变器市场的出货量位列前十，产品售往全球 100 多个国家和地区；其设计的产品获得国际顶尖大奖，受到了国内外客户的认可，成功入选全球光伏逆变器十强品牌。

1. 市场前景广阔，国内外政策利好

固德威的主营业务聚焦于光伏和储能两大领域，是国内组串式逆变器的领军企业。逆变器形式多样，主要包括组串式、集中式和集散式。组串式逆变器体积小、重量轻、实际功率小、发电量大，但是成本高、系统监控难度大，其未来发展趋势是大型化、智能化；集中式逆变器体积大、安装难度大、功率大，但是成本相对较低，适用于大型地面、矿坑等集中式电站；集散式逆变器拥有更高的发电量，而且成本更低，但是集散式逆变器较新，没有经过时间的检验，可靠性存疑。2020 年，组串式逆变器占据了大部分市场份额，并且不断增长，未来逆变器市场将以组串式逆变器为主。固德威作为国内组串式逆变器的头部企业，其发展顺应市场趋势，前景广阔。

一直以来，煤炭是我国的主要能源来源，占我国一次性能源的比例超过一半。煤炭作为能源会导致二氧化碳等污染物的排放，对环境造成一定程度的破坏，因此，2020 年我国明确提出了“双碳”目标，即 2030 年“碳达峰”与 2060 年“碳中和”。随着“双碳”目标的进一步推进和完善，国家大力支持新能源，光伏发电市场进入发展机遇期，光伏发电受到了社会的广泛关注，2021 年，市场投资规模增加超过 2000 亿元，同比增长 17%。光伏发电市场的前景已经超越煤炭，行业发展动力十足。

光伏发电的一个突出短板是波动性，为了解决波动性问题，光伏发电均需配套储能设备，因此，光伏逆变器和储能逆变器将迎来巨大的市场需求。目前，国内多省已经出台相关政策，强调了新能源配置储能的重要性，相关文件对新能源发电项目需配置储能提出了一定程度的要求和参考。部分省份甚至对新能源配套储能比例提出了明确的量化要求，突出了储能未来发展的必要性。

2021 年 7 月，国家发展改革委发布通知，提出为适应新能源的大规模发展，

优化分时电价机制，科学划分峰谷时段、扩大峰谷电价差、设立尖峰电价机制，推动居民用电削峰填谷，帮助构建以新能源为主的新型电力系统。该政策有力解决了我国用户侧储能发展不足存在的问题，即峰谷电价差过低、分时电价机制作用不明显，从而有效提升了我国用户侧储能的经济性和未来发展空间，推动了用户侧储能设备市场需求的增长。

国外储能市场发展较早，商业模式已较为成熟，储能市场进入快速发展期。美国、日本等国家纷纷出台相关政策鼓励储能发展。日本屋顶光伏近年来发展迅速，从而引起配套储能的需求。2018 年，日本提出为配套储能的家庭和商户提供一定费用的补贴。近年来，美国也在积极部署储能系统，电子工业协会（EIA）在 2022 年 3 月公布的数据显示，美国未来两年的光伏配套储能系统达 6 吉瓦以上。

目前，固德威所处的光伏和储能市场发展前景广阔，国内外政策利好，在巨大的环境优势下，固德威在国内市场和海外市场都取得了一定成绩。

2. 研发实力强劲，股权激励留住人才

固德威自创立起就十分重视研发。截至 2022 年上半年，公司研发人员超过 700 人，与 2021 年同期相比增长了 90% 以上。同时，仅 2022 年上半年企业研发投入就超过 1.5 亿元，与 2021 年同期相比增长了 1 倍以上，不断增加的研发投入表明了固德威对产品创新和技术研发的重视。技术和产品是企业立足的根本，也是企业发展的动力，因此，固德威持续增加研发投入，扩大人才队伍，重视建设创新能力，提高研发实力。

2022 年 9 月，固德威南京研发中心正式启用，南京的教育资源丰富，创新氛围浓厚，是企业研发中心的理想之地。至此，固德威已经完成苏州、深圳、武汉、南京四大研发中心的布局，借助各地的人才资源、政策优势、地理优势，推动产学研深入协作创新，进行关键技术突破，解决各种技术难题，开发新的技术成果，成为企业强有力的研发后盾。除此以外，企业还在苏州建设全球研发总部大楼，建设过程融入光伏、储能和智慧能源相关的前沿技术和产品，建成后将聚集大量研发人才，成为新能源技术创新的试验基地，对固德威的进一步发展起到重要作用。目前，企业拥有已授权知识产权近 200 项，并且不断推出新产品，对

旧产品进行迭代更新，产品屡获国际大奖，性能和功能属于行业顶尖水平。

2021 年，企业为了长期稳定发展推出股权激励计划，激励对企业有价值的人才。通过股权激励这种长期激励制度，将核心人才的利益和企业的长期利益绑定，留住人才。固德威此次的激励对象覆盖企业 100 多位员工，包括重要技术人员、职能部门的主要管理人员和重要业务人员，以及具有突出贡献的外籍员工，有利于吸引和留住海外人才，进一步促进海外业务的发展壮大。同时，将激励对象按任职时间的长短分成两类，设置“企业 + 个人”两个层面的绩效考核指标以确定激励实际归属，保证激励的有效性。

企业的研发实力很大程度上来自企业的研发人才，股权激励计划能够帮助企业实现对研发人员的有效激励，将研发人员的利益和企业的长期利益挂钩。

3. 全球化战略布局

光伏的大规模应用源于欧洲，固德威成立之初，国内光伏市场较小，还未大规模发展，因此，固德威将眼光放在海外，积极布局全球化战略。为了保证产品获得海外市场的认可，固德威严格按照欧盟的标准生产产品，基于雄厚的研发实力，不断丰富产品矩阵，覆盖家庭、工商业用户及地面电站。经过时间的考验，固德威的海外市场逐渐打开，产品获得了多项国际奖项和荣誉，目前，企业的海外营业收入仍然占据主要地位。

固德威在全球市场搭建销售渠道，海外的销售主要采用经销模式。固德威基于自身业务需求和发展目标，严格挑选海外经销商，因为企业业务对象多为家庭及中小型工商业用户、分布式光伏电站投资者，订单数量多但每笔订单安装量小，采用经销模式可以有效降低销售成本，提高业务效率。而且，当地经销商对市场情况更为了解，能够提供更好的服务能力，满足客户需求，提高客户满意度和忠诚度。

为了巩固和拓展海外业务，固德威在韩国、德国、英国、日本等国家成立了子公司，提供本地化销售和售后服务，继续扩大渠道优势，强化本地化服务理念。近年来固德威的境外员工数量稳步增加，聘用境外员工可以让固德威更好地融入当地市场，扩大企业在海外市场的影响力，推动业务更好地展开。

海外市场追求产品的高质量、高性能，而对价格不敏感，国内市场更追求低价，因此海外市场的毛利率高于国内市场。固德威凭借在海外市场的多年深耕，占据了一定的市场份额，带动企业总体的毛利率水平在国内保持领先地位。固德威在海外市场的积累奠定了其在国内市场的地位。

2016—2017 年，我国为了鼓励分布式光伏的建设与发展，推行了分布式光伏扶贫政策，使国内分布式光伏市场掀起了一股热潮。固德威凭借在该领域的多年积累，及时把握住时机，积极开拓国内市场，迅速占据市场份额，迎来国内市场销售额的猛增。固德威在国内市场采用的是直销模式，在全国划分了四个大区，建立了辐射全国的销售服务中心，在每个省份都配备了专业的销售人员，设立大区经理，确保业务推广和售后服务到位，利用品牌知名度进一步提升企业在国内市场的占有率。

4. 从产品领先到品牌领先

自成立以来，固德威大力投入研发，技术和产品是企业立足的根本，也是企业发展的动力。逆变器的质量优劣直接影响到光伏电站的运行效率，如果逆变器能够长期稳定地工作，首先可以保证高效发电，不会因为故障耽误电站工作，间接降低了度电成本，其次可以有效地降低电站的运行维护和维修费用。所以，在产品设计中，固德威提出了很高的要求，选用更好的材质和业内顶尖的元器件制造产品，提高逆变器的防护等级，保证了产品的可靠性和高质量，从而保证光伏电站的平稳运行。在固德威成立之初制造的光伏逆变器目前仍在安全工作，而且发电量可观，表明固德威重视产品品质是长期以来的初心，做到行业领先地位需要经历一步一个脚印的长期考验。

企业不仅专注于提升产品质量，而且注重扩展产品品类，目前企业的产品矩阵完备，涵盖户用光伏逆变器（0.7～25 千瓦）、工商业光伏逆变器（25～136 千瓦）、地面逆变器（225 千瓦）、储能逆变器（3.6～100 千瓦），而且顺应数字化变革，发展智慧能源配套产品，及时对产品进行迭代升级，在设计、性能和智能化水平上不断提升，符合用户的最新需求，受到了广泛好评，产品持续保持行业领先地位。

产品的成功意味着口碑的建立和品牌的发展，企业已经在海内外市场发展多年，产品的畅销让客户逐渐熟知固德威这个品牌，在潜移默化中提升了品牌知名度。固德威成立了多家海外子公司和销售服务中心，提供全方位、一体化的销售和服务。品牌是客户对企业的整体印象，服务是其中的重要一环，提供优质的产品是形成品牌的基础，提供高水平的服务是形成品牌的催化剂。固德威通过完善售前、售中、售后服务，围绕客户需求，优化客户体验，提供行业标杆服务，进一步提高品牌知名度和渗透率，形成了产品和服务的双重优势。2017 年，固德威跻身全球光伏逆变器十强品牌，凭借优质的产品打造具有全球影响力的品牌，实现了从产品领先到品牌领先。

5. 发展与总结

未来的时代注定是新能源的时代，光伏发电的价值性逐渐被重视，行业发展韧性十足。固德威能够在国内市场和海外市场大放异彩，占据一定地位，一是由于光伏产业发展前景广阔，各种政策利好；二是因为固德威专注于制造高质量产品，重视研发创新。固德威的市场重点集中于海外，企业的海外收入占总营业收入的八成以上，未来企业要平衡国内、国外市场，“两条腿走路”，保证企业的长远发展和进一步壮大。光伏市场的发展受政策的影响较大，而且由于处于发展初期，技术还未完全成熟，各种技术之间竞争激烈，没有定论，因此固德威要想保持稳定和长远的发展，就要始终将用户需求放在第一位，敏锐洞察市场变化，构建价值共同体，为用户提供价值，为市场创造价值，自身才能获得价值。2022 年，固德威顺应时代发展潮流，在全球能源变革时期，提出了共赢的理念，开创了智慧能源新时代，致力于把每一座电站数字化、智能化，在时代的机遇下，固德威将会继续发力，为推动全球能源变革贡献巨大力量。

资料来源

1. 肖佳，梅琦，黄晓琪，等．“双碳”目标下我国光伏发电技术现状与发展趋势 [J]. 天然气技术与经济，2022，16（5）：64–69.

2. 周少鹏．固德威：拓展海外市场 盈利行业领先 [J]. 股市动态分析，2021（20）：35–36.

本章小结

本章重点介绍了一种新的价值创造方式——价值共创，即企业在与用户的交流中，让用户加入企业的价值创造过程，并努力维系用户的忠诚。用户和企业共同创造价值，催生了社群经济、粉丝经济和私域流量，实现了消费侧和供给侧的协同；同时，平台型企业通过为用户提供有价值的内容，让用户付费，实现内容变现，从而实现价值。数据价值共创理念也得到了更加广泛的传播，从数据价值传导、重构、共享和安全四个方面提供了促进数字经济发展的方法。

参考文献

[1] 艾·里斯，杰克·特劳特.定位[M].谢伟山，苑爱冬，译.北京：机械工业出版社，2002.

[2] 艾·里斯，杰克·特劳特.营销战[M].李正栓，贾纪芳，译.北京：中国财经出版社，2002.

[3] 艾·里斯，劳拉·里斯.广告的没落，公关的崛起[M].寿雯，译.北京：机械工业出版社，2013.

[4] 艾·里斯，劳拉·里斯.聚焦：决定你企业的未来[M].寿雯，译.北京：机械工业出版社，2014.

[5] 曾锵.大数据驱动的商业模式创新研究[J].科学学研究，2019，37（6）：1142-1152.

[6] 陈海军.从数字转化到大数据管理——教育资源的数字化整合路径研究[J].教育理论与实践，2019，39（16）：22-26.

[7] 陈建英，黄演红.互联网+大数据[M].北京：人民邮电出版社，2015.

[8] 陈剑，刘运辉.数智化使能运营管理变革：从供应链到供应链生态系统[J].管理世界，2021，37（11）：227-240.

[9] 陈劲.协同创新[M].杭州：浙江大学出版社，2012.

[10] 陈琼秋.粉丝经济的政治经济学分析[J].苏州大学学报（哲学社会科学版），2022，43（5）：124-134.

[11] 陈曦，孟先彤，周蓉蓉.传统零售企业向新零售模式转型的升级路径研究[J].商业经济研究，2021（7）：44-48.

[12] 陈月波.关于电子商务专业个性化人才培养模式的实践[J].职教论坛，2011（29）：67-69.

[13] 迟考勋，邵月婷.商业模式创新、资源整合与新创企业绩效[J].外国经济与管理，2020，42（3）：3-16.

[14] 代新玲，刘伟.产业数字化、技术创新与城市经济韧性[J].中国流通经济，2022，36（12）：81-91.

[15] 翟趁华 . 消费升级视角下私域流量竞争力构建 [J]. 商业经济研究，2021（21）：123-126.

[16] 菲利普·科特勒 . 市场营销管理（亚洲版）[M]. 郭国庆，译 . 北京：中国人民大学出版社，1997.

[17] 冯蛟，董雪艳，罗文豪，等 . 平台型企业的协同赋能与价值共创案例研究 [J]. 管理学报，2022，19（7）：965-975.

[18] 付剑茹，梅国平，李飞飞 . 两化融合管理体系贯标能促进企业创新吗？[J]. 产业经济研究，2022（4）：127-142.

[19] 傅培华 . 电子商务创新发展背景下复杂供应链网络研究 [M]. 杭州：浙江工商大学出版社，2018.

[20] 郭润萍，尹昊博，龚蓉 . 资源视角下数字创业企业竞合战略对价值创造作用机理的多案例研究 [J]. 管理学报，2022，19（11）：1588-1597.

[21] 何继新，赵丹青 . 数智化赋能基层治理共同体发展：“价值认同 — 价值共创”的新视角 [J]. 天津行政学院学报，2022，24（5）：47-55.

[22] 胡保亮 . 商业模式、创新双元性与企业绩效的关系研究 [J]. 科研管理，2015，36（11）：29-36.

[23] 胡登峰，黄紫微，冯楠，等 . 关键核心技术突破与国产替代路径及机制 —— 科大讯飞智能语音技术纵向案例研究 [J]. 管理世界，2022，38（5）：188-209.

[24] 华劼 . 区块链技术与智能合约在知识产权确权和交易中的运用及其法律规制 [J]. 知识产权，2018（2）：13-19.

[25] 惠宁，杨昕 . 数字经济驱动与中国制造业高质量发展 [J]. 陕西师范大学学报（哲学社会科学版），2022，51（1）：133-147.

[26] 江苏省科学技术厅 . 创新，引领发展的第一动力 [M]. 南京：江苏人民出版社，2019.

[27] 杰弗里·诺曼 . 情感化设计 [M]. 付秋芳，程进三，译 . 北京：电子工业出版社，2005.

[28] 孔祥浩，许赞，苏州 . 政产学研协同创新“四轮驱动”结构与机制研究 [J]. 科技进步与对策，2012，29（22）：15-18.

[29] 李传志 . 我国集成电路产业链：国际竞争力？制约因素和发展路径 [J]. 山西财经大学学报，2020，42（4）：61-79.

[30] 李端生，王东升 . 基于财务视角的商业模式研究 [J]. 会计研究，2016（6）：

63-69+95.

[31] 李晓雪，路红艳，林梦 . 零售业数字化转型机理研究 [J]. 中国流通经济，2020，34（4）：32-40.

[32] 栗学思 . 如何规划企业的赢利模式 [J]. 通信企业管理，2003（6）：59.

[33] 林心怡，吴东 . 区块链技术与企业绩效：公司治理结构的调节作用 [J]. 管理评论，2021，33（11）：341-352.

[34] 刘端阳，郑江帆，刘志 . 基于 CUDA 的 KNN 算法并行化研究 [J]. 小型微型计算机系统，2019，40（6）：1197-1202.

[35] 刘和东，纪然 . 数字经济促进产业结构升级的机制与效应研究 [J]. 科技进步与对策，2023（1）：61-70.

[36] 刘宏，狄萌 . 如何认识用户及用户思维 [J]. 青年记者，2014（17）：9-10.

[37] 刘茜昀，史达 . 从社群到社群经济：概念辨析与实现路径 [J]. 现代经济探讨，2022（8）：55-61.

[38] 刘运国，梁瑞欣，黄璐 . 互联网金融企业价值评估研究 —— 以蚂蚁集团为例 [J]. 财会通讯，2022（16）：3-15.

[39] 鲁建华 . 定位理论的大厦：定位屋 [J]. 管理学家，2011（9）：98-103.

[40] 鲁建华 . 特劳特的高度与里斯的深度 [J]. 新营销，2012（8）：33-35.

[41] 罗珉，曾涛，周思伟 . 企业商业模式创新：基于租金理论的解释 [J]. 中国工业经济，2005（7）：73-81.

[42] 吕佩，邓卫华，李鑫 . 价值共创视角下的政策学习及其影响研究 [J]. 公共管理学报，2022，19（2）：60-71.

[43] 马海群，张涛 . 我国数据与算法安全治理：特征及对策 [J]. 电子政务，2023（3）：118-128.

[44] 孟炯，王潇，杜明月 . 大数据赋能的 C2B 个性化定制价值共创机制创新 [J]. 科技管理研究，2022，42（20）：180-188.

[45] 裴威，李战怀，潘巍 . GPU 数据库核心技术综述 [J]. 软件学报，2021，32（3）：859-885.

[46] 裴正兵 . 基于“顾客价值”的盈利模式理论结构体系探讨 [J]. 财会通讯，2015（2）：62-64.

[47] 彭兰 . 如何在网络社群中培育“社群经济”[J]. 江淮论坛，2020（3）：123-129+144.

[48] 彭亚利．未来的董事会将关注什么 [J]. 中外管理，2002（5）：68-69.

[49] 綦良群，张昊，汤利蒙．制造企业价值链整合效果影响因素研究 [J]. 中国软科学，2017（8）：133-143.

[50] 任保平，何厚聪．中国式现代化新征程中我国数字经济创新体系的构建 [J]. 上海经济研究，2022（12）：17-26.

[51] 任锦鸾，吴姝．服务业商业模式构建方法比较研究 [J]. 科学学研究，2009，27（12）：1907-1913.

[52] 束超慧，王海军，金姝彤，等．人工智能赋能企业颠覆性创新的路径分析 [J]. 科学学研究，2022，40（10）：1884-1894.

[53] 宋海燕，李光金．基于价值网的盈利模式要素分析 [J]. 理论探讨，2012（6）：102-105.

[54] 宋立丰，区钰贤，郭一蓉．区块链经济下盈利模式探究 [J]. 财会月刊，2020（24）：155-160.

[55] 孙秀梅，高德芳，宋剑锋．创业者行业经验、资源整合与商业模式创新性 [J]. 华东经济管理，2021，35（5）：61-70.

[56] 孙占利，付蓓静．“数字产业化”的界定与统一规范使用 [J]. 征信，2022，40（12）：16-24.

[57] 王波，彭亚利．再造商业模式 [J].IT 经理世界，2002（7）：88-89.

[58] 王昶，胡明华，周文辉．技术寻求型跨国并购中公司总部角色演化研究——基于时代电气的纵向案例研究 [J]. 科学学与科学技术管理，2017，38（3）：56-69.

[59] 王刚，郭志远，黄玉．消费金融公司面临的挑战与对策 [J]. 中国金融，2022（22）：39-41.

[60] 王国红，汪媛媛，黄昊，等．资源整合对企业价值链延伸的影响研究 [J]. 研究与发展管理，2020，32（4）：48-60.

[61] 王国顺，黄金．零售企业的盈利模式与价值链优化 [J]. 北京工商大学学报（社会科学版），2012，27（2）：7-12.

[62] 王红，陈惠琳，谢嘉茜，等．直播带货情境下主播语言内容特征对消费者购买意愿的影响研究 [J]. 管理现代化，2022，42（6）：59-65.

[63] 王景云，刘传．工匠精神的时代内涵、价值意蕴及在成人高等教育中的实践进路 [J]. 成人教育，2022，42（10）：22-26.

[64] 王娜，牛奔．符号消费理论视域下的“网红直播带货”反思 [J]. 大连理工大

学学报（社会科学版），2023，44（1）：122-128.

[65] 王申，许恒．数据善用与数据安全共治机制研究 [J]. 当代财经，2022（11）：100-112.

[66] 王涛．组织跨界融合：结构、关系与治理 [J]. 经济管理，2022，44（4）：193-208.

[67] 王伟军，叶建梅，周锐，等．UGC 短视频用户持续贡献行为影响因素及作用机理研究 [J]. 图书与情报，2022，5（10）：31-40.

[68] 王颖，刘益．营销渠道冲突的认识与控制 [J]. 商业研究，2005（7）：40-42.

[69] 魏江，刘洋，应瑛．商业模式内涵与研究框架建构 [J]. 科研管理，2012，33（5）：107-114.

[70] 吴光东．基于知识合作创新的工程项目供应链协同创新 [M]. 北京：新华出版社，2013.

[71] 吴挺．全渠道营销的供应链整合发展研究 [J]. 商业经济研究，2021（17）：72-74.

[72] 吴晓波，朱培忠，吴东，等．后发者如何实现快速追赶？——一个二次商业模式创新和技术创新的共演模型 [J]. 科学学研究，2013，31（11）：1726-1735.

[73] 武光，欧阳桃花，王钧．在位企业如何开拓新技术市场：商业模式与组织身份共演视角 [J]. 科技进步与对策，2017，34（20）：87-92.

[74] 邢会强．政务数据共享与个人信息保护 [J]. 行政法学研究，2023（2）：68-81.

[75] 徐涛，尤建新，曾彩霞，等．企业数据资产化实践探索与理论模型构建 [J]. 外国经济与管理，2022，44（6）：3-17.

[76] 薛可，余明阳．私域流量的生成、价值及运营 [J]. 人民论坛，2022（Z1）：114-116.

[77] 薛莉，陈钢，张白云．产学研协同创新研究综述：热点主题及发展脉络 [J]. 科技管理研究，2022，42（12）：1-8.

[78] 亚德里安·斯莱沃斯基，等．发现利润区 [M]. 吴春雷，刘宁，译．北京：中信出版社，2018.

[79] 阎婧，刘志迎，郑晓峰．环境动态性调节作用下的变革型领导、商业模式创新与企业绩效 [J]. 管理学报，2016，13（8）：1208-1214.

[80] 杨红燕．数字化时代的数字医保：内涵、价值、挑战与治理思路 [J]. 华中科技大学学报（社会科学版），2021，35（2）：7-24.

[81] 弋亚群，刘益，李垣．战略变化的特征研究 [J]. 管理工程学报，2007，21（2）：1-4.

[82] 袁胜超．数字化驱动了产学研协同创新吗？——兼论知识产权保护与企业吸收能力的调节效应 [J]. 科学学与科学技术管理，2022（6）：1-22.

[83] 原磊．国外商业模式理论研究评介 [J]. 外国经济与管理，2007（10）：17-25.

[84] 约瑟夫·熊彼特．经济发展理论 [M]. 郭武军，译．北京：地震出版社，2021.

[85] 张爱虎．融合式手机媒体盈利模式研究 [J]. 新闻前哨，2014（12）：51-53.

[86] 张岭，张田莉，梁杰．独角兽企业成长规律及培育路径研究 [J]. 经济体制改革，2021（5）：173-179.

[87] 张越，潘春星，毛秀梅．信息交互对用户参与的价值共创影响机理研究——基于技术创新商业化情境 [J]. 情报科学，2022，40（9）：47-52+63.

[88] 赵龙文，洪逸飞，莫进朝．政府开放数据价值共创过程及模式研究 [J]. 情报杂志，2022，41（10）：147-155.

[89] 赵锐，汪佳，武杰．产学研协同创新中知识产权激励与保障机制研究——以开放的复杂巨系统理论为视角 [J]. 中国高校科技，2022，10（6）：69-74.

[90] 赵艺璇，成琼文．创新生态系统中核心企业如何实现跨界资源整合？[J]. 科学学与科学技术管理，2022，43（5）：100-116.

[91] 赵钊，杜晨爽．服务化进程中资源整合的研究综述 [J]. 财会月刊，2022（11）：138-146.

[92] 郑小莹．浅析政府补助在京东方创新发展中的作用 [J]. 财务与会计，2019（10）：70-71.

[93] 朱建良，王廷才，李成，等．数字经济 [M]. 北京：人民邮电出版社，2017.

[94] Betz Fredrick. Cooperative innovation：Science and technology policy[M]. Singapore：World Scientific Publishing Company，2019.

[95] C K Prahalad，Venkat Ramaswamy. Co-creation experiences：The next practice in value creation [J]. Journal of Interactive Marketing，2004（3）：5-14.

[96] Jennifer Chandler，Stephen Vargo. Contextualization：Network intersections，value-in-context，and the co-creation of markets[J]. Marketing Theory，2011，11（1）：35-49.

[97] Fabian Futterer，Jochen Schmidt，Jochen Schmidt. Effectuation or causation as the key to corporate venture success? Investigating effects of entrepreneurial behaviors on

business model innovation and venture performance[J]. Long Range Planning, 2018, 51 (1): 64-81.

[98] Fredrik Hacklin, Joakim Bjorkdahl, Martin Wallin. Strategies for business model innovation: How firms reel in migrating value[J]. Long Range Planning, 2017, 51 (1): 82-110.

[99] Freeman C. Technology, policy, and economic performance: Lessons from Japan[M]. London: Pinter Pub Ltd, 1987.

[100] Gronroos C, Gummerus J. The service revolution and its marketing implications: Service logic vs service dominant logic[J]. Managing Service Ouality, 2014, 24 (3): 206-229.

[101] Gummesson E, Mele C. Marketing as value co-creation through network interaction and resource integration [J]. Journal of Business Market Management, 2010, 4 (4): 181-198.

[102] Hawkins D M. Fitting multiple change-point models to data[J]. Computational Statistics and Data Analysis, 2001, 37 (3): 323-341.

[103] Jack Trout, Al Rise. The positioning era cometh[M]. Chicago: Grain Publications, 1972.

[104] Jae-Cheol Kim, Se-Hak Chun. Cannibalization and competition effects on a manufacturer's retail channel strategies: Implications on an oomni-channel business model[J]. Decision Support Systems, 2018, 109 (5): 5-14.

[105] Jim Spohrer, Paul Maglio. The emergence of service science: Toward systematic service innovations to accelerate co-creation of value [J]. Production and Operations Management, 2008, 17 (3): 238-246.

[106] Michael Porter. Competitive advantage: Creating and sustaining superior performance[M]. New York: The Free Press, 1985.

[107] Pascual Jara. Innovation and collaboration in the digital era: The role of emotional intelligence for innovation leadership and collaborative innovation[M]. Berlin: De Gruyter, 2021.

[108] Paul Timmers. Business models for electronic markets]. Journal on Electronic Markets, 1998, 8 (2): 3-8.

[109] Pikkarainen Minna, Kemppainen Laura, Xu Yueqiang, et al. Resource

integration capabilities to enable platform complementarity in healthcare service ecosystem co-creation[J]. Baltic Journal of Management, 2022, 17 (5).

[110] Rafael Ramírez. Value Co-Production: Intellectual origins and implications for practice and research[J]. Strategic Management Journal, 1999, 20 (1): 49-65.

[111] Ramirez R. Value Co-production: Intellectual origins and implications for practice and research [J]. Strategic Management Journal, 1999, 20 (1): 49-65.

[112] Tarifa Fernández Jorge. Dependence and resource commitment as antecedents of supply chain integration[J]. Business Process Management Journal, 2022, 28 (8).

[113] Vargo S L, Lusch R F. Evolving to a new dominant logic for marketing [J]. Journal of marketing, 2004, 68 (1): 1-17.

[114] Vladimir Zwass. Co-creation: Toward a taxonomy and an integrated research perspective[J]. International Journal of Electronic Commerce, 2010, 15 (1): 11-48.